"十四五"职业教育国家规划教材

高等职业教育校企"双元"合作开发教材

全国职业院校技能大赛资源教学转化成果

商业银行
综合柜台业务（第二版）

SHANGYE YINHANG
ZONGHE GUITAI YEWU

主　编　胡增芳
副主编　许贤丽　胡　艳　靳少华

本书另配：课程标准
　　　　　教学课件
　　　　　教　案
　　　　　视　频
　　　　　线上慕课（MOOC）

新形态教材

中国教育出版传媒集团
高等教育出版社·北京

内容提要

本书是"十四五"职业教育国家规划教材。

本书内容分为九个项目，包括认知银行柜员基本职业能力与素质、个人储蓄存款与贷款业务操作、结算业务处理、代理业务处理、外汇业务处理、单位结算账户业务处理、单位存贷款业务处理、电子银行业务处理和商业银行突发事件处理，较为系统地阐述了银行综合柜台业务的基本理论、方法及具体操作，展现了商业银行综合柜台业务的一些相关问题。为了方便教学，部分学习资源（视频等）以二维码形式提供在相关内容旁，可扫描获取。此外，本书另配有课程标准、教案、教学课件、线上慕课等教学资源，供教师教学使用。本书在编写过程中结合了全国职业院校技能大赛高职组"银行业务综合技能"赛项的相关要求，吸收了市场中现有软件平台的优点，力争达到"教、学、考、做、赛"五位一体的目标。

本书既可作为高等职业院校金融类、财会类等专业的教材，也可作为商业银行、农村信用合作社、村镇银行等金融机构入职及从业人员的参考用书。

图书在版编目(CIP)数据

商业银行综合柜台业务 / 胡增芳主编. —2 版. —北京：高等教育出版社，2022.1(2025.1 重印)
ISBN 978-7-04-057097-7

Ⅰ.①商… Ⅱ.①胡… Ⅲ.①商业银行-银行业务-高等职业教育-教材 Ⅳ.①F830.33

中国版本图书馆 CIP 数据核字(2021)第 201904 号

| 策划编辑 | 毕颖娟 宋 浩 | 责任编辑 | 宋 浩 毕颖娟 | 封面设计 | 张文豪 | 责任印制 | 高忠富 |

出版发行	高等教育出版社	网 址	http://www.hep.edu.cn
社 址	北京市西城区德外大街 4 号		http://www.hep.com.cn
邮政编码	100120	网上订购	http://www.hepmall.com.cn
印 刷	上海新艺印刷有限公司		http://www.hepmall.com
开 本	787mm×1092mm 1/16		http://www.hepmall.cn
印 张	15.75	版 次	2018 年 2 月第 1 版
字 数	393 千字		2022 年 1 月第 2 版
购书热线	010-58581118	印 次	2025 年 1 月第 6 次印刷
咨询电话	400-810-0598	定 价	38.00 元

本书如有缺页、倒页、脱页等质量问题，请到所购图书销售部门联系调换
版权所有 侵权必究
物 料 号 57097-A0

第二版前言

时代在进步,银行在发展。随着"云物大智移区"等现代信息技术和人工智能的发展,传统银行业务发生了巨大变化,从现金支付结算到转账、汇款、电子银行支付结算,从传统的柜面办理到自助银行、手机银行的转变,智能化银行已成为银行业新形象的代表。但我们也要注意,在银行业金融生态环境发生变化和智能柜员机产生并应用的同时,银行综合柜台业务仍然属于银行类金融机构的基本业务,业务属性并没有改变,只是实现业务的方式有了很大进步。现在对银行一线员工综合素质和能力方面的要求越来越高,这些要求不仅表现在对银行业务的熟练程度上,还表现在对信息技术掌握的程度上。

在本书的修订过程中,我们全面贯彻党的二十大精神和教育方针,落实立德树人的根本任务,遵循高校金融类技术技能人才成长规律,坚持知识传授与技术技能培养并重,以学生就业为导向,立足于银行现有的各项临柜业务,兼顾部分网络银行或手机银行业务,结合社会对金融类人才的需求和高校学生的认知特点,以银行柜员应具备的基本素质、基本业务能力和应知的银行柜台业务基本规定、基本规程来组织内容体系。本书采用项目任务形式进行编写,依据银行综合柜台工作岗位的实际设置学习内容。

2021年全国职业院校技能大赛高职组"银行业务综合技能"赛项恢复设立,本次修订尽力吸收该赛项方案中涉及的相关内容,力图体现以下特色:

(1) 坚持产教融合、双元开发,充分利用行业、企业和学校的联动合作机制,多途径吸收银行业的柜台技术人员、银行业协会的管理人员参与本书的编写。

(2) 内容上,紧密结合新形势,分析新情况,充分吸收银行类金融机构柜台业务的新特点,体现了监管机构对商业银行柜台业务的最新规定,反映了近年来商业银行业务随时代潮流而开展的创新。

(3) 任务设置上,结合最新全国职业技能大赛高职组"银行业务综合技能"赛项的软件平台和专业教学标准的要求,吸收其他线上教育平台及课程资源库的优点,达到"教、学、考、做、赛"五位一体的目的。

本书纸质教材与数字化资源同步开发和设计。为了方便教学,部分学习资源(视频等)以二维码形式提供在相关内容旁,可扫描获取。此外,本书另配有课程标准、教学课件、教案、线上慕课(MOOC,http://www.ehuixue.cn/index/detail/index?cid=33182)等教学资源,供教师教学使用。这极大地丰富了知识的呈现形式,拓展了教材内容。另外我们适当将思政教育有机融入教材内容,力争达到润物无声的育人效果。

本书既可作为高等职业院校金融类、财会类等专业的教材,也可作为商业银行、农村信用合作社、村镇银行等金融机构入职及从业人员的参考用书。

本书由安徽商贸职业技术学院胡增芳任主编,安徽商贸职业技术学院许贤丽、胡艳和河南经贸职业学院靳少华任副主编。具体编写分工如下:胡增芳和靳少华编写项目一;胡艳编写项目二、项目三;安徽商贸职业技术学院夏佳佳编写项目四、项目五;许贤丽编写项目六、项目七、项目八;胡增芳和广西金融职业学院的邓梅梅编写项目九。

本书得到中国工商银行安徽省分行、交通银行上海分行、中国农业银行芜湖分行、芜湖市银行业协会和芜湖扬子农村商业银行相关领导和专家的大力支持和指导;参阅了相关教材、论著、读本、入职培训材料、网络教学资源及资料;使用了与本书对应的模拟软件,在此一并表示感谢!

限于知识水平和教学经验,书中不妥之处在所难免,恳请专家学者、使用本书的老师和同学们批评指正。

编　者

目　录

001　**项目一　认知银行柜员基本职业能力与素质**
001　职业能力目标
001　典型工作任务
001　任务一　柜员岗位设置与授权管理
004　任务二　点钞技术技能训练
011　任务三　柜员书写规范
014　任务四　常见单证、印章、机具管理规范
019　任务五　银行柜员服务规范
026　项目小结

027　**项目二　个人储蓄存款与贷款业务操作**
027　职业能力目标
027　典型工作任务
028　任务一　柜面日初操作
033　任务二　活期储蓄存款业务操作
040　任务三　定期储蓄存款业务操作
046　任务四　其他储蓄存款业务操作
052　任务五　储蓄存款特殊业务操作
060　任务六　个人质押贷款业务操作
062　任务七　其他个人贷款业务操作
072　任务八　柜面日终操作
077　项目小结

078　**项目三　结算业务处理**
078　职业能力目标
078　典型工作任务
078　任务一　汇兑业务操作

084	任务二	支票业务操作
094	任务三	银行汇票业务操作
098	任务四	银行本票业务操作
102	任务五	银行卡业务操作
114	任务六	委托收款业务操作
116	项目小结	

117　项目四　代理业务处理

117	职业能力目标
117	典型工作任务
117	任务一　代收代付业务操作
123	任务二　代理有价证券业务操作
128	任务三　代理保险业务操作
133	任务四　代理收付业务操作
140	任务五　代理贵金属业务操作
143	项目小结

144　项目五　外汇业务处理

144	职业能力目标
144	典型工作任务
144	任务一　外汇管理业务操作
146	任务二　外币储蓄存款业务操作
151	任务三　外币兑换业务操作
156	任务四　外汇代理业务操作
158	项目小结

159　项目六　单位结算账户业务处理

159	职业能力目标
159	典型工作任务
159	任务一　单位账户开户业务操作
165	任务二　单位结算账户使用与管理业务操作
167	任务三　单位结算账户变更与注销业务操作
172	项目小结

项目七　单位存贷款业务处理

- 173　职业能力目标
- 173　典型工作任务
- 173　任务一　单位活期存款业务操作
- 186　任务二　单位定期存款业务操作
- 190　任务三　其他单位存款业务操作
- 194　任务四　单位贷款类业务操作
- 205　项目小结

项目八　电子银行业务处理

- 206　职业能力目标
- 206　典型工作任务
- 206　任务一　自助银行业务操作
- 212　任务二　网上银行业务操作
- 216　任务三　电话银行业务操作
- 218　任务四　手机银行业务操作
- 223　项目小结

项目九　商业银行突发事件处理

- 224　职业能力目标
- 224　典型工作任务
- 225　任务一　银行抢劫事件应急处理
- 228　任务二　银行诈骗事件应急处理
- 234　任务三　银行火灾事件应急处理
- 236　任务四　其他突发事件应急处理
- 241　项目小结

主要参考文献

242

资源导航

003	视频:柜员权限卡的使用相关注意事项
003	视频:违规查询个人客户信息
006	视频:手持式单指单张点钞法
011	视频:账表凭单的填写
019	视频:大量零钱,银行能不能拒存
020	视频:银行柜员仪容仪表要求
020	思政课堂:最美大堂经理
023	视频:银行柜员营销话术
028	视频:日初业务
029	视频:接库
033	视频:柜员日常操作规范
034	视频:"银行卡"合并
034	视频:活期储存业务开户流程
038	视频:活期储蓄业务取款流程
039	视频:活期储蓄业务销户流程
053	视频:假币收缴案例
056	视频:办理挂失类业务
058	视频:假币收缴流程
062	视频:等额本金与等额本息
062	思政课堂:个人住房贷款特色产品助力"住有所居",社会责任有担当
063	视频:购房贷款的办理流程
067	视频:消费贷款
072	视频:柜员营业终了注意事项
073	视频:日终业务
073	视频:柜员一天业务流程
094	视频:恶意挂失银行承兑汇票终受法律制裁
095	思政课堂:电子商业汇票的风险
097	文本:银行汇票的基本规定
106	文本:票据管理实施办法
106	文本:中华人民共和国票据法
115	文本:大小额支付系统
117	文本:商业银行中间业务暂行规定
119	思政课堂:工银e企付
130	视频:代理保险业务
144	文本:个人外汇管理办法实施细则
146	视频:客户购汇预约不当引发投诉
151	文本:个人本外币兑换特许业务试点管理办法
159	思政课堂:取消开户许可证!账户管理和银行服务迎来新模式!
165	视频:办理对公客户信息维护引发的风险
167	文本:人民币单位存款管理办法
167	文本:人民币银行结算账户管理办法
222	思政课堂:金融服务数字化转型中创新与风控的辩证统一
228	视频:预防假存单欺诈
229	思政课堂:高度责任心的体现——银行柜员阻止老年电信诈骗
236	文本:"地震中的银行"
241	文本:中国人民银行突发事件应急预案管理方法

项目一 认知银行柜员基本职业能力与素质

【职业能力目标】
1. 了解商业银行岗位设置与授权管理制度。
2. 熟悉重要单证及重要机具等的管理和使用规定。
3. 掌握银行账表凭证书写规范。
4. 熟练运用银行柜员服务礼仪,使用规范的语言与客户进行沟通。

【典型工作任务】
1. 了解营业部的岗位设置和不同岗位的职责。
2. 以良好的仪容仪表、服务礼仪、语言规范接柜。
3. 快速准确进行现金出库、重要空白凭证出库。
4. 正确使用和保管印章。
5. 设置、保管操作员密码。
6. 书写有关会计资料的数字。

任务一 柜员岗位设置与授权管理

一、银行柜台劳动组织形式及其变革

随着金融电子化的发展和科技在商业银行业务领域的广泛运用,现代银行营业柜台的组织形式经历了从双人临柜制到单柜员制,再到综合柜员制的演变过程。

(一) 双人临柜制

双人临柜制是银行会计业务手工核算时传统的柜台劳动组织形式,其基本机制是记账员记账、复核员复核(兼出纳),这种制度的优点是出错率较低,但它的工作效率也较低。

(二) 单柜员制

单柜员制是柜员制发展的初始形式,一般应用于储蓄业务领域,即柜员独立处理储蓄业务。其复核机制是一般业务当天复核、重大业务当场复核(授权)。相比双人临柜制,这种制度工作效率有所提高,但是其柜员层次区分不明显,且对柜员素质要求比较高,这就导致这种制度在储蓄业务领域较为适用,而对业务量较大且业务较为复杂的银行网点来说适用性很有限。

(三) 综合柜员制

综合柜员制是指柜员在其权限范围内,可以办理多币种、多种类的各项柜台业务,并承担相应经济责任的一种组织形式。综合柜员制要求柜员单人临柜,独立办理储蓄业务、对公业务、中间业务和国际业务等面向客户的全部业务,是一种集约化、高效率的银行柜台组织形式。目前,我国大多数银行都实行了综合柜员制。

> 【小思考 1-1】
> 双人临柜制与综合柜员制有什么不同?各有哪些优缺点?

二、综合柜员岗位设置

在实行综合柜员制的营业机构中,其柜员岗位设置如图 1-1 所示。

(一) 普通柜员

普通柜员是指具体办理会计核算业务的人员,负责权限范围内业务的操作和会计资料的初审。根据业务内容设置的不同,可以将普通柜员分为临柜柜员和非临柜柜员。

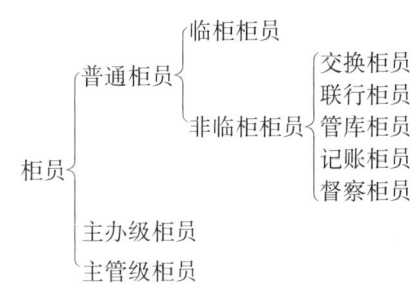

图 1-1 银行综合柜员岗位设置

(1) 临柜柜员,是指直接面对客户,对外办理现金收付、转账结算、代理业务等工作的柜员。

(2) 非临柜柜员,是指负责办理联行业务和记账业务、各类卡片的保管、印押证的使用和管理、电子汇兑、票据交换、资金清算、会计信息的分析及反馈等综合工作的柜员。各银行根据其承担的具体工作不同将其分为不同的岗位,例如,按综合应用系统业务,非临柜柜员可以划分为交换柜员、联行柜员、管库柜员、记账柜员、督察柜员。

(二) 主办级柜员

主办级柜员是指对普通柜员经办处理的各类业务进行复核,或在规定业务范围内和额度内授权的人员。

(三) 主管级柜员

主管级柜员是指对超过业务主办权限的重要业务进行授权处理的管理人员,主要包括网点负责人、总会计、各级会计结算部门负责人和有关部门聘任的行使业务主管职责的管理人员。

三、柜员管理基本原则

为加强内部控制、防范风险,必须按照"事权划分、事中控制"的原则对银行从业人员进行科学有效的管理,明确责任,相互制约。

事权划分是指针对银行各业务设置不同的业务岗位,每个岗位又有不同的操作经办权限。商业银行柜面业务的岗位所辖交易设有执行权、查询权、授权权等权限,并具有相应的操作金额。

事中控制是指临柜大金额业务及特殊业务须双人操作,相互监督。

四、授权管理

授权是指按照会计岗位责任分离、相互制约的原则,根据各种业务种类的重要性、风险程度以及金额大小设定相应授权级别,并由主管在柜员办理该类交易时,进行实时审核确认的一种内部风险控制方式。

实行综合柜员制,必须建立严格的授权制度,普通柜员具有记账、对外办理业务的权限,不得复核其他柜员账务;主办级柜员具有授权、复核权限,不得直接临柜受理客户业务;主管级柜员只具有授权、监督权限。

普通柜员、主办级柜员、主管级柜员应严格按照操作授权、业务授权、金额授权办理各项业务。

五、钱箱管理

钱箱,俗称尾箱。钱箱中放有重要空白凭证、各类印章和现金等重要物品,供柜员临柜时使用。银行电脑操作系统设有电子钱箱,其应与营业网点中的实物钱箱一一对应,操作系统中的电脑账目应与钱箱中的实物时刻账实相符。

【知识链接 1-1】
银行柜员岗位的工作职责

银行柜员分为前台柜员和后台柜员。前台柜员负责直接面向客户的柜面业务操作、查询、咨询等;后台柜员负责无须面向客户的联行、票据交换、内部账务等业务处理及对前台业务的复核、确认、授权等后续处理。随着银行业务的互联网化以及竞争日趋激烈,目前各商业银行的柜员岗位基本开始实行综合柜员制,不同的银行对柜员岗位职责的划分不尽相同,但存在一些共性职责,具体表现如下:

(1) 对外办理存取款、计息业务,包括输入电脑记账、办理银行卡(非信用卡)、打印凭证、存折、存单,收付现金等(本外币现金业务、支付结算业务)。

(2) 个人及对公账户的开立、变更及撤销等业务。

(3) 处理联行、大小额等内部结算业务。

(4) 处理代收代付业务。

(5) 办理营业用现金的领用、上缴和保管,登记柜员《现金登记簿》。

(6) 办理假币收缴及上交业务,登记保管《假币收缴登记簿》。

(7) 办理营业用存单、存折、银行卡等重要空白凭证和有价单证的领用与保管,登记《重要空白凭证和有价单证登记簿》。

(8) 掌管本柜台各种业务用章和个人名章,登记保管《印章保管登记簿》。

(9) 办理柜台轧账,打印轧账单,清理、核对当班库存现金,结存重要空白凭证和有价单证,收检业务用章,在主管的监督下,共同封箱,办理移交各项凭证等会计资料的交接手续,登记保管《柜面交接登记簿》。

【做中学 1-1】
学生以六人作为一个小组,深入不同银行的营业部现场,观察了解营业部的岗位设置和不同岗位的职责。

任务二 点钞技术技能训练

一、点钞的基本要求

点钞就是整理、清点钞票,以保证进出钞票的数量和质量。现在,不仅是金融系统,其他系统的现金流量也很大,对于出纳人员来说,清点钞票是一项经常的、大量的、技术性很强的工作。点钞速度的快慢直接关系到银行资金周转的快慢和货币流通的速度。因此,点钞技术是出纳员的必备技能之一,点钞技术的质量和效率是考核出纳员业务素质的重要指标,学好点钞技术是做好出纳工作的基础。同样,在金融系统,点钞技术是银行柜员考核的技能之一。

出纳员在办理人民币收、付和整点工作时,应以准确、快速为前提。

(1)"准",即清点和记数要准确。要做到点数准确,除了平时要勤学苦练基本功外,在训练过程中要做到"一集中、二坚持、三准备、四对清"。"一集中",即注意力集中;"二坚持",即坚持训练,坚持复核;"三准备",即思想、款项、工具准备;"四对清",即凭证金额看清,钞票当面点清,号单对清,钞票付出当面交代清楚。

(2)"快",即在"准"的前提下,努力提高工作效率。

(3)"好",在金融系统的出纳员还应再加一个"好"的基本要求,即符合"五好捆钱"的标准。出纳员要做到点数准确、残钞挑净、平铺整齐、把捆扎紧、盖章清晰,也就是"点准、挑净、墩齐、扎紧、盖章清晰"的点钞五要求。总之,金融系统对点钞的技术要求更规范、更严格。

【知识链接 1-2】
点钞的八大基本要领如下:
(1)姿势要正确。
(2)用具放置要适当。
(3)钞票要清理整齐。
(4)动作要连贯。
(5)扇面法点钞开扇均匀。
(6)钞票要墩齐。
(7)钞票要捆紧。
(8)盖章要清晰。

二、点钞的基本流程

(一) 拆把

单指单张点钞法可在点数之前拆把,也可在扎把之后拆把。采用缠绕式扎把法的,拆把可在扎把结束时,左手拇指将原纸条向外拉;采用拧结式扎把的,拆把可在点钞之前进行,即在持钞过程中拆把,在钞票向上翻之前,用左手食指尖勾断纸条即可。

(二) 持钞

用左手中指、无名指夹住钞票的主端(不整齐的一端)中央,食指、中指在上面,无名指、小指在下面并自然弯曲。左手拇指在钞票正面左侧,约占票面的 1/3 处,用力将钞票向上推,使钞票向上翻转,呈约 120°弧形,并捏住钞票左侧边缘,再向外推,使钞票呈约 70°的扇面,以便捻钞。有时可用右手协助。

(三) 捻钞

右手拇指、食指和中指沾水,作捻钞准备。注意沾水时不要过多,否则,将钞票浸湿,不易下张。左手持钞稍斜,正面对胸前,从右上角开始捻出,用拇指向下捻动。每捻动一张,无名指在背面要弹拨一次,食指、中指在下面托住少量钞票,配合拇指工作。随着钞票的捻出面向前移动,手及时托住另一部分钞票。移动动作要连贯,同时左手拇指也要配合动作,当钞票迅速下捻时,左手拇指要随即向后移动,始终保持用指尖向外移动钞票,以利捻钞时下张均匀。

(四) 挑残破券

在点钞过程中发现的残破券不要急于抽出,左手中指、无名指放松,右手中指和无名指夹住残破券向外折,待点完 100 张后才可将其抽出并补上完整票。否则,容易带出其他钞票,使钞票松散,不利清点。

(五) 记数

在捻下钞票的同时要记数。由于每次只捻一张钞票,记数也必须一张一张地记,最后记到 100 张。从"1"到"100"中,绝大部分数字是两位数,记数速度往往跟不上捻钞速度,所以必须巧记。单指单张点钞的记数,通常有两种方法:一种方法是按照"1,2,3,4,5,6,7,8,9,1;1,2,3,4,5,6,7,8,9,2;1,2,3,4,5,6,7,8,9,3;……"的规律记,一直记到最后一个数是"10",就是 100 张。这种方法是把 100 个数编成 10 组,每组都由 10 个数组成,前面 9 个数表示张数,最后一个数既表示这一组的第 10 张,又表示这个组的号码(即第几组)。另一种方法是按照"1,2,3,4,5,6,7,8,9,10;2,2,3,4,5,6,7,8,9,10;3,2,3,4,5,6,7,8,9,10;……"的规律记,这种记数法的原理与前种方法相同,不同的是把组的号码放在前面而已。

(六) 墩齐

当点完 100 张后,左右手将钞票竖起墩齐,把钞票的边端都整理整齐,然后左手持票作扎把准备。

(七) 扎把

扎把的方法分缠绕式扎把法和拧结式扎把法两种。缠绕式扎把法是将钞票墩齐、横立,左手拇指在钞票前,中指、无名指、小指在票后,食指在上侧把钞票分一条缝,右手将纸条在票面 1/2 或 1/4 处插入缝内,抽出右手食指并移至钞票背面,拇指捏住插纸处下压,使钞票呈弧形,右手将纸条由外向里(怀里)缠绕两圈,沿着上侧边再折 45°。在折纸条时,左手食指按住上侧腰条,右手拇指、食指折纸条,顺势用拇指将尾端插入圈内,最后将钞票按平即可。拧结式扎把法是将钞票墩齐、横立,右手取纸条,将纸条的1/3处搭在钞票上侧1/2处,用左手拇指按在票前,食指在侧边按住纸条,中指、无名指、小指在背面。然后,右手拇指和食指捏住纸条的一端向外缠绕半圈,然后用无名指和中指夹住短的一头拉下,同时将钞票捏成弧形,纸条两头在钞票背面合拢拉紧,左手将钞票向外转动半圈,拧好纸条打成蝴蝶结。这种方法美观、牢固,但须选用抗拉力较强的纸,如牛皮纸等。缺点是捆钞时中间高、两头低。

(八) 盖章

每点完一把钞票都要盖上图章,图章应盖在钞票上侧的纸条上,印章要清晰。

以上是单指单张点钞法的操作过程。以下是单指单张点钞训练的口诀:

左手夹紧斜度好,右手捻拨幅度小。
沾水一次点一把,点数忌口要用脑。
捻钞读数合节拍,单数编组办法好。
两手配合紧协调,左放右拿争分秒。
准中求快练硬功,确保优质高工数。

三、点钞方法

点钞方法很多,可以分为手工点钞法和机器点钞法两大类。对于手工点钞法,根据持票姿势不同,又可划分为手持式点钞法和手按式点钞法。

手持式点钞法是指不将钞票放在桌面上操作的方法。根据指法不同,又可分为:手持式单指单张点钞法、手持式单指多张点钞法、手持式多指多张点钞法、扇面式点钞法等。

手按式点钞法是指将钞票放在桌面上操作的方法。根据指法不同,又可分为:手按式单指单张点钞法、手按式多指多张点钞法等。

手工清点硬币的方法,也是一种手工点钞法。在没有工具之前,硬币全部用手工清点,这是清点硬币的一种基本方法,它不受客观条件的限制,只要熟练掌握,在工作中与工具清点的速度相差不大。

(一) 手持式单指单张点钞法

手持钞票,用一个手指一次点一张的方法叫手持式单指单张点钞法,如图1-2所示。

图1-2 手持式单指单张点钞法

这种方法使用范围较广,适用于收款、付款和整点各种新旧大小钞票。这种点钞方法优点是因持票面小,能看到票面的 3/4,容易发现假钞票及残破票;缺点是点一张记一个数,比较费力。具体操作方法如下:

1. 清点

左手横执钞票,下面朝向身体,左手拇指在钞票正面左端约 1/4 处。左手食指与中指在钞票背面与拇指同时捏住钞票,左手无名指与小指自然弯曲并伸向票前左下方,与中指一起夹紧钞票,食指伸直,拇指向上移动按住钞票侧面,将钞票压成瓦形。左手将钞票从桌面上擦过,拇指顺势将钞票向上翻成微开的扇形。右手食指托住钞票背面右上角,用右手拇指尖逐张向下捻动钞票右上角,食指在钞票背面的右端配合拇指捻动。左手拇指按捏钞票,配合右手起自然助推的作用,右手的无名指将捻起的钞票向怀里弹,注意要轻点快弹。

2. 记数

记数与清点同时进行。在点数速度快的情况下,记数应该采用分组记数法:把 10 作 1 记,即 1、2、3、4、5、6、7、8、9、1(即 10);1、2、3、4、5、6、7、8、9、2(即 20);以此类推,数到 1、2、3、4、5、6、7、8、9、10(即 100)。采用这种记数法时,记数要默记,做到脑、眼、手密切配合,既准又快。

(二) 手持式单指多张点钞法

在点钞时,手持钞票,一指同时点两张或两张以上的方法叫手持式单指多张点钞法,如图 1-3 所示。它适用于收款、付款和各种券别的整点工作。这种点钞法除了记数和清点外,其他均与手持式单指单张点钞法相同。具体操作方法如下:

图 1-3 手持式单指多张点钞法

1. 清点

在清点时,右手食指放在钞票背面右上角,拇指肚放在正面右上角,拇指尖超出票面,用拇指肚先捻钞。手持式单指双张点钞法,右手拇指肚先捻第一张,拇指尖捻第二张。捻钞时,拇指用力要均衡,捻的幅度不要太大,食指、中指在钞票后面配合捻动,拇指捻张,无名指向怀里弹。在右手拇指往下捻动的同时,左手拇指须稍抬,使票面拱起,从侧边分层错开,便于看清张数,右手拇指往下捻动钞票,左手拇指抬起让钞票下落,左手拇指在捻钞的同时下按其余钞票,左右两手拇指一起一落协调动作,如此循环,直至点完。

2. 记数

采用分组记数法。例如,点双数,两张为一组记一个数,记满 50 组就是 100 张。

(三) 手持式多指多张点钞法

点钞时手持钞票，用中指、食指依次捻下一张钞票，一次清点两张钞票的方法，叫两指两张点钞法；点钞时用无名指、中指、食指依次捻下一张钞票，一次清点三张钞票的方法，叫三指三张点钞法；点钞时用小指、无名指、中指、食指依次捻下一张钞票，一次清点四张钞票的方法，叫四指四张点钞法；以上统称手持式多指多张点钞法，如图1-4所示。这种点钞方法适用于收款、付款和整点工作，优点是效率高，能够逐张识别假钞票和挑拣残破钞票。

图1-4 手持式多指多张点钞法

下面以手持式四指四张点钞法为例说明：

1. 清点

用左手持钞，中指在前，食指、无名指、小指在后，将钞票夹紧，四指同时弯曲将钞票轻压成瓦形。左手拇指在钞票右上角外面，将钞票推成小扇面，然后手腕向内侧转动，使钞票右下角抬起。然后，把右手腕抬起，右手拇指贴在钞票的右下角，其余四指同时弯曲并拢，从小指开始每指捻动一张钞票，依次下滑四个手指，每一次下滑动作可捻下四张钞票，循环操作，直至点完100张。

2. 记数

采用分组记数法。以每次点四张为一组，记满25组即为100张。

(四) 扇面式点钞法

把钞票捻成扇面状进行清点的方法叫扇面式点钞法，如图1-5所示。这种点钞方法速

图1-5 扇面式点钞法

度快,是手工点钞法中效率最高的一种。但是它只适合清点新票币,不适于清点新、旧、破混合钞票。具体操作方法如下:

1. 持钞

钞票竖拿,左手拇指在票前下部中间票面约 1/4 处。左手食指、中指在票后同拇指一起捏住钞票,无名指和小指拳向手心。右手拇指在左手拇指的上端,用虎口从右侧卡住钞票成瓦形,右手食指、中指、无名指、小指均横在钞票背面,作开扇准备。

2. 开扇

以左手为轴,右手食指将钞票向胸前左下方压弯,然后再猛向右方闪动,同时右手拇指在票前向左上方推动钞票,右手食指、中指在票后面用力向右捻动。左手拇指在钞票原位置向逆时针方向画弧捻动,左手食指、中指在票后面用力向左上方捻动。右手手指逐步向下移动,至右下角时即可将钞票推成扇形。最后,如有不均匀地方,可双手持钞抖动,使其均匀。

在开扇时,左右两手一定要配合协调,不要将钞票捏得过紧。如果点钞时采取一按 10 张的方法,扇面要开小一些,便于点清。

3. 清点

左手持扇面,右手中指、无名指、小指托住钞票背面,右手拇指在钞票右上角 1 厘米处,一次按下 5 张或 10 张,按下后用右手食指压住,拇指继续向前按第二次,以此类推。同时,左手应随右手点数速度向内转动扇面,以迎合右手按动,直到点完 100 张为止。

4. 记数

采用分组记数法。一次按 5 张为一组,记满 20 组为 100 张;一次按 10 张为一组,记满 10 组为 100 张。

5. 合扇

当清点完毕合扇时,将左手向右倒,同时右手托住钞票向左合拢,左右手指向中间一起用力,使钞票竖立在桌面上,两手松拢轻墩,把钞票墩齐,准备扎把。

(五)手按式单指单张点钞法

手按式单指单张点钞法是一种传统的点钞方法,它适用于收、付款和整点各种新、旧大小钞票,如图 1-6 所示。由于这种点钞方法是逐张清点,看到的票面较大,便于挑出残破票,特别适用于清点散把钞票、辅币以及残破票多的钞票。具体操作方法如下:

图 1-6　手按式单指单张点钞法

1. 清点

将钞票横放在桌面上,一般在点钞员正胸前,左手小指、无名指弯曲按住钞票左上角的1/3处,左手拇指、食指和中指微屈。右手拇指托起右下角的部分钞票,用右手食指捻动钞票,每捻起一张,左手拇指便将钞票推送到左手食指与中指间夹住。用这种方法清点时,应注意右手拇指托起的钞票不要太多,否则会使食指捻动困难;也不宜太少,否则会增加拇指活动次数,从而影响清点速度,一般一次以20张左右为宜。

2. 记数

记数可采用双数记数法,数至50张;也可采用分组记数法,以10张为一组记数,记数方法与手持式单指单张点钞法基本相同。

(六) 手按式多指多张点钞法

1. 清点

手按式多指多张点钞法是指将钞票平放在桌面上,钞票边沿与桌面边沿约成45°,左手小指、无名指按住钞票左边1/4处。右手食指、中指、无名指捻动钞票,并往上提,随即用左手拇指、食指将点过的钞票夹住,如图1-7所示。

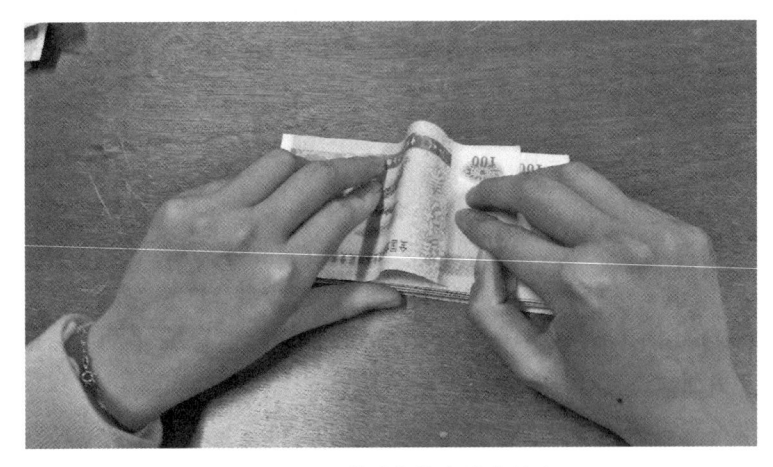

图1-7 手按式多指多张点钞法

2. 记数

记数可采用分组记数法,以3张为一组记数。

(七) 机器点钞法

机器点钞法就是使用点钞机整点钞票。用机器代替手工点钞,能减少出纳员的体力劳动,点钞效率高,一般时速可达5万~7万张,比手工点钞快一至两倍。因此,每个出纳员应该掌握此方法。

1. 点钞机的使用

随着经济以及科学技术的发展,伪钞制造水平越来越高,点钞机因综合了紫光、磁性、红外、数码等多种鉴伪手段,成为目前验钞精度最高的一种设备。由于点钞机已基本实现智能化、人性化设计,操作员只须将货币放入进钞口,点钞机将自动点验。当点验时出现可疑币时,机器会自动停机,报警提示灯闪烁,并发出报警的声音,提示出钞口第一张钞票为可疑币,拿出该钞票之后,按"复位"键可继续点验。

2. 点钞机的维护

遇到如下情况时,可参照以下方法处理:

(1) 开机后无显示:检查电源的插座是否有电;检查点钞机的插头是否接触不良;检查点钞机的保险丝是否已熔断。

(2) 开机后出现故障提示代码:一般点钞机具有故障自检功能,开机后点钞机会自诊是否有故障,不同品牌型号的点钞机,故障代码也不一样,应仔细阅读该点钞机的《使用说明书》。

(3) 计数不准:调节托钞盘后部的垂直螺丝,顺时针或逆时针旋转调试(顺紧——逆松);清理光电计数器传感器上的积尘;检查阻力橡皮、捻钞轮是否严重磨损,及时更换后再进行调整;调节送钞台光电计数器传感器的对正位置;检查电机皮带是否严重磨损。

(4) 荧光鉴伪不报警或检伪灵敏度降低:调节电路板灵敏度按键或灵敏度调节电位器(荧光鉴伪的灵敏度);清除荧光灯管光传感器(紫光灯探头)上的积尘;检查荧光灯管是否老化。

(5) 启停方式失灵:检查送钞传感器上是否积尘;检查送钞传感器和主电路板是否连接;检查点钞机皮带是否折断。

任务三　柜员书写规范

一、小写金额书写规范

(一) 数字书写的基本要求

(1) 位数准确。用数字来计算时,数的位数是由该数首位数的数位决定的。例如,"1 235",首位数"1"的数位是千位,所以这个数是千位数,即一千二百三十五,也叫四位数。

(2) 书写清楚,容易辨认。书写数字,必须字迹清晰、笔画分明,一目了然。各个数字应有明显的区别,以免混淆。

(3) 书写流畅,力求规范化。为了使计算工作达到迅速准确,数字书写力求流畅、美观、规范化。

视频:账表凭单的填写

(二) 阿拉伯数字的书写

1. 阿拉伯数字书写的有关规定

(1) 数字的书写与数位结合在一起,写数时,每一个数字都要占一个位置,各个位置表示各种不同的单位。数字所在位置表示的单位,称为数位。数位是按照个、十、百、千、万的顺序,由小到大,从右到左排列的,但写数和读数的习惯,都是由大到小,从左到右的。

(2) 数的整数部分,采用国际通用的三位分节制,从个位向左每三位数用逗号","分开。例如,"25,678,389"也可用空位分开,如"25 678 389"。

2. 数的读法

(1) 万以下数的读法。从最高位起,顺着位次每读一个数字,接着就读出这个数字所对应的数位名称。例如,"44 325"应读成四万四千三百二十五。

(2) 万以上数的读法。对于千万、百万、十万这些数位上的数,读出数字和数位上的第一个字,数位名称第二个字"万"不读出来。例如,"687 654 321"应读成六亿八千七百六十五万四千三百二十一。

（3）中间有"0"的数。对于数字中间的"0"，只读出数字"零"，而不读出数位名称。如果数字中间有连续几个"0"时，可以只读一个零。例如，"2 605"读成二千六百零五，7 002读成七千零二。

（4）后面有"0"的数。对于数字最后面的"0"，既不读出"零"也不读出数位的名称。例如，"2 400"读成二千四百。

3. 账表凭证上阿拉伯数字的书写规范

（1）数字的写法是自上而下、先左后右，要一个一个地写，不要连写，以免分辨不清。

（2）斜度约以六十度为准。

（3）高度以账表格的二分之一为准。

（4）除7和9上低下半格的四分之一，下伸次行上半格的四分之一外，其余数字都要靠在底线上。

（5）6的竖上伸至上半格的四分之一处。

（6）0字不要有缺口。

（7）从有效数最高位起，以后各格必须写完。

【知识链接1-3】

1. 人民币（元）符号"￥"的来由和使用

"￥"应念做"元"，是人民币（元）的简写符号，是汉语拼音"YUAN"（元）的缩写，它代表人民币单位（元），也表明货币种类（人民币）。小写金额前写"￥"以后，数字之后就不要再写"元"了。例如，"￥7 300.06"即为人民币柒仟叁佰元零陆分。

2. 用阿拉伯数字书写金额的注意事项

在书写时，其数目前不得写上"人民币"字样。金额数目若没有角和分时，应写上"0"，不得以"—"或"元"字代替。例如，"￥6 278.00"不得写成"￥6 278.—"或"￥6 278元"。

二、大写金额书写规范

（一）用正楷或行书书写

中文大写金额数字应用正楷或行书书写，正确写法如表1-1所示。

表1-1　　　　　　　　　　中文大写金额数字

壹	贰	叁	肆	伍	陆	柒	捌	玖	拾	佰	仟	万	亿	元	角	分	零	正	整
壹	貳	叄	肆	伍	陸	柒	捌	玖	拾	佰	仟	萬	億	元	角	分	零	正	整

不得用一、二（两）、三、四、五、六、七、八、九、十、念、毛、另（或0）填写，不得自造简化字。如果金额数字书写中使用繁体字，如陸、億、萬等的，也应受理。

（二）"人民币"与数字之间不得留有空隙

有固定格式的重要凭证，大写金额栏一般印有"人民币"字样，数字应紧接在人民币后面书写，在"人民币"与数字之间不得留有空隙。大写金额栏没有印好"人民币"字样的，应加填"人民币"三个字。

(三) 有关"整"字的用法

中文大写金额数字到"元"为止的,在"元"之后,应写"整"(或"正")字,在"角"之后可以不写"整"(或"正")字。中文大写金额数字有"分"的,"分"后面不写"整"(或"正")字。

(四) 有关"零"字的写法

(1) 阿拉伯小写金额数字中间有"0"时,中文大写金额数字要写"零"字。例如,"￥2 905.80",应写成"人民币贰仟玖佰零伍元捌角"。

(2) 阿拉伯小写金额数字中间连续有几个"0"时,中文大写金额数字中间可以只写一个"零"字。例如,"￥6 003.16",应写成"人民币陆仟零叁元壹角陆分"。

(3) 阿拉伯小写金额数字万位或元位是"0",或者数字中间连续有几个"0",万位、元位也是"0",角位不是"0"时,中文大写金额数字中可以只写一个"零"字,也可以不写"零"字。例如,"￥3 260.42",应写成"人民币叁仟贰佰陆拾元零肆角贰分",或者写成"人民币叁仟贰佰陆拾元肆角贰分";"￥405 000.83",应写成"人民币肆拾万伍仟元零捌角叁分",或者写成"人民币肆拾万零伍仟元捌角叁分"。

(4) 阿拉伯小写金额数字角位是"0",而分位不是"0"时,中文大写金额数字"元"后面应写"零"字。例如,"￥85 608.09",应写成"人民币捌万伍仟陆佰零捌元零玖分";"￥947.05",应写成"人民币玖佰肆拾柒元零伍分"。

(五) 壹拾几的"壹"字,不得遗漏

平时口语习惯说"拾几""拾几万",但"拾"代表的是数位,不是数字。例如,"￥240 013.00",汉字大写金额应写成"人民币贰拾肆万零壹拾叁元整"。

【做中学 1-2】

将下列阿拉伯小写金额数字写成中文大写金额数字。

小写金额	大写金额	小写金额	大写金额
￥200.00		￥7 600 000.09	
￥14.08		￥9 007.25	
￥345.06		￥207 000.56	
￥1 408.70		￥40 084 000.00	
￥8 550.40		￥67 732.98	

三、日期书写规范

(1) 票据的出票日期必须使用中文大写数字书写。为防止变造票据的出票日期,应按照以下要求书写:

① 月的写法规定:

1月、2月前加"零",如1月,写做"零壹月"。

11月、12月前加"壹",如11月,写做"壹拾壹月"。

10月前加"零壹",写做"零壹拾月"。

② 日的写法规定:

1日至10日、20日、30日前加"零",如30日,写做"零叁拾日"。

11日至19日前加"壹",如11日,写做"壹拾壹日"。

(2) 票据的出票日期是用阿拉伯小写数字填写的,银行将不予受理。中文大写日期未按要求规范填写的,银行可予受理,但如果由此造成损失的,损失由出票人自行承担。

【做中学 1-3】

请写出下列日期的中文大写。

(1) 2019年12月30日。

(2) 2000年10月8日。

(3) 2018年9月21日。

(4) 2017年11月20日。

(5) 2006年2月1日。

(6) 2020年3月10日。

任务四 常见单证、印章、机具管理规范

一、重要空白凭证的管理

重要空白凭证是指经由银行印制的无面额或经银行、单位填写金额并签章后,具有支取或解付款项效力的凭证,如汇票、本票、支票、存单、存折、联行报单以及各类信用卡、银行卡等。它是银行凭以办理收付款项的特定凭证和重要依据,银行必须对其印制、领用、保管、出售、销毁等环节进行严格管理。

(一)基本规定

1. 原则

重要空白凭证管理实行"统一印制、各自管理"的原则。所有重要空白凭证严格按照中国人民银行的格式要求由总行统一印制,分(支)行领用管理。分(支)行实行重要空白凭证专管员制度,按照"印鉴、密押、凭证三分管"的原则,配备两名责任心强的柜员负责重要空白凭证的领用、发放和日常管理,并负责登记"重要空白凭证登记簿"。

2. 管理

重要空白凭证一律用表外科目"重要空白凭证"。采用单式记账法以每份1元(人民币)的假定价格进行核算并建立"重要空白凭证登记簿",记录重要空白凭证的领入、使用、交接、销毁等。

3. 领用

总行凭证大库负责办理全行的凭证领用和返纳,支行相互之间不得自行调配;凡需要领用重要空白凭证的支行,应事前向凭证大库报送领用计划。

4. 登记

重要空白凭证必须印有编号,领用后须录入银行电脑业务操作系统,并与实物在数量和

编号上完全一致。重要空白凭证不得作为教学和练习使用,确因培训讲授或技术比赛需要的,由总行另行印制模拟凭证。

5. 保管

每日营业结束时,柜员需要对尾箱中的重要空白凭证实行双人交叉复点,并核对柜员的"重要空白凭证登记簿"是否账实相符。重要空白凭证一律由双人装入尾箱,上锁后送押运公司保管,不得留存支行。在次日营业前,应再次对尾箱中的重要空白凭证进行清点,以检查尾箱是否账实相符。

6. 销毁

总行会计结算部统一组织重要空白凭证的销毁,并由两个以上的部门参加现场监销,支行不得擅自销毁已过期或不再使用的重要空白凭证。

7. 检查

重要空白凭证应进行定期和不定期的检查。营业部经理要定期或不定期对凭证专管员和柜员的重要空白凭证的保管、使用情况进行检查,清点库存实物,每月不少于一次,核对账表、账实是否相符,并在"重要空白凭证查库登记簿"上记录备案。总行应不定期地抽查各支行重要空白凭证保管和使用情况,确保重要空白凭证按规定使用。

(二) 日常管理操作

重要空白凭证管理的日常管理操作有:凭证领用、凭证返纳、凭证发出和作废、凭证冲正、凭证出售和回收、凭证销毁等环节。

1. 凭证领用

(1) 支行从总行凭证大库领用凭证。支行从总行凭证大库领用重要空白凭证时,填写一式三联"重要空白凭证领用书"并在第一联加盖支行预留印鉴,由凭证专管员(双人)凭"重要空白凭证领用书"第一联、工作证及工号卡到凭证大库办理凭证领用手续。

支行凭证专管员领用凭证后应入库(或尾箱)保管,并按品种、起止号码、数量等逐项登记在"重要空白凭证登记簿"上,凭证领用时应按凭证起止号码顺序发出。

(2) 柜员从支行凭证库领用凭证。柜员从支行凭证库领用凭证时,凭证专管员进入电脑业务操作系统的"凭证领用"界面,将库中的凭证实物分发至柜员的尾箱中。随后,凭证专管员在"重要空白凭证登记簿"登记备案,领用柜员签章确认。

2. 凭证返纳

过期或不再使用的重要空白凭证应按规定返纳回总行。凭证返纳有以下两种情况:

(1) 柜员向支行凭证库返纳凭证。

(2) 支行凭证库向总行凭证大库返纳凭证。

3. 凭证发出和作废

(1) 凭证发出。凭证发出,在电脑业务操作系统中分为自动记账和非自动记账两类。

对存折(存单)类凭证、银行卡、支票、电汇凭证、银行汇票申请书和银行汇票、银行承兑汇票、商业承兑汇票、挂失申请书、现金出入库凭证、非税票据等凭证的发出,由电脑业务操作系统自动进行记账,不须手工填制"表外科目收入(付出)传票",柜员在轧账后进入报表系统打印出汇总凭证即可。

对支付系统专用凭证、注册资金专用存款账户余额通知书、小额支付系统专用凭证、EFT电划贷方补充清单、假币收缴通知书、存款证明书、存款证明等凭证的发出,电脑业务操作系统不自动记账,须由柜员在电脑业务操作系统的"凭证发出"界面手工操作,录入使用的凭证类型和起止号码,确认无误后"提交"。

(2)凭证作废。柜员尾箱中的重要空白凭证因打印错误、损坏等原因无法使用时,应将其作废。对作废或已停用的凭证作销毁处理时,须进入电脑业务操作系统的"凭证作废"界面,录入作废的凭证类型和起止号码,并确认。

作废的重要空白凭证不得随意撕毁或丢弃,应切角加盖"作废"戳记后,作为"重要空白凭证"表外科目传票的附件,随当日传票装订(批量销毁的除外),并在"重要空白凭证登记簿"上登记。

4. 凭证冲正

在凭证调配、凭证发出和凭证作废时,如果发现凭证数量或号码录入有误时,应及时冲正,可在电脑业务操作系统的"凭证冲正"界面进行冲正处理。

5. 凭证出售和回收

(1)凭证出售。允许对外出售的重要空白凭证,在出售时,客户应填制"凭证领购单",并加盖预留银行印鉴后,连同经办人身份证件一并提交银行。出售支票时应注意:不得向非支票结算户出售支票;支票上应加盖正确、清晰的账号章;打印的支票磁码数字应正确。

(2)取消出售。出现凭证错发账号、数量等原因需要收回已出售的凭证时,应进入电脑业务操作系统的"取消出售"界面进行回收操作。如果出售的凭证已有部分使用的,则出售无法取消,应在"凭证核销"界面直接进行核销。

(3)凭证核销。客户销户时须将重要空白凭证交回银行。柜员应核对客户交回的各类重要空白凭证,是否与电脑业务操作系统内记录的凭证信息相符。如发现不符,应要求客户查明原因并提供书面说明。客户交回的重要空白凭证应切角后加盖"作废"戳记,并且凭证专管员进入电脑业务操作系统的"凭证核销"界面进行核销,作废凭证随当日传票装订。

6. 凭证销毁

重要空白凭证由总行统一组织销毁。在销毁时,分(支)行应按照有关会计档案管理办法,做好销毁凭证的核对、切角、移交及封包等工作。

> 【小思考1-2】
> 什么是"凭证箱"?
> 答:凭证箱是系统为每个柜员自动建立的,用于记录其保管的重要空白凭证数量,并控制柜员按从小到大的凭证号顺序使用凭证的保管箱,它也是计算机虚拟凭证箱与实际物理凭证箱的统一。

二、业务印章的管理

业务印章是证实银行办理业务合法性和有效性的重要依据,也是明确经济责任的重要证明。银行业务种类多,不同的业务须加盖不同的业务印章,业务印章数量较多,因此,加强业务印章管理是银行内控管理的重要内容。

商业银行现使用的业务用章有行名业务公章、现金结讫章、转讫章、结算专用章、汇票专用章、收妥作实章、同城票据交换专用章、国际结算专用章和个人名章等。

(一)业务印章的使用范围

1. 行名业务公章

行名业务公章用于对外签发的重要单证,如存单、存折、单位定期存单和证实书等,对外出具的存款证明、存款证明书、余额对账单、借款人欠息通知单、查询查复通知书等各种结算制度规定的银行对外结算凭证，以及其他须加盖行名业务公章的报表或重要单证。行名业务公章按支行配备，由营业部经理保管。

2. 现金结讫章

现金结讫章用于现金收入凭证、现金付出凭证和签发现金进账回单等。该印章按办理现金业务的柜员进行配备，通过编号进行区分。

3. 转讫章

转讫章用于转账凭证、签发收账通知和付款通知等支付结算业务。该印章按办理相关业务的柜员进行配备，通过编号进行区分。

4. 结算专用章

结算专用章用于签发有关结算凭证，如发出、收到和办理托收承付、委托收款结算凭证、有关结算款项的查询查复通知书以及贴现托收时做成背书等。该印章按支行进行配备，由营业部经理或业务主办保管。

5. 汇票专用章

汇票专用章用于签发银行汇票和承兑商业汇票及办理转贴现、再贴现时做成背书。该印章和印模卡按办理签发银行汇票的支行进行配备，由营业部经理保管。印模卡视同银行汇票专用章来保管。

6. 收妥作实章

收妥作实章适用于受理客户提交(含本行或他行)、但尚未进行转账处理的各种凭证的回单，该印章必须刻有"收妥作实、不作提货依据"字样。该印章按办理相关业务的柜员进行配备，通过编号进行区分。

7. 同城票据交换专用章

同城票据交换专用章用于同城交换银行间提出票据进行的票据交换代收、代付业务。该印章按支行进行配备，由票据交换业务主办员保管。

8. 国际结算专用章

国际结算专用章用于对内对外发出的国际结算业务凭证，如给客户的回执等，此印章用作其他凭证时无效。该印章由国际业务部指定业务主办员保管。

9. 个人名章

个人名章用于办理和记载的各种单证、凭证、账簿、报表及现金封捆业务等。营业部经理、柜长、柜员均应配置个人名章，该印章由个人自行保管。

(二) 业务印章的管理规范

1. 业务印章的刻制

各种营业部业务印章(个人名章除外)均应冠以行名，除按有关规定须由中国人民银行统一监制之外，其余的业务印章(个人名章除外)均由支行出具书面申请上报总行(分行)有关部门统一刻制。

2. 业务印章的保管和使用

业务印章的保管和使用贯彻"谁使用谁保管"的原则，每个保管人都应经过营业部经理的审查。业务印章(个人名章除外)启用前要在"印章及重要物品保管使用登记簿"上预留印模，由保管人签章领用。当保管人员变动时，必须按有关规定办理交接手续，同时登记"印章及重要物品交接登记簿"。停止使用的业务用章除了在"印章及重要物品保管使用登记簿"上注明外,还须登记"作废印章印模簿",并按规定手续进行封存。

三、重要机具的管理

商业银行在营业时,一些业务操作通常需要借助一些机器设备,常用的重要机具有密押机、压数机、磁码机、电子验印机等。这些重要机具要妥善保管和使用。

(一) 密押机

密押机是指商业银行为实时汇兑系统处理实时汇兑业务而设计的,专用于实时汇兑业务密押核对的机具,以辨别实时汇划款项是否真实、准确,如图1-8所示。

密押,通常在办理银行票据业务时使用。密押可分为系统密押和手工密押两大类。其中,系统密押分为全功能银行系统密押和网上支付结算代理业务密押;手工密押分为应急密押和支付结算代理业务密押。

图1-8 密押机

全功能银行系统密押是指在办理银行汇票业务过程中,使用密押交易,由计算机系统按照规定的计算方法,对票据有关要素进行加密运算得出的一组数据。

应急密押系统由发行器、密押器及IC卡组成。使用各级发行器或密押器均需要各级人员IC卡进行操作,各级IC卡也要经过逐级签发后方可启用。由经办行密押主管负责在密押器上注册、注销密押员卡号,对超过限额的编押业务进行授权、查询历史记录。

经办行密押员由两名会计人员组成,负责对业务数据进行编押或核押、对编押或核押业务进行复核、查询历史记录。经办行的密押主管和密押员不得兼管与密押配套使用的印章、重要空白凭证。密押员的IC卡口令应不定期更换,并不得将本人生日、住宅或单位门牌号码、常用电话号码等常用数码作为启用口令,以防失密。

"印鉴、密押、凭证分管分用"是办理汇票的一项基本制度,密押人员不能分管相应会计专用印章和重要空白凭证。密押的编制方法属银行机密,非正式员工不可以从事涉密岗位工作。

密押机属于银行的重要机具,密押机的操作手册属于绝密的资料,密押机与操作手册应分地保管,不能放在同一个保险箱(柜)里。同时,密押机和IC卡也要分地保管。

在实际工作中,密押机一般由使用人员保管,手册由有IC卡副卡的会计主管保管。其保管和使用实行个人负责制。当经办人员调离工作岗位时,由会计主管指定接办人员办理交接手续。

密押机不得让非经办人员练习和操作,不得在讲课中讲解使用方法。如发生丢失、被盗的情况,要立即采取有效措施寻找并立即上报。在查明情况后,视情节轻重追究经办人员和有关领导的责任。

(二) 压数机

压数机是指银行签发银行汇票和银行汇票承兑时,用于在"汇票金额"栏压印小写金额的机具。

压数机需指定专人使用保管,无关人员不得随意动用机器。在营业期间,保管使用人应做到"人在机开,人走机锁";当营业结束后,应上锁寄库保管。在使用前,保管使用人要认真阅读有关操作手册,使用过程中也要认真检查,如发生故障,应联络机器保修单位,不得自行拆开机器。

(三) 磁码机

磁码机是指为支票打印磁码的专门机具。

银行在支票出售之前,必须对其进行打码,即在支票下方打印支票磁码。支票磁码是清分机的唯一识别码,磁码打印采用标准字模。在一般情况下,磁码分设五个区域,从左到右分别为支票号、交换行号、支票账号、交易码(或用途代码)和金额。出售支票时打印前三个区域,提出票据交换时,打印后两个区域,对支票补打交易码(或用途代码)和金额。

(四) 电子验印机

电子验印机是指采用高速扫描仪作为录入设备,完整地提取银行预留印鉴的信息,准确识别印鉴的真实性的机具。

印鉴作为凭证合法性的依据是《中华人民共和国票据法》的规定,银行对公业务中的印鉴核对一直是凭证合法性审核的重要一环。但长期以来,核验印鉴的方法大多采用传统的手工折角验印方式,这种方法准确度低,而且不易被监控。此外,在传统的纸质印鉴卡方式下,预留印鉴在不同网点不能共享,制约了对公业务通存通兑的实现。目前,手工验印和电子验印在商业银行处理业务时并存,优势互补。

采用电子验印的,应专人专机录入,严格操作人员的密码管理。非操作人员不得进入验印系统,操作人员离开验印机具时,应及时退出验印系统。

采用手工验印的,验印人员采用折角或折叠验印方法,验印后必须签章表示核对无误,如果是大额支付,必须实行复验印。

印鉴卡应放入专用的印鉴簿内,有专人负责保管,不得散失,保管人员离开或营业结束时,印鉴卡要入箱保管。换人使用时,应做好交接登记。正副本印鉴卡应定期核对,并做好记录,发现问题要及时修正。

任务五　银行柜员服务规范

任务引例

别在客户面前批评自己的银行

某日,张先生到"××支行"取款机上取1 000元,在操作时,手机响了,张先生见取款机吐了卡,赶忙取出卡,转身离开取款机屏风接电话。等电话打完后,再次取款时,张先生发现,与他熟悉的开户行取款机的操作略有不同,这台取款机是先吐卡、后出钞,而且他的卡上已减少1 000元。于是,他赶紧询问这家支行的员工。

场景一

张先生:"我没取到钱,可卡上少了1 000元,是不是这台机器有毛病啊?"

视频:大量零钱,银行能不能拒存

"××支行"员工:"你是怎么操作的?取了卡有没有等一下再离开。"

张先生:"吐卡时未出钱啊,我就接了一个电话。"

"××支行"员工:"可能被后面取款的人拿走了。我们这台机器有时反应慢,特别是业务高峰时期。告诉你吧,我们行的系统早就落后了,该换代了。这台老爷机也早该报废了,唉!我们行有毛病的地方多着呢。"

张先生:"我的1000元怎么办?"

"××支行"员工:"谁叫你不等一下再离开,自认倒霉吧!"

张先生:"……"

场景二

张先生:"我没取到钱,可卡上少了1000元,是不是这台机器有毛病啊?"

银行员工:"您先别着急,我们对取款情况都有实时录像,请把当时的情况跟我们讲一下,好吗?"

张先生:"吐卡时,未出钱啊,我就接了一个电话。"

银行员工:"请跟我们一起看一下回放录像,好吗?看看是什么原因。"

原来在张先生取卡转身接电话的瞬间,钞票刚好吐出,而他后面一个矮个子青年便随手取走了这1000元。

银行员工:"每个行的取款机的吐卡和出钞方式可能略有不同,请按屏幕提示进行操作。不过,我们会将您失款的情况上报,请留下联系电话,有情况我们立即与您联系。"

张先生:"好吧,谢谢您提醒。"

一、银行柜台服务礼仪规范

(一) 银行工作人员仪表要求

银行工作人员的仪表要求如下:

(1) 工作时应穿着统一的行服,着装端庄大方,平整洁净。

(2) 男员工穿行服时应配有衬衣、深色皮鞋、深色袜子和佩戴领带,衬衣衣摆不能露在西装外。

(3) 女员工穿行服时应配套,袜子应与行服颜色相称,长袜不应带图案,袜口、衬裙不得外露。

(4) 服装不得有油渍、汗渍或褶皱。袖口、裤口不得翻卷。

(二) 银行工作人员仪容要求

(1) 干净、整洁、素雅、大方,不能有奇怪的发型,指甲修剪整齐,不能留长指甲、染指甲。

(2) 男员工发丝侧不过耳,后不过颈,不能留胡须,不准剃光头,不准留长发,头发不准染自然色以外的颜色。

(3) 女员工淡妆上岗,不能浓妆艳抹。长发须盘起或束起,刘海应保持在眉毛上方。不得佩戴夸张饰品,头发不得染自然色以外的颜色。

(4) 所有员工都应注意个人卫生,保持面部、口腔清洁。身体无汗味、异味。

(三) 银行工作人员仪态要求

1. 站姿要挺拔

站立时挺胸收腹,不弯腰。男员工站立时,双脚自然分开,腰外侧与肩同宽,双手交叉放在背后,如图 1-9 所示。女员工站立时,双脚成"V"字形或"丁"字形,双手自然下垂或虎口交叉,右手轻握左手置于小腹前,如图 1-10 所示。

图 1-9　男士站姿

图 1-10　女士站姿

2. 坐姿要端庄

坐着与客户面对面交谈时,应挺胸收腹,身子微向前倾,目光注视客户。男员工可直接落座,双腿可略分开,双手自然置于腿上,如图 1-11 左图。女员工落座前,应先用脚感觉椅子的位置,用手掠下裙子,然后坐下双腿并拢,双手交叉置于腿上,如图 1-12 右图。坐在椅子上时,要直腰、挺胸,上半身自然挺直。

图 1-11　男士坐姿

图 1-12　女士坐姿

坐的注意事项:
(1) 坐时不可前倾后仰,或歪歪扭扭。
(2) 坐时双腿不可过于分开,或长长地伸出。
(3) 坐下后不可随意挪动椅子。
(4) 坐时不可将大腿并拢,而小腿分开,或将双手放于臀部下面。
(5) 坐时不可高翘"二郎腿"或摆出"4"字型腿。
(6) 坐时不可抖动腿、脚。

(7) 不可猛坐猛起。

(8) 坐着与人谈话时不要用手支着下巴。

(9) 坐沙发时不应太靠里面,身体不能呈后仰状态。

(10) 坐时不可将双手放在两腿中间

(11) 坐时不可将脚尖指向他人。

(12) 坐时不可脚跟落地,脚尖离地。

(13) 坐时不可双手撑椅。

(14) 坐时不可把脚架在椅子或沙发扶手上,或架在茶几上。

3. 走姿要稳重

行走时身体重心微向前倾,收腹挺胸,目视前方,双臂前后自然摆动。在一般情况下,应稳步行走,有紧急事情时可碎步快行,不可慌张奔跑。走姿如图1-13所示。

不雅的走姿:

(1) 行走时方向不定,忽左忽右。

(2) 行走时体位失当,摇头,晃肩,扭臀。

(3) 扭来扭去的"外八字"步和"内八字"步。

(4) 行走时左顾右盼,身体重心后坐或前移。

(5) 与多人一起行走时,或勾肩搭背,或奔跑蹦跳,或大声喊叫等。

(6) 行走时双手反背于身后。

(7) 行走时双手插入裤袋。

图1-13 走姿　　　　图1-14 正确的蹲姿

4. 正确的蹲姿要求

(1) 男员工高低式蹲姿左脚在前,右脚在后。左小腿垂直于地面,脚掌着地,大腿靠紧。右脚跟提起,前脚掌着地。左膝高于右膝,臀部向下,上身稍向前倾,以左脚为支撑身体的主要支点。如图1-14所示。

(2) 女员工交叉式蹲姿。即:右脚在前,左脚在后,右小腿垂直于地面;右腿在上,左腿在下,二者交叉重叠。

二、银行柜台服务语言规范

(一) 服务用语基本要求

(1) 工作时间均应使用文明用语和普通话。

(2) 自觉使用"请""您好""谢谢""对不起""再见"十字文明用语,做到"请"字当头,"您"字跟上,未达到对方满意时应说"对不起"。

(3) 坚持"三声服务",即来有迎声、问有答声、走有送声。

(4) 在工作服务中,语言要清楚、语调要适中、语气要平和,非特殊原因不说方言和土语。

(5) 服务窗口应有懂哑语、特殊方言的柜员,涉外窗口的柜员应基本会用外语交流。

(二) 临柜服务文明用语

1. 柜台人员服务用语

"您好!"

"早上好!"

"下午好!"

"欢迎光临!"

"请问您办理什么业务?"

"请问您需要什么帮助?"

2. 大堂经理及引导人员服务用语

"请您到××窗口办理。"

"请您填写××凭证。"

"请您坐在沙发上稍等,好吗?"

"对不起,请您在一米线外等候,谢谢!"

3. 需要和其他人交换意见或向有关部门查询、请示时的服务用语

"对不起,请稍等!"

"请稍等,我马上帮您查一下!"

"对不起,我需要请示一下,请稍等!"

4. 客户等待时间较长时的服务用语

"对不起,让您久等了!"

"真抱歉,因……让您等了这么久。"

5. 需要客户配合时的服务用语

"请您出示一下××证件,谢谢!"

"请您签名,谢谢!"

"请您……谢谢合作。"

"这是您的××,请您核对、收好,谢谢!"

"请您核对、收好,谢谢!"

"请您在这里签名,谢谢!"

6. 业务办理完毕时的服务用语

"再见!"

"欢迎再来!"

"请慢走!"

"很高兴为您服务!"

(三) 服务禁语

1. 服务五忌

(1) 忌谈话时间过长,引起其他客户不满。

(2) 忌开过分的玩笑。不谈论他人是非或带有粗俗和低级趣味成分的话题,谈话不涉及对方不愿谈及的内容和隐私。

(3) 忌泄露客户的账户情况和资金情况。遇客户账户资金不足或存取大额资金时,不可大声叫喊。

(4) 忌泄露银行内部处理和审批程序。

(5) 忌背后议论客户,特别是不可议论客户的短处、长相、穿着和口音等。

2. 临柜服务禁语

凡语气生硬、不耐烦或具讽刺、挖苦、搪塞、埋怨、刁难等意味的语言均属于服务禁语。

(1) 未到营业时间,客户进入营业厅时的禁语。

"还没上班,出去等着!"

"等一会儿,有事上班再说!"

(2) 客户进行业务咨询时的禁语。

"不知道!"

"不清楚!"

"这些业务不适合您,您不用了解!"

"我已经给您讲过了,您怎么还不明白?"

"自己看!"

"电脑坏了,今天不办业务。"

"这不是我的事,你找××吧!"

(3) 处理业务时的禁语。

"急什么!"

"等一会儿!"

"不行,这是规定!"

"不是给你说了嘛!"

"写错了,重填!"

"这么简单都不懂,真笨!"

(4) 受到批评时的禁语。

"这不是我的责任,有意见找领导去!"

"我的态度就这样,怎么啦?"

"你去告吧,告到哪儿都不怕!"

"有意见写到意见簿上去。"

(5) 临近下班时的禁语。

"不要进来了,已经下班了,明天再来吧。"

"已经开始结账了,不办业务了。"

(6) 禁止直接使用否定语言。

服务中需要使用否定语言时,必须对客户说"对不起""很抱歉",以求得客户谅解。

3. 提倡用语

"我想想办法,看能不能帮您。"

"我们一起看看错在哪里。"

"请稍候,请您先看一下产品说明。"

"我能理解,真抱歉。"

"对不起,您看这样……如何?"

"我可以帮您咨询一下,过两天告诉您。"

"我给您解释一下,我们目前必须遵守相关的规定,但我们会将您的意见向上级反映。"

任务引例解析

任务五场景一中的银行员工处理不当,场景二中的银行员工处理恰当。

从案例中看出,当客户有紧急要求时,是及时帮客户解决问题,还是向客户"自曝家丑",这是企业文化和员工素质的一个体现。不同的处理方法,可能会导致客户对一家银行产生截然不同的感受。客户一般容易相信内部员工对本机构的负面评价,尤其是第一次上门的客户,会觉得这家银行"真的"不行。

想要客户认同你的银行,首先需要自己认同。确保自己口中说出正面的言语,正面的言语会转化为积极的力量!

【小思考 1-3】

下列服务用语是否恰当?如有不当,应如何改正?

当储户对利息提出疑问时,说:"利息是电脑计算出来的,还能错?/银行还能坑你吗?/不信,找人去算。"

当客户办理提前支取时,发现存单与身份证姓名不一致,说:"你自己写错了怨谁。"

当客户刚办理存(取)款业务,又要求取(存)钱时,说:"刚存(取)怎么又取钱。/以后想好了再存(取)。"

当客户办理交款业务时,说:"你的钱太乱了,整好再交。"

临近下班时,说:"下班了,明天再来吧。"

【小思考 1-4】

取现客户要求护送怎么办?

客户:"小姐,我刚在你们这儿取了钱,要存到隔壁行,你能不能派个保安陪我过去一下?"

小刘:"不好意思,我们只负责营业厅内的客户财产安全。况且,保安归办公室管,我哪有权力叫他们做事啊!"

> 客户提高了声调:"我在商场买台空调还会帮我送一下呢!你们这里不是有两个保安吗,走一个应该没问题吧!"
>
> 小刘:"我们这里白天是需要两个保安,安全制度就这样规定的!"
>
> 客户:"……"

项目小结

认知银行柜员基本职业能力与素质内容结构如图 1-15 所示。

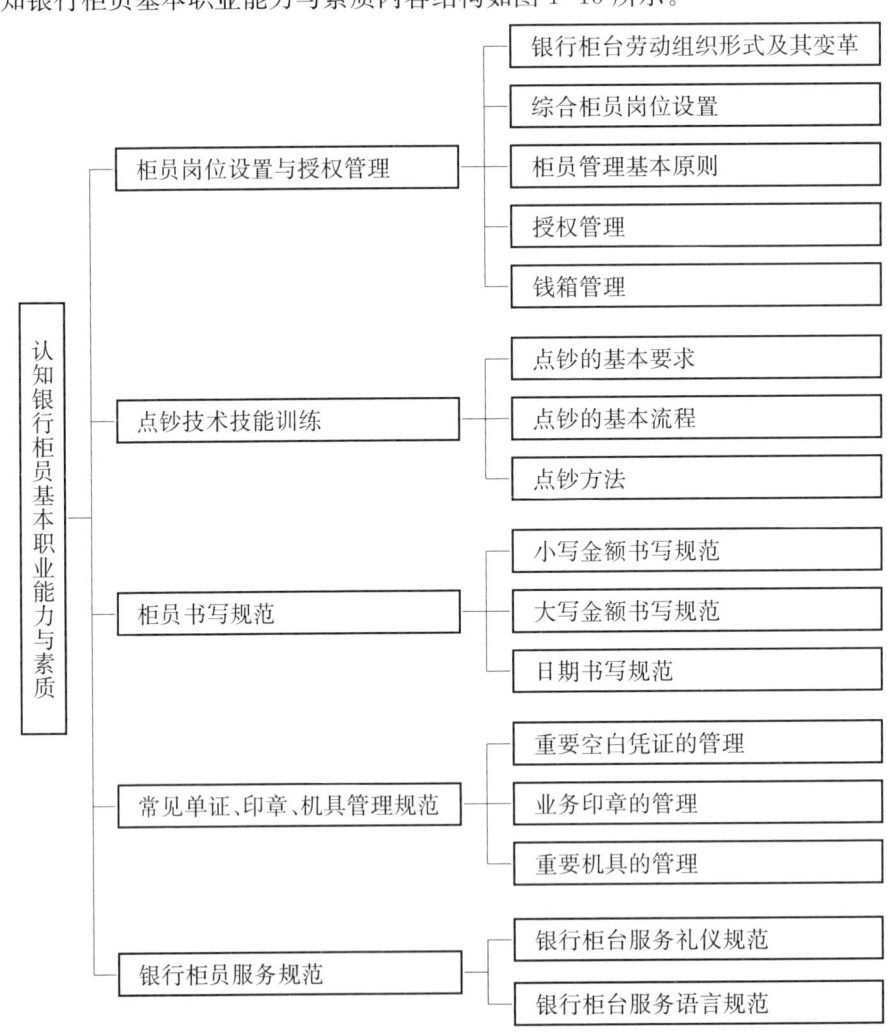

```
认知银行柜员基本职业能力与素质
├── 柜员岗位设置与授权管理
│   ├── 银行柜台劳动组织形式及其变革
│   ├── 综合柜员岗位设置
│   ├── 柜员管理基本原则
│   ├── 授权管理
│   └── 钱箱管理
├── 点钞技术技能训练
│   ├── 点钞的基本要求
│   ├── 点钞的基本流程
│   └── 点钞方法
├── 柜员书写规范
│   ├── 小写金额书写规范
│   ├── 大写金额书写规范
│   └── 日期书写规范
├── 常见单证、印章、机具管理规范
│   ├── 重要空白凭证的管理
│   ├── 业务印章的管理
│   └── 重要机具的管理
└── 银行柜员服务规范
    ├── 银行柜台服务礼仪规范
    └── 银行柜台服务语言规范
```

图 1-15 认知银行柜员基本职业能力与素质内容结构图

项目二　个人储蓄存款与贷款业务操作

【职业能力目标】
1. 熟悉银行日初业务的处理规范及相关业务工作内容。
2. 掌握人民币活期储蓄存款业务的主要工作内容和基本程序。
3. 掌握人民币定期储蓄存款业务的主要工作内容和基本程序。
4. 掌握人民币其他储蓄存款业务的主要工作内容和基本程序。
5. 掌握个人贷款柜面业务的主要工作内容。
6. 掌握个人贷款柜面业务的操作方法。
7. 掌握柜员日终平账、日终签退的操作方法。

【典型工作任务】
1. 办理人民币活期储蓄存款业务。
2. 办理人民币定期储蓄存款业务。
3. 办理人民币定活两便储蓄存款业务。
4. 办理人民币教育储蓄存款业务。
5. 办理人民币通知存款业务。
6. 办理个人质押贷款业务。
7. 办理个人住房贷款业务。
8. 办理个人汽车贷款业务。
9. 办理国家助学贷款业务。

任务一　柜面日初操作

一、柜员营业前准备工作操作流程

营业网点柜台人员每日营业前须提前到达上班场所,并做好以下工作。

(一) 安全检查

(1) 两人同时进入营业场所,并立刻解除自动报警布控设置。

(2) 检查报警铃等安全防卫器具是否正常、完好。

(3) 检查二道门锁是否完好。

(4) 检查录像监控设备是否可以正常使用。

(二) 清洁环境

(1) 打扫营业柜台以外的卫生,擦拭客户等候区的桌椅、地面,保持窗明几净;整理营业厅及柜台摆放的各类存取款凭证和宣传资料;检查供客户使用的笔、墨等各类服务设施是否齐全。

(2) 打扫营业柜台内的卫生,整理柜面物品,做到整齐有序,柜面不摆放任何与办公无关的物品及资料。

(3) 清洁 ATM 及各种计算机等机具,检查利率牌及日历牌的内容是否正确。

(三) 主管开机

每日业务开始办理前,先由网点业务主管开机,然后柜员才能进行签到操作。为了保障系统的安全,必须对柜员进行操作权限认定。

【小思考2-1】
为什么要由主管开机?
答:为实现综合应用系统的安全性,应该对柜员进行操作权限认定。

(四) 刷卡签到

在主机开启成功后,柜员用自己的工号卡刷卡,登录签到界面。输入柜员工号、钱箱号、操作密码后,签到即告完成,系统进入交易界面。

(1) 柜员工号。柜员工号是柜员在业务操作系统内的唯一标识,也是柜员进入业务操作系统的唯一合法身份,通常由字母或数字组成,由系统运行中心按营业机构编码分配。

(2) 钱箱号。每个柜员都需要建立一个自己的钱箱号。

(3) 操作密码。每个柜员首次使用权限卡或权限卡处于待启用状态时,由会计结算部门负责人在计算机上为其启用工号卡,并设定初始密码。柜员启用工号卡时,应先修改初始密码。

二、柜员钱箱领用与物品准备操作流程

柜员钱箱领用与物品准备操作步骤如下:

（一）接收款箱

当运钞车辆到达网点后，柜员必须先核实押运员身份，再由两名柜员凭交接清单办理清点、核实钱箱数目。待确认无误后，与押运员一起将接入网点的钱箱放置在通勤门内监控下，然后办理交接手续。若有不符，应及时报告并查实处理。

（二）领取钱箱

网点各柜员经营业经理授权后，分别领取电子钱箱和实物钱箱。

（三）清点钱箱

柜员对电子钱箱与实物现金的币种、券别张数分别进行明细清点核对。清点时若发现实物现金与电子钱箱中的券别张数不一致，应立即对券别差额张数进行调整，或按实物现金的券别张数重新录入，以确保电子钱箱与实物现金的券别张数一致。清点时，若发现实物现金与电子钱箱不一致，必须及时报告营业经理查实处理。

（四）物品准备

营业网点各柜员须做好现金实物、重要空白凭证、业务印章等重要物品和工作机具的核对定位，准备对外营业。其中，重要空白凭证、业务印章等重要物品，网点设有保险柜的，从保险柜中取出，然后清点核对；不设保险柜的小网点，从封包中取出，然后清点核对。有关印章日期应调整至营业当日。

柜员若需要离开，上述物品均应在监控范围内上锁保管。

【做中学 2-1】

柜员日初领用凭证

2021年1月5日，将"普通存折、双整存单、定活存单、借记卡"等凭证各20张，出库到柜员个人钱箱，凭证号码为8位数。

操作步骤：

柜员第一次使用本系统时，必须要先领用凭证。凭证"开始号码"与"结束号码"不能与其他柜员领取的号码相同。自己领用的凭证号码应记下，以便接下来业务操作使用。如果钱箱中已有以上各种凭证，日初处理时就不必再领用凭证。柜员日初领用凭证的操作步骤如图2-1所示。

凭证（一）

030　项目二　个人储蓄存款与贷款业务操作

凭证（二）

凭证（三）

凭证（四）

图 2-1　柜员日初领用凭证

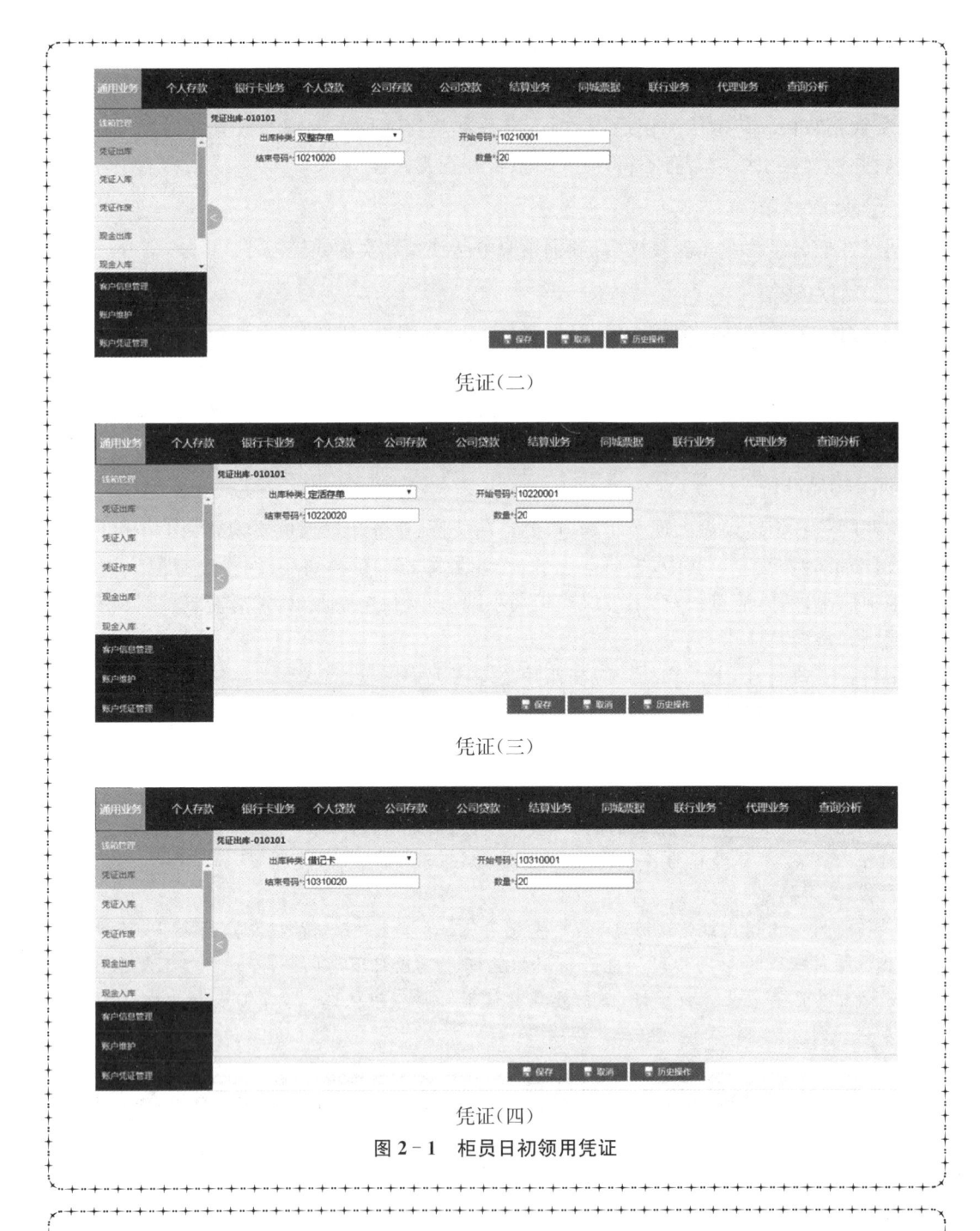

【做中学 2-2】

重要空白凭证出库

2021年1月5日，将"普通存折、双整存单、定活存单、借记卡"等凭证各20张，出库到柜员个人钱箱。

操作步骤：

重要空白凭证出库，是指将从支行钱箱中领用的凭证出库，并存入柜员个人钱箱中。柜员领用了多少张凭证就出库多少张凭证，一张凭证为1元。例如，领用的信用卡号码为8989010100000000 – 898010100000009，共10张信用卡凭证，则出库金额为10元。

重要空白凭证出库的操作步骤如图2-2所示。当出库金额超过领用凭证数量时，系统会提示"余额不足"。

凭证（一）

凭证（二）

凭证（三）

凭证（四）

图 2-2　重要空白凭证出库

【做中学 2-3】

现 金 出 库

2021 年 3 月 4 日，日初处理时，柜员将现金 20 000 元人民币出库到个人钱箱。

操作步骤：

现金出库是指柜员从支行网点钱箱中领取现金存入柜员个人钱箱中。现金出库的操作步骤如图 2-3 所示。

图 2-3　现金出库

柜员在进行此项操作前，可先在"部门轧账"中查询一下部门钱箱里的现金数额，如果部门钱箱中的现金数额为 0，则进行此项操作时，系统会提示"不能透支"，所以此项操作可留到日终处理后再进行。第一次使用系统时，可先进行储蓄存款操作，然后日终处理的时候，将柜员个人钱箱中的现金进行"现金入库"操作。这样部门钱箱中就会存有现金，下一个交易日，柜员日初处理时就可以进行现金出库操作了。

注意：如果柜员个人钱箱中有足够的现金，日初处理时就不必再做现金出库操作。

任务二　活期储蓄存款业务操作

任务引例

案例一：现金离柜后发现问题，银行不负责任

某储户上午到银行取款，柜员进行完账务处理，将现金和存折一起交给储户，并请储户当面点清。储户当时未提出异议便离开了柜台。当天下午储户返回银行，称上午所取的现金少了一张，要求银行给个说法。

案例二：中途离岗造成现金短款

某储户到柜台要求存入6 000元人民币，柜员接过现金后，还未来得及清点，就因有电话而离开柜台，等他接完电话回来清点现金时，发现只有5 900元，便告知客户。这时客户提出异议，称当时给的钱是6 000元。正因为柜员半途离开而短款，经过一番争执，最后还是该柜员赔上了这100元。

案例三：交叉办理业务造成现金短款

甲储户到柜台存入人民币55 000元，他先交给柜员50 000元，另外5 000元还在他手中清点。柜员接过现金后进行了清点，并等待甲储户剩下的现金。此时有另一储户乙来办理取款业务，柜员为减少乙储户的等待时间，就先为乙储户办理了取款业务，并从甲储户已交来的现金中拿出一部分付给乙储户。

乙储户走后，柜员向甲储户索要剩下未交的5 000元的现金。甲储户称，所有现金都已交给柜员，柜员短缺的款项可能是刚才多给了乙储户。双方争执不下，柜员就和甲储户一起调阅录像资料，结果由于录像资料不清楚，不能给银行方面提供有力的证据，甲储户的态度就越发强硬起来，最终由该柜员赔付了短款。

上述三个案例给我们哪些启示？

视频：柜员日常操作规范

一、基本知识

（一）活期存款概念

客户凭存折或银行卡及预留密码，可在银行营业时间内，通过银行柜面或通过银行自助设备随时存取现金。活期存款通常1元起存，部分银行的客户可凭存折或银行卡在全国各网点通存通兑。

（二）计息金额

存款的计息起点为元，元以下角分不计利息。利息金额算至分位，分以下尾数四舍五入。分段计息算至厘位，合计利息后，分以下四舍五入。除活期存款在每季结息日时，将利息计入本金作为下季的本金计算复利之外，其他存款，不论存期多长，一律不计复利。

（三）计息时间

从2005年9月21日起，我国对活期存款实行按季度结息，每季度末月的20日为结息日，次日付息。

(四) 计息方式

活期储蓄存款的计息采用日积数法。计息公式如下：

$$利息 = 累计积数 \times 利率 = 存款余额 \times 占用天数 \times 利率$$

(五) 个人银行账户分三类管理

2016年11月25日，中国人民银行发布了《中国人民银行关于落实个人银行账户分类管理制度的通知》。自2016年12月1日起，一个人在同一家银行只能开立一个Ⅰ类账户，如果已经开有Ⅰ类账户，只能再开立Ⅱ类账户或Ⅲ类账户，如表2-1所示。

表 2-1　Ⅰ类、Ⅱ类、Ⅲ类账户的比较

账户类别	账户形式	账户余额	主要功能	使用特点
Ⅰ类账户	银行卡及储蓄存折	无限制	全功能。用于工资收入、现金存取、大额转账、大额消费、购买投资理财产品、公用事业缴费等	适用范围和金额不受限
Ⅱ类账户	电子账户，也可配发银行卡	无限制	可办理存款、购买银行自营或代销的投资理财产品等金融产品、限额消费和缴费、限额向非绑定账户转出资金业务	非绑定账户转账、存取现金、消费缴费：日累计限额合计：1万元；年累计限额合计：20万元
Ⅲ类账户	电子账户，不能配发银行卡	任一时点账户余额不得超过2 000元	用于金额较小、频次较高的交易，尤其适用于目前银行采用创新技术开展的移动支付业务	非绑定账户转账限额、消费缴费：日累计限额合计：2 000元；年累计限额合计：5万元

二、活期储蓄存款开户、续存等业务操作

(一) 活期储蓄存款开户

(1) 业务受理。柜员仔细聆听客户的开户要求。若客户要求开立个人活期储蓄存款结算账户，应先让客户填写开立个人结算账户申请书和储蓄存款凭条，然后接收客户的有效身份证件和现金。若他人代理开户，还应接收代理人的身份证件。

(2) 审核。柜员应审核客户身份证件是否有效，并确定是否为本人。若为他人代理开户的，须审核代理人证件等。

(3) 点收现金。柜员收到现金之后，应先询问客户存款金额，然后在监控下和客户视线内的柜台上清点。清点时，一般在点钞机上正反清点两次，金额较小时，也可手工清点，但要注意假币的识别，再次与客户唱对金额。

收付款要做到"一笔一清"：

① 现金的清点程序：清点现金按"三先三后"程序操作，即先点大数（卡捆卡把）、后点细数；先点主币、后点辅币；先点大面额票币、后点小面额票币。

② 现金的捆扎要求：收入的现金一旦可成把（纸币100张）、成卷（硬币50枚或100枚），要及时打把（卷），并在腰条侧面加盖柜员个人名章；可成捆（纸币10把，硬币10卷）的要及时打捆，打捆时要做到捆扎牢固，随即放入钱箱保管，收妥的现金应按券别、残好分别归

位入箱,做到一笔一清,妥善保管。

> **【小思考 2-2】**
> 收款中发现现金与储户所述金额不符怎么办?
> 答:应立即退还全部现金并向储户讲明,待储户核实后,再按储户确认的金额重新清点。

（4）开户交易。柜员输入开户交易代码,进入个人活期储蓄存款现金开户界面,刷存折,系统自动读取磁条信息,输入储户姓名、证件类型、证件号码、电话号码、邮政编码以及地址。若凭密码支取的,请客户设置密码,确认无误后提交,发送主机记账。

（5）打印、签章。若为个人结算账户开户,柜员取出新折,进行划折操作,然后根据系统提示打印存折和开立个人银行结算账户申请书。柜员在存折上加盖储蓄专用章或业务专用章,在申请书留存联和客户联加盖业务公章,在存款凭证上加盖现金收讫章,最后在上述所有凭证上加盖柜员名章。

（6）送别客户。柜员将身份证件、存折、开立个人银行结算账户申请书客户联交给客户后,与之告别。

（7）后续处理。将现金放入钱箱,并将开立个人银行结算账户申请书银行留存联用专夹保管,将申请书记账联(或存款凭证)作为贷方凭证整理存放。

存款特别提示内容有:

（1）先收款,后记账。

（2）交易金额在 10 万元以上,要求授权员授权,授权要求对业务内容进行核对。

（3）储蓄业务通存通兑账户必须为密码支取方式,客户凭设定的密码办理业务。无密码或凭印鉴支取的账户,均不能办理通兑业务,本人可凭身份证件加密后,办理通存通兑业务。

> **【做中学 2-4】**
> **普通活期储蓄开户**
> 2021 年 1 月 5 日,客户刘文倩女士携身份证首次来银行办理储蓄业务,柜员为其开设了一个普通客户号。
> 刘文倩客户信息:
> 身份证号码:44160519××××××6528
> 地址:深圳市宝安区翻身路×××号×××室
> 手机号码:1352556××××
> 电话:0755-8369××××
> 邮政编码:518003
> 柜员为客户刘文倩女士开设普通存折活期存款账户,开户存款金额为现金 6 937 元人民币,通存通兑,支取方式:密码。
> **操作步骤:**
> 客户首次在银行办理业务时,必须先建立客户信息,然后再进行具体业务操作。
> 第一步:开普通客户号,生成客户号的操作步骤如图 2-4 所示。

(一)

(二)

图 2-4 生成客户号

第二步：普通活期储蓄开户，柜员为客户刘文倩开设普通活期存款账户，此时需要填写第一步操作中生成的普通客户号，开户存款金额为 6 937 元。业务完成后打印普通存折，普通活期储蓄开户的操作步骤如图 2-5 所示。

(一)

图 2-5 普通活期储蓄开户

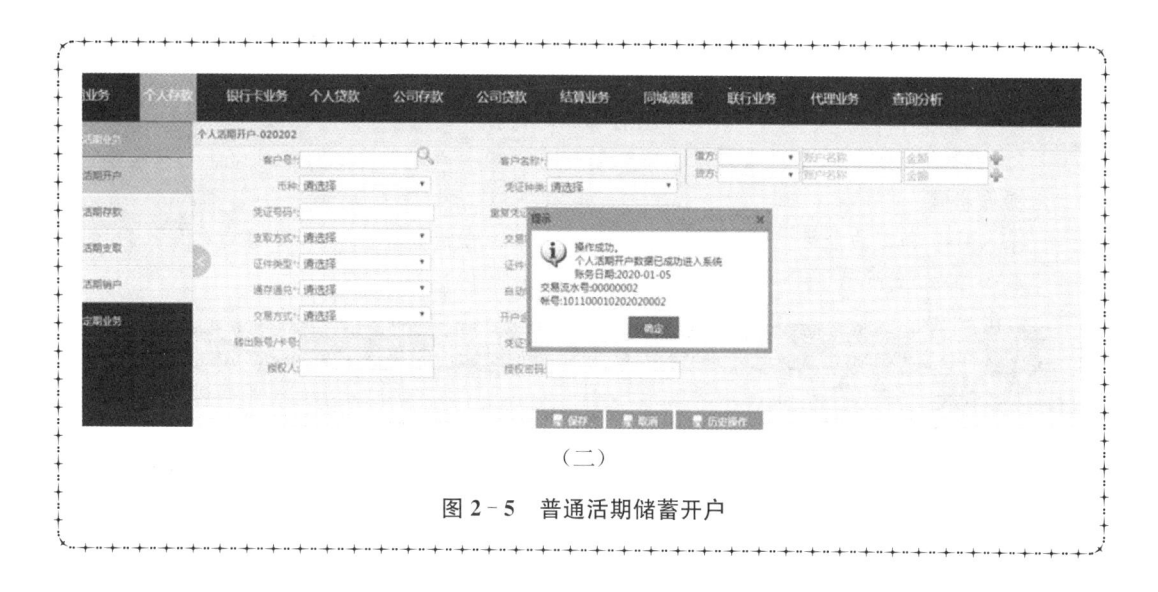

(二) 活期储蓄存款续存

(1) 业务受理。柜员聆听客户口述的存款要求,接收客户的储蓄存折和现金。客户在申请办理续存时,存在有折续存还是无折续存的问题。

若为有折续存,客户可免填单,只要提供存折和现金。

若续存金额大于 20 万元(含),应要求客户提供存款人身份证件,若由他人代办的,还应提供代理人身份证件。

若为无折续存,则客户须填写个人业务(卡/无折)存款凭证,按汇款业务处理。

(2) 审核。客户提供身份证件时,柜员应审核身份证件的真实性和有效性。无折续存的,柜员应审核其填写的个人业务(卡/无折)存款凭证的内容是否完整、正确。

(3) 点收现金。柜员仍须先询问客户的存款金额,然后在监控和客户视线内的柜台上,按照现金清点的"三先三后"程序点收现金。

(4) 续存交易。若为有折续存,柜员输入交易码,进入活期储蓄存款续存交易界面,划折后系统自动反馈账号、户名、凭证号等信息,柜员根据系统提示录入存款金额等。

若为无折续存,柜员输入交易码,进入无折续存界面。柜员根据客户提交的个人业务(卡/无折)存款凭证上的信息录入相关内容,经营业经理授权确认后按系统提示操作。

(5) 打印、签章。续存交易成功后,若为有折续存,则打印存折和存款凭证。若为无折续存,则打印个人无折存款凭证。完成后,柜员进行核对,无误后请客户签名确认。

(6) 送别客户。柜员在存款凭证上加盖现金收讫章或业务清讫章和柜员名章,将存折或无折存款凭证客户联交给客户,并与其道别。

(7) 后续处理。柜员将现金放入钱箱,并将存款凭证记账联按规定整理存放。

【做中学2-5】

普通活期储蓄存款

2021年1月15日,客户刘文倩女士到银行办理现金存款业务,存入21 560元人民币。

操作步骤:

录入账号和交易金额,选择币种、凭证录入方式和存折打印。普通活期储蓄存款的操作步骤如图2-6所示。

图 2-6 普通活期储蓄存款

(三) 活期储蓄存款支取

(1) 业务受理。柜员聆听客户口述取款要求,接收客户的储蓄存折等。若客户取款金额超过人民币5万元(含),还应接收客户的身份证件。若他人代办的,还应接收代理人的身份证件。

(2) 审核。柜员与客户确认取款数额之后,审核客户存折的真实性和有效性。取款金额超过人民币5万元(含)的,还应审核客户身份证件,并在待打印的个人业务取款凭证上摘录证件名称、号码、发证机关等信息。

(3) 支取交易。柜员输入交易码,进入个人活期储蓄存款取款交易界面。根据系统提示划折后,系统自动反馈账号、户名、凭证号等信息,然后录入取款金额。待客户输入正确密码后,系统要求配款操作,然后进行电子配款和实物配款。现金人民币取款自复平衡,大额(超柜员权限)或外币取款的,须经有权人卡把复点,授权办理,配款结束后,柜员确认提交。

(4) 打印、签章。交易成功后,柜员根据系统提示打印存折和取款凭证,核对后请客户在取款凭证上签名确认,并加盖现金付讫章或业务清讫章和柜员名章。

(5) 送别客户。柜员与客户唱对金额,无误之后,将现金和存折交给客户,并与其道别。

(6) 后续处理。柜员整理、归档凭证,取款凭证作现金凭证或作当日机制凭证的附件。

【做中学 2-6】

普通活期储蓄取款

2021年2月5日，因日常开支需要，客户刘文倩女士从其普通活期账户取出现金6 300元。

操作步骤：

录入账号和交易金额，选择币种、凭证录入方式和存折打印。支取时，应正确录入客户的有效身份证明号码和密码。密码输入错误三次，系统将锁定该客户，显示"密码挂失"的提示，24小时内该客户的所有交易不能再进行操作。操作步骤如图2-7所示。

图 2-7 普通活期储蓄取款

（四）活期储蓄存款销户

(1) 业务受理。柜员聆听客户口述取款要求，接收客户的储蓄存折等。若为个人结算账户销户，要请客户填交变更、撤销个人银行结算账户申请书；若客户销户本息超过人民币5万元（含），还应接收客户的身份证件。若由他人代办的，还应接收代理人的身份证件。

(2) 审核。柜员应审核客户是否符合销户条件，核查客户的有效身份证件，并批注在取款凭证上。凭印鉴支取的，客户须回开户行办理销户。若为个人结算账户销户，需要审核申请书填写是否完整，核对存折和申请书上的账号是否一致。若须提供身份证件的，应审核身份证件是否真实、有效，在待打印的取款凭证上摘录其身份证件名称、号码、发证机关等信息。

视频：活期储蓄业务销户流程

(3) 销户交易。柜员输入交易码，进入个人活期储蓄存款销户交易界面。柜员根据系统提示划折后，界面反馈账号、户名和凭证号等信息，柜员录入取款金额进行配款操作。完成操作后，经营业经理授权确认提交。

(4) 打印、签章。根据系统提示依次打印存折、变更、撤销个人银行结算账户申请书、取款凭证、储蓄存款利息清单。核对无误后，非结算账户客户须在取款凭证上签名确认；结算账户客户须在取款凭证和申请书上签名确认。柜员在申请书记账联或取款凭证、利息清单上加盖业务付讫章或业务清讫章和柜员名章，在申请书客户和银行留存联上加盖业务公章。将已销户的存折加盖销户戳记后剪角或加盖附件章，申请书记账联或取款凭证和利息清单作银行记账凭证，存折作为上述凭证的附件。

(5) 送别客户。柜员与客户唱对金额后，将现金（本息）、利息清单客户联和申请书客户联交给客户,然后送别客户。

(6) 后续处理。柜员将有关凭证按规定存放,结束该笔业务。

任务引例解析

(1) 现金收付必须坚持"唱收唱付"制度。
(2) 柜员受理业务,必须坚持一笔一清。
(3) 银行的录像资料只能供内部人员使用。

任务三 定期储蓄存款业务操作

任务引例

客户张丹于2020年10月10日持一张整存整取定期储蓄存单到银行办理销户,存单开户日为上一年11月20日,户名为张丹,存期1年,本金10万元。请问客户张丹仅凭一张整存整取定期储蓄存单是否可以办理销户业务?为什么?请向客户简要说明销户的流程。

一、基本知识

(一) 定期储蓄存款概述

定期储蓄存款是指在存款时约定存储时间,一次或按期分次(在约定存期)存入本金,整笔或分期平均支取本金利息的一种储蓄存款。按存取方式,定期储蓄分为整存整取定期储蓄存款、零存整取定期储蓄存款、整存零取定期储蓄存款、存本取息定期储蓄存款、教育储蓄存款。定期储蓄存款主要是吸纳群众手头积存而又一时用不着的节余款,具有金额比较大、利率比较高、存期比较长、存款比较稳定、利息相对较高的特点。

(二) 整存整取定期储蓄存款

整存整取定期储蓄存款是指在存款时约定存期,一次存入全部本金,全部或部分支取本息的一种定期储蓄存款。人民币整存整取定期储蓄50元起存,多存不限。存款期限分为3个月、6个月、1年、2年、3年和5年六个档次,存期越长,利率越高。存入时由储蓄机构发给储户存单,到期储户凭存单一次支取本息。开户时为安全起见,储户可预留印鉴或密码,凭印鉴或密码支取。存款未到期,若储户急需用款,可凭存单和储户身份证件办理提前支取。

储蓄存款约定转存是指客户开户时约定在存款到期日,由银行自动将客户未支取的整存整取定期储蓄存款本金连同税后利息,按到期日当日利率自动转存为同种类、同期限(部分银行也可按约定金额和约定期限转存为另一指定的存款种类)定期储蓄存款的一种服务方式。

(三) 零存整取定期储蓄存款

零存整取定期储蓄存款是指储户开户时约定存期,在存期内分次存入本金,到期一次支取本息的一种定期储蓄存款。它具有计划性、约束性和积累性等特点。该定期储蓄存款一一般5元起存，多存不限。存入时由储蓄机构发给存折。存期分1年、3年和5年三个档次。每月存入一次，中途如有漏存，应在次月补存，未补存者，视同违约，对违约后存入的部分，支取时按活期储蓄存款利息计算。零存整取定期储蓄存款可以办理全部提前支取，但不可以办理部分提前支取。客户到银行办理零存整取定期储蓄存款业务时，办理范围包括开户、续存、销户等常见业务。

（四）整存零取定期储蓄存款

整存零取定期储蓄存款是指在存款开户时约定存款期限、本金一次存入，固定期限周期内分次支取本金的一种个人存款。存期分1年、3年、5年，存入时1 000元起存，支取期分1个月、3个月及半年一次，由客户与营业网点商定。利息按存款开户日挂牌的整存零取利率计算，于期满结清时支取。到期未支取部分按支取日挂牌的活期利率计算利息；若要提前支取，则只能办理全部支取，办理范围包括开户、支取、销户等常见业务。

（五）存本取息定期储蓄存款

存本取息定期储蓄存款是指储户一次存入本金，在约定存期内分次支取利息，到期一次性支取本金和最后一次利息的一种定期储蓄存款。一般5 000元起存，多存不限；存期分为1年、3年和5年三个档次。支取利息的时间可以1个月一次、1个季度一次或半年一次，由储户与储蓄机构协商确定。分期支取利息时，必须在约定的取息日支取，不得提前预支利息。如到期未取息，以后可以随时支取，但不计复利。存本取息定期储蓄存款可以全部提前支取，但不可以办理部分提前支取。提前支取全部本金时，已分期支付给储户的利息应从计算的应付利息中扣回，如应付利息不足，不足部分从本金中扣回。客户到银行办理存本取息定期储蓄存款业务时，办理范围包括开户、销户等常见业务。

（六）教育储蓄存款

教育储蓄存款是指个人为其子女接受非义务教育（即九年义务教育之外的全日制高中（中等职业学校）、大学专科（高职）和大学本科、硕士和博士研究生）积蓄资金，每月固定存额，到期支取本息的一种定期储蓄存款。三个学习阶段可分别享受一次2万元的免税优惠。教育储蓄存期分为1年、3年、6年。50元起存，每户本金最高限额为2万元。开户对象为在校小学四年级（含四年级）以上的学生。1年期、3年期教育储蓄存款，按开户日同期同档次整存整取定期储蓄存款利率计息；6年期教育储蓄存款，按开户日五年期整存整取定期储蓄存款利率计息。

二、整存整取定期储蓄存款业务操作

（一）整存整取定期储蓄存款开户

（1）业务受理。柜员仔细聆听客户的开户要求（即开立何种存款账户和存入现金的数额），请客户填写储蓄存款凭条，接收客户的储蓄存款凭条、有效身份证件和现金。若他人代理开户，还应接收代理人的身份证件。

（2）审核。柜员应审核客户身份证件是否有效，并确定是否为本人。若为代理他人开户的，还要审核代理人证件。

（3）点收现金。柜员收到客户递交的现金后，先询问客户存款金额，然后应在监控下和客户视线内的柜台上清点。清点时柜员一般在点钞机上正反清点两次，金额较小时，也可手工清点,但要注意假币的识别,并再次与客户唱对金额。完成后应将现金放置于桌面上,待开户业务办理结束后再予以收存。

(4) 开户交易。柜员输入开户交易代码,进入整存整取定期储蓄存款开户交易界面,根据系统提示输入储户姓名、证件类型、证件号码、电话号码、邮政编码及地址。若凭密码支取的,请客户设置密码(一般要求输入两遍),确认无误后提交,发送主机记账。

(5) 打印、签章。根据系统提示依次打印存单以及存款凭证,并请客户在存款凭证上签名确认。然后柜员在存单上加盖储蓄专用章或业务专用章和柜员名章,在存款凭证上加盖现金收讫章和柜员名章。

(6) 送别客户。柜员将身份证件、存单交给客户后,与之道别。

(7) 后续处理。柜员将现金放入钱箱,并将存款凭证作贷方凭证整理存放。

【做中学2-7】

普通整存整取开户

2021年1月5日,客户刘文倩女士将一笔金额为32 600元的现金做一年期的整存整取存款,到银行办理整存整取开户业务,支取方式:密码+证件,非通存通兑,自动转存。

操作步骤:

录入客户号、整存整取存单号、重复存单号、金额和密码,选择币种、账户种类、存期、凭证种类、印鉴类别、非通存通兑和自动转存。操作步骤如图2-8所示。

(一)

(二)

图2-8 普通整存整取开户

（二）整存整取定期储蓄存款部分提前支取

（1）业务受理。柜员聆听客户口述取款要求，接收客户的储蓄存单和客户的身份证件。若他人代办的，还应接收代理人的身份证件。

（2）审核。柜员应审核客户存单是否为本行签发，是否挂失，身份证件是否合法、有效，审核无误后，确认客户部分提前支取金额。然后在待打印的取款凭证或存单背面上摘录证件名称、号码、发证机关等信息。

（3）部分提前支取交易。柜员输入交易码，进入整存整取定期储蓄存款部分提前支取交易界面。手工录入账户、原凭证号、本金、部分提前支取金额、证件类型、证件号码和新凭证号，超限额取款须经营业经理授权。待客户输入密码无误后，系统要求配款操作，配款结束后柜员确认提交。

（4）打印、签章。柜员根据系统提示依次打印旧存单、储蓄存款利息清单、存款凭证和新存单，核对后请客户在存款凭证上签名确认，然后柜员在旧存单上加盖现金付讫章或业务清讫章和结清章，在储蓄存款利息清单上加盖现金付讫章，在存款凭证上加盖业务清讫章，在新存单上加盖储蓄专用章或业务专用章，并在上述所有凭证上加盖柜员名章。

【做中学 2-8】

普通双整部分提前支取

双整是指整存整取，开户时约定存期，一次性存入，到期时一次性支取本息的一种存款方式。50 元起存，外汇起存金额为等值于人民币 100 元的外汇。

2021 年 7 月 5 日，刘文倩女士因急需用钱，携身份证到银行从其一年期整存整取账户中提前支取现金 5 300 元。

操作步骤：

录入账号、存单号、替换存单号、重复替换号、金额、交易密码和证件号码，选择币种、交易码、证件类别。

整存整取业务只能部分提前支取一次，提前支取的部分按当期活期利率计息计息，未提前支取的部分仍可按存款时的整存整取利率计息。

由于客户提前支取，应使用新的存单替换，原存单作废。操作步骤如图 2-9 所示。

图 2-9　普通双整部分提前支取

(5) 送别客户。柜员与客户唱对金额后,将现金、身份证件、新存单和利息清单客户联交给客户,与客户道别。

(6) 后续处理。柜员将旧存单、利息清单记账联和存款凭证按规定整理存放。

(三) 整存整取定期储蓄存款销户

(1) 业务受理。柜员聆听客户口述取款要求,接收客户的储蓄存单等。若客户提前支取或销户本息超过人民币5万元(含)的,还应接收客户的身份证件。若他人代办的,还应接收代理人的身份证件。

(2) 审核。柜员应审核客户存单是否为本行签发并已到期(若未到期,还须审核身份证件),审核该账户是否挂失、止付等。若须提供身份证件的,应审核身份证件是否真实、有效,在待打印的取款凭证或存单上摘录其身份证件名称、号码、发证机关等信息。

(3) 销户交易。柜员输入交易码,进入整存整取定期储蓄存款销户交易界面,手工录入账号、凭证号、证件类型、证件号码和取款金额,系统要求配款操作,完成后授权提交。

(4) 打印、签章。柜员根据系统提示依次打印存单和储蓄存款利息清单,并加盖现金付讫章或业务清讫章,在存单上加盖结清章,在上述所有凭证上加盖柜员名章。

(5) 送别客户。柜员与客户唱对金额后,将现金(本息)、利息清单客户联交给客户,与客户道别。

(6) 后续处理。柜员将有关凭证按规定存放,结束该笔业务。

> **任务引例解析**
>
> 张丹属于提前支取整存整取定期储蓄存款,还应提供本人身份证件。销户流程包括业务受理、审核、销户交易、打印签章、送别客户、后续处理。

三、零存整取定期储蓄存款业务操作

(一) 零存整取定期储蓄存款开户

(1) 业务受理。柜员仔细聆听客户的开户要求(即开立何种存款账户和存入现金的数额),请客户填写储蓄存款凭条,接收客户的储蓄存款凭条、有效身份证件和现金。若他人代理开户,还应接收代理人的身份证件。

(2) 审核。柜员应审核客户身份证件是否有效,并确定是否为本人。若为代理他人开户,还须审核代理人的身份证件。

(3) 点收现金。柜员收到客户递交的现金后,先询问客户的存款金额,然后应在监控下和客户视线内的柜台上清点。清点时柜员一般须在点钞机上正反清点两次,金额较小时,也可手工清点,但要注意假币的识别,并再次与客户唱对金额。完成后应将现金放置于桌面上,待开户业务办理结束后再予以收存。

(4) 开户交易。柜员输入开户交易代码,进入零存整取定期储蓄存款开户交易界面,根据系统提示输入储户姓名、证件类型、证件号码、电话号码、邮政编码及地址。若凭密码支取的,请客户设置密码(一般应要求输入两遍),确认无误后提交,发送主机记账。

(5) 打印、签章。柜员根据系统提示打印存折以及存款凭证,并请客户在存款凭证上签名确认。然后柜员在存折上加盖储蓄专用章或业务专用章和柜员名章,在存款凭证上加盖现金收讫章和柜员名章。

(6) 送别客户。柜员将身份证件、存折交给客户后,与之道别。

(7) 后续处理。将现金放入钱箱,并将存款凭证作贷方凭证整理存放。

(二) 零存整取定期储蓄存款续存

(1) 业务受理。柜员聆听客户口述的存款要求,接收客户的储蓄存折和现金。若他人代办的,还应接收代理人身份证件。

(2) 审核。柜员应审核客户存折是否本行签发,是否漏存。若须提供身份证件的,柜员应审核身份证件的真实有效性。

(3) 点收现金。仍按照现金清点的"三先三后"程序点收现金。

(4) 续存交易。柜员输入交易码,进入零存整取定期储蓄存款续存交易界面,划折后系统自动反馈账号、户名、凭证号等信息,柜员录入存款金额,经确认后系统进入配款界面。

(5) 打印、签章。电子配款完成后,打印存折和存款凭证后,柜员进行核对,无误后请客户在存款凭证上签名确认。

(6) 送别客户。柜员在存款凭证上加盖现金收讫章和柜员名章,将存折交给客户,并与其道别。

(7) 后续处理。将现金放入钱箱,并将存款凭证记账联按规定整理存放。

(三) 零存整取定期储蓄存款销户

(1) 业务受理。柜员聆听客户口述取款要求,接收客户的储蓄存折等。若客户提前支取或销户本息超过人民币5万元(含)的,还应接收客户的身份证件。若由他人代办的,还应接收代理人的身份证件。

(2) 审核。柜员应审核客户存折是否为本行签发并已到期(若未到期,还须审核身份证件),审核该账户是否挂失、止付等。若须接收身份证件的,应审核身份证件是否真实、有效,在待打印的取款凭证或存折上摘录其身份证件名称、号码、发证机关等信息。若为教育储蓄存款销户,应审核"正在接受非义务教育学生的身份证明"的真实性。

(3) 销户交易。柜员输入交易码,进入零存整取定期储蓄存款销户交易界面,柜员根据系统提示划折后,界面反馈账号、户名和凭证号等信息,柜员录入取款金额进行配款操作。完成后,经确认后提交。

(4) 打印、签章。柜员根据系统提示依次打印存折、取款凭证、储蓄存款利息清单,核对无误后,请客户在取款凭证上签名确认。柜员在取款凭证、利息清单上加盖现金付讫章及柜员名章,在已销户的存折上加盖业务清讫章后剪角或加盖附件章,取款凭证和利息清单作银行记账凭证,存折作为上述凭证的附件。

(5) 送别客户。柜员与客户唱对金额后,将现金(本息)、利息清单客户联交给客户,与客户道别。

(6) 后续处理。柜员将有关凭证按规定存放,结束该笔业务。

任务四　其他储蓄存款业务操作

任务引例

李伟 2020 年 2 月 1 日在银行存入通知存款（七天）一笔，金额 9 万元。5 月 10 日，李伟通知银行要提前支取 5 万元。5 月 17 日，李伟到银行办理提取 6 万元，余下的款项继续按通知存款续存。银行经办员受理了该笔业务，提取款项全部按通知存款利率计付了利息。请问该行的上述做法是否违规？为什么？

一、基本知识

（一）定活两便储蓄存款

定活两便储蓄存款是指事先不约定存期，一次性存入，一次性支取的一种储蓄存款。如果资金有较大额度的结余，但在不久的将来须随时全额支取使用时，就可以选择定活两便储蓄存款形式。定活两便储蓄存款是银行最基本、常用的存款方式。客户可随时存取款，自由、灵活地调动资金，是客户进行各项理财活动的基础。该种储蓄形式具有活期储蓄存款可随时支取的灵活性，又能享受到接近定期存款利率水平的优惠。

定活两便储蓄存款的特点有：① 既有活期之便，又有定期之利，利息按实际存期长短计算，存期越长利率越高。② 起存金额低，人民币 50 元即可起存。③ 支取简单，一次存入，一次支取。④ 计息规定：存期超过整存整取最低档次且在 1 年以内的，分别按同档次整存整取利率打六折计息；存期超过 1 年（含 1 年）的，一律按 1 年期整存整取利率打六折计息；存期低于整存整取最低档次的，按活期利率计息。

（二）个人通知存款

个人通知存款是指客户存款时不必约定存期，支取时须提前通知银行，约定支取存款日期和金额，方能支取的一种存款品种。个人通知存款须一次性存入，支取可分一次或多次。不论实际存期多长，按存款人提前通知的期限长短划分为 1 天通知存款和 7 天通知存款两个品种，最低起存金额为 5 万元，最低支取金额为 5 万元。存款利率高于活期储蓄利率。存期灵活、支取方便，能获得较高收益，适用于大额、存取较频繁的存款。

个人通知存款利息的计算规定：① 通知存款支取时，必须提前 1 天或 7 天通知银行，通知方式由开户银行和存款人自行约定，并提交存单。② 通知存款如遇以下情况，按活期存款利率计息：实际存期不足通知期限的；未提前通知而支取的；已办理通知手续而提前支取或逾期支取的；支取金额不足或超过约定金额的；支取金额不足最低支取金额的。③ 通知存款并已办理通知手续而不支取，或在通知期限内取消通知的，通知期限内不计息。

通知存款存入时，存款人自由选择通知存款品种，但存款凭证上不注明存期和利率，按支取日挂牌公告的相应利率和实际存期计息，利随本清。部分支取的，支取部分按支取日相应档次的利率计付利息，留存部分仍从开户日计算存期。

任务引例解析

违规。违规之处在于：多提取的1万元应按活期利率计息，余下款项由于低于通知存款的起存金额，应予以清户，并按清户日挂牌公告的活期存款利率计息或根据存款人意愿转为其他存款。

二、定活两便储蓄存款业务操作

（一）定活两便储蓄存款开户

（1）业务受理。柜员仔细聆听客户的开户要求（即开立何种存款账户和存入现金的数量），请客户填写储蓄存款凭条，接收客户的储蓄存款凭条、有效身份证件和现金。若他人代理开户，还应接收代理人的身份证件。

（2）审核。柜员应审核客户身份证件是否有效，并确定是否为本人。若为代理他人开户，还须审核代理人证件。

（3）点收现金。柜员收到客户递交的现金后，先询问客户存款金额，然后应在监控下和客户视线内的柜台上清点。清点时柜员一般在点钞机上正反清点两次，金额较小时，也可手工清点，但要注意假币的识别，并再次与客户唱对金额。完成后，应将现金放置于桌面上，待开户业务办理结束后再予以收存。

（4）开户交易。柜员输入开户交易代码，进入定活两便储蓄存款开户交易界面，根据系统提示输入储户姓名、证件类型、证件号码、电话号码、邮政编码及地址。凭密码支取的，请客户设置密码（一般要求输入两遍），待确认无误后提交，发送主机记账。

【做中学2-9】

定活两便储蓄存款开户

2020年1月5日，客户刘文倩女士需要开立定活两便账户，开户存入现金人民币9 250元，柜员给其办理个人定活两便开户操作业务。支取方式：密码，通存通兑。

操作步骤：

录入客户号、定活两便存单号、重复存单号、金额和交易密码，选择币种、支取方式、交易方式和通存通兑。操作步骤如图2-10所示。

（一）

图 2-10 定活两便储蓄存款开户

(5) 打印、签章。柜员根据系统提示打印存单以及存款凭证,并请客户在存款凭证上签名确认。然后,柜员在存单上加盖储蓄专用章或业务专用章和柜员名章,在存款凭证上加盖现金收讫章和柜员名章。

(6) 送别客户。柜员将身份证件、存单交给客户后,与之道别。

(7) 后续处理。将现金放入钱箱,并将存款凭证作贷方凭证整理存放。

(二) 定活两便储蓄存款销户

(1) 业务受理。柜员聆听客户口述取款要求,接收客户的储蓄存单等。若客户销户本息超过人民币 5 万元(含)的,还应接收客户的身份证件。若他人代办的,还应接收代理人的身份证件。

(2) 审核。柜员应审核客户存单是否为本行签发,审核该账户是否挂失、止付等。若须接收身份证件的,应审核身份证件是否真实、有效,在待打印的取款凭证或存折上摘录其身份证件名称、号码、发证机关等信息。

(3) 销户交易。柜员输入交易码,进入定活两便储蓄存款销户交易界面,手工录入账号、凭证号、证件类型、证件号码和取款金额,待系统要求配款操作完成后,经确认后提交。

(4) 打印、签章。柜员根据系统提示依次打印存单和储蓄存款利息清单,并加盖现金付讫章或业务清讫章,在存单上加盖结清章,在上述所有凭证上加盖柜员名章。

(5) 送别客户。柜员与客户唱对金额后,将现金(本息)、利息清单客户联交给客户,与客户道别。

(6) 后续处理。柜员将有关凭证按规定存放,结束该笔业务。

三、个人通知存款业务操作

(一) 个人通知存款开户

(1) 业务受理。柜员仔细聆听客户的开户要求(即开立何种存款账户和存入现金的数量),请客户填写储蓄存款凭条,接收客户的储蓄存款凭条、有效身份证件和现金。若他人代理开户,还应接收代理人的身份证件。

(2) 审核。柜员应审核客户身份证件是否有效,并确定是否为本人。若为代理他人开户,还须审核代理人证件。

(3) 点收现金。柜员收到客户递交的现金后,先询问客户存款金额,然后应在监控和客户视线内的柜台上清点。清点时柜员一般须在点钞机上正反清点两次,金额较小时,也可手工清点,但要注意假币的识别,并再次与客户唱对金额。完成后应将现金放置于桌面上,待开户业务办理结束后再予以收存。

(4) 开户交易。柜员输入开户交易代码,进入个人通知存款现金开户交易界面,根据系统提示输入储户姓名、证件类型、证件号码、电话号码、邮政编码及地址。须凭密码支取的,请客户设置密码(一般要求输入两遍),确认无误后提交,发送主机记账。

(5) 打印、签章。柜员根据系统提示打印存单(或存折)以及存款凭证,并请客户在存款凭证上签名确认。然后柜员在存单(或存折)上加盖储蓄专用章或业务专用章和柜员名章,在存款凭证上加盖现金收讫章或业务清讫章和柜员名章。

(6) 送别客户。柜员将身份证件、存单(或存折)交给客户后,与之道别。

(7) 后续处理。将现金放入钱箱,并将存款凭证作贷方凭证整理存放。

【做中学2-10】

个人通知存款开户

2020年1月5日,刘文倩女士需要开立一个通知期为7天的通知存款账户,开户存入现金人民币100 000元,柜员给其办理个人通知存款开户操作业务。支取方式:密码,通存通兑,非自动转存。

操作步骤:

录入客户号、存折号(普通存折)、重复存折号、金额和交易密码,选择币种、存期、交易方式、支取方式、非自动转存和通存通兑。

通知存款的起存金额为50 000元,故开户金额应大于起存金额,以便做后续通知存款的部分支取,否则系统会显示"不能透支"。操作步骤如图2-11所示。

(一)

（二）

图 2-11　个人通知存款开户

（二）个人通知存款部分支取

（1）取款预约。个人通知存款取款前 1 天或前 7 天，柜员根据客户的申请进行取款预约登记。

（2）业务受理。客户办理取款手续时，柜员聆听客户口述取款要求，接收客户的储蓄存单（或存折）和客户的身份证件，若他人代办的，还应接收代理人的身份证件。

（3）审核。柜员确认客户取款数额后，应审核客户存单（或存折）的真实性和有效性，审核是否按约定取款，审核客户身份证件，然后在待打印的个人取款业务凭证上摘录证件名称、号码、发证机关等信息。

（4）支取交易。柜员输入交易码，进入个人通知存款取款交易界面后根据系统提示操作。

（5）打印、签章。交易成功后，柜员根据系统提示打印旧存单、支取部分的储蓄存款利息清单、存款凭证和新存单，核对后请客户在存款凭证上签名确认，然后柜员在旧存单上加盖现金付讫章或业务清讫章与结清章，在储蓄存款利息清单上加盖现金付讫章，在存款凭证上加盖业务清讫章，在新存单上加盖储蓄专用章或业务专用章，并在上述所有凭证上加盖柜员名章。

（6）送别客户。柜员将现金和存折交给客户，并请客户核对无误后，送别客户。

（7）后续处理。柜员整理归档凭证，取款凭证、利息清单作现金付出凭证或作当日机制凭证的附件。

【做中学 2-11】

个人通知存款部分支取

2020 年 1 月 12 日，客户刘文倩因需用钱到银行设立提款通知，1 月 19 日要提款 50 000 元现金。2020 年 1 月 14 日，客户刘文倩由于用钱问题已解决，到银行办理取消提款通知。

操作步骤：

录入账号、金额、交易密码和证件号码，选择币种、证件类型、支取方式。操作步骤如图 2-12 所示。

（一）

（二）

图 2-12　个人通知存款部分支取

（三）个人通知存款销户

（1）业务受理。柜员聆听客户口述取款要求，接收客户的储蓄存单（或存折）和客户的身份证件。若他人代办的，还应接收代理人的身份证件。

（2）审核。柜员应审核客户存单（或存折）的真实性和有效性，审核是否按约定取款，审核客户身份证件，然后在待打印的个人取款业务凭证上摘录证件名称、号码、发证机关等信息。

（3）销户交易。柜员输入交易码，进入个人通知存款销户交易界面，然后根据系统提示操作。

（4）打印、签章。柜员根据系统提示依次打印存单和储蓄存款利息清单。核对无误后，请客户在利息清单记账联上签名确认。柜员在利息清单上加盖现金付讫章或业务清讫章和柜员名章，将已销户的存单加盖现金付讫章或业务清讫章、结清章和柜员名章。

（5）送别客户。柜员与客户唱对金额后，将现金（本息）、利息清单客户联、身份证交给客户,与客户道别。

(6) 后续处理。柜员将取款凭证和利息清单作银行记账凭证,存折(或存单)作取款凭证的附件,并按规定存放,结束该笔业务。

任务五　储蓄存款特殊业务操作

任务引例

某人民检察院受理一件民事债务纠纷案,持有县级相关的法律文书和执法人员的身份证,来工商银行查询被告人的个人储蓄存款,银行经办人员对人民检察院出具的相关证件审核无误后,给予办理查询。经查实后该被告人有储蓄存款 5 万元,人民检察院出具"协助冻结通知书",要求对该个人定期储蓄存款 5 万元进行冻结。次日,人民检察院执法人员又来到银行,出具了人民检察院的判决书,执行时由当事人交出的定期储蓄存款单,相关的法律文书,以及执法人员身份证,要求扣划。银行经办人员审核无误后,按检察院的扣划要求给予办理扣划手续。银行经办人员是否应该受理?为什么?应如何办理?

一、基本知识

(一) 存单(折)挂失

(1) 储户遗失存单、存折、预留印鉴的印章、账户的密码、个人支票等均可到原储蓄机构书面申请挂失。不记名式的存单、存折,银行不受理挂失。正式挂失必须到原开户网点办理。

(2) 储户办理挂失时,必须持本人身份证件,并提供姓名、存款时间、种类、金额、账号及住址等有关情况。若储户本人不能前往办理挂失,可委托他人代为办理。

(3) 银行根据储户提供的资料,确认存款未被支取和未被冻结止付后,方可受理申请。银行在受理挂失申请(包括临时挂失和正式挂失)前,账户内的储蓄存款已被他人支取的,储蓄机构不负赔偿责任。

(4) 对挂失金额较大的(按地区经济发展程度的不同,由各省行自定金额限度)申请,要影印其身份证件作附件备查。

(5) 储户在特殊情况下,以口头、电话、电报、信函等方式申请的挂失,均视为口头挂失。储户必须在办理口头挂失后的 5 天内,到原开户行办理正式挂失手续,否则挂失将失效,口头挂失不收取手续费。

(二) 补发存折或取现

(1) 储户 7 天后持挂失申请书的第三联来银行办理补领新存单(折)或支取存款等手续,必须由原存款人办理,他人不得代办。代办挂失的,应由原存款人和代办人一同来银行办理。

(2) 储户办理储蓄存款挂失后,在挂失 7 天内找到了原存单(折)的,可以要求撤销挂失,撤销挂失需要由储户本人或原代办人持有效身份证件,用原挂失申请书的回单联,到原挂失的开户网点办理。

(3) 挂失人致函要求撤销挂失申请的,银行不予办理。撤销挂失后,已收的挂失手续费不退还储户。

(三) 假币收缴

(1) 由发现假币的金融机构中的两名(含)以上持有反假货币上岗资格证书的业务人员当面予以收缴。

(2) 对假人民币纸币,应当面加盖"假币"字样的戳记。

(3) 对假纸币及各种假硬币,应当面用统一格式的专用袋加封,封口处加盖"假币"字样戳记,并在专用袋上标明币种、券别、面额、张(枚)数、冠字号码、收缴人、复核人名章等细项。

(4) 告知持有人,如对收缴的货币真伪有异议,可向中国人民银行当地分支机构或中国人民银行授权的当地鉴定机构申请鉴定。

(5) 收缴的假币,不得再交与持有人。

(6)《中华人民共和国人民币管理条例》规定,单位、个人持有伪造、变造的人民币,应当及时上缴中国人民银行、公安机关或者办理人民币存取款业务的金融机构。发现他人持有伪造、变造的人民币时,应当立即向公安机关报告。

(7) 中国人民银行及中国人民银行授权的国有商业银行的业务机构应当无偿提供鉴定人民币真伪的服务。

(四) 协助查询、冻结与扣划

(1) 协助查询是指金融机构依照有关法律或行政法规的规定以及有权查询机关的要求,将单位或个人存款的金额、币种以及其他存款信息告知有权查询机关的行为。

办理协助查询业务时,经办人员应当核实执法人员的工作证件,以及有权机关县团级以上(含,下同)机构签发的协助查询存款通知书。司法机构处理案件、纠纷,行使司法权时,如有必要了解储户存款的有关情况,必须按照司法程序正式行文,由银行提供有关情况,司法部门在结案前,也必须承担保密义务。

(2) 协助冻结是指金融机构依照法律的规定以及有权冻结机关的要求,在一定时期内禁止单位或个人提取其存款账户内的全部或部分存款的行为。

办理协助冻结业务时,金融机构经办人员应当核实以下证件和法律文书:

① 有权执法机关人员的工作证件。

② 有权执法机关县团级以上机构签发的协助冻结存款通知书,法律、行政法规规定应当由有权机关主要负责人签字的,由主要负责人签字。

③ 人民法院出具的冻结存款裁定书、其他有权机关出具的冻结存款决定书。

冻结期最长不超过 6 个月,有特殊原因需要延长的,应在冻结期满前重新办理冻结手续。逾期未重新办理冻结手续的,视为自动撤销冻结。在解除冻结时,应由原通知单位提出正式的解除冻结存款通知书。

(3) 协助扣划是指金融机构依照法律的规定以及有权机关扣划的要求,将单位或个人存款账户内的全部或部分存款资金划拨到指定账户上的行为。

办理协助扣划业务时,金融机构经办人员应当核实以下证件和法律文书:

① 有权机关执法人员的工作证件。

② 有权机关县团级以上机构签发的协助扣划存款通知书，法律、行政法规规定应当由有权机关主要负责人签字的，由主要负责人签字。

③ 有关生效法律文书或行政机关的有关决定书。

（4）金融机构协助查询、冻结和扣划存款的，应当在存款人开户的营业分支机构具体办理。

（5）有权机关，是指依照法律、行政法规的明确规定，有权查询、冻结、扣划单位或个人在金融机构存款的司法机关、行政机关、军事机关及行使行政职能的事业单位。如表2-2所示。

【知识链接2-1】

有权单位一览表

表2-2　　有权机关

单位名称	查询		冻结		扣划	
	单位存款	个人存款	单位存款	个人存款	单位存款	个人存款
人民法院	有权	有权	有权	有权	有权	有权
税务机关	有权	有权	有权	有权	有权	有权
海关	有权	有权	有权	有权	有权	有权
人民检察院	有权	有权	有权	有权	无权	无权
公安机关	有权	有权	有权	有权	无权	无权
国家安全机关	有权	有权	有权	有权	无权	无权
军队保卫部门	有权	有权	有权	有权	无权	无权
监狱	有权	有权	有权	有权	无权	无权
走私犯罪侦查机关	有权	有权	有权	有权	无权	无权
监察机关（含军队监察机关）	有权	有权	无权	无权	无权	无权
审计机关	有权	无权	无权	无权	无权	无权
市场监督管理机关	有权	无权	暂停结算	暂停结算	无权	无权
证券监督管理机关	有权	无权	无权	无权	无权	无权

任务引例解析

（1）银行经办员不应受理。

（2）银行经办员在受理查询和冻结扣划时未索要、审核执法人员的工作证、执行公务证。

（3）人民检察院无权扣划个人储蓄存款。

（4）受理查询时，应审核人民检察院执法人员的工作证、执行公务证及县团级以上（含）相关的法律文书和"协助查询存款通知书"，无误后方可办理查询。

【做中学2-12】

账 户 冻 结

2020年2月5日,客户刘文倩女士来办理定活两便账户取款业务时,因连续三次密码输入错误,致使账户被冻结一周,由银行全部冻结。

操作步骤:

录入账号、冻结金额(应小于或等于账目余额)、选择冻结方式、冻结原因,可多次部分冻结,冻结金额可累加。操作步骤如图2-13所示。

图 2-13 账户冻结

冻结原因包括书面冻结、立案冻结、抵押冻结、其他冻结、信用卡冻结、口头冻结等。部分冻结的账户,到期后系统进行自动解冻。

【做中学2-13】

账 户 解 冻

次日,客户刘文倩女士来办理定活两便账户解冻操作,全部金额解冻。

操作步骤:

录入账号、解冻金额,选择解冻理由,可多次部分解冻。操作步骤如图2-14所示。

图 2-14 账户解冻

该交易用于部分冻结账户未到解冻截止日,而进行解冻的业务处理。

二、储蓄存款挂失业务操作

（1）业务受理。柜员受理客户正式挂失申请或口头挂失申请时，若为正式挂失，柜员接收客户的身份证件，并请客户填写一式三联的挂失申请书。若他人代理挂失的，还应接收代理人的身份证件。若为口头挂失（客户可通过电话、网上银行或到营业网点来办理），柜员应填写挂失止付单。

（2）审核。柜员根据储户提供的有关资料，认真核对储户的身份证件及账户的各项内容，审核储蓄挂失申请书上的内容填写是否完整、准确。在确认存款确未被支取的情况下，先冻结账户，再办理其他挂失手续。

（3）系统处理。柜员输入交易码，进入存折（单）、密码挂失界面，录入挂失账户信息，经主管柜员审核并授权后确认提交。

（4）打印、签章。柜员完成系统操作后，打印挂失申请书。若为口头挂失，打印特殊业务凭证后请客户签名，并加盖授权人和柜员名章。

（5）收费。若为正式挂失，柜员应向客户收取手续费，并打印一式三联业务收费凭证，由客户签收后收回，同时登记挂失登记簿。

（6）送别客户。柜员将加盖了业务公章和柜员名章的储蓄挂失申请书客户联、收费凭证回单联及客户身份证交给客户，与客户道别。若为口头挂失，应明确告知客户必须在5日内（异地为15天内）持本人身份证件到原开户网点办理正式挂失手续。

（7）后续处理。柜员将客户身份证件复印件和储蓄挂失申请书银行留存联用专夹保管，业务收费凭证记账联按规定整理存放。

【做中学2-14】

存 单 挂 失

2020年7月5日，客户刘文倩女士因整存整取存单未找到，疑似丢失，致电银行办理整存整取账户口头挂失业务。

操作步骤：

录入整存整取账号、证件号码；选择凭证类型、挂失种类。操作步骤如图2-15所示。

图2-15 存单挂失

挂失7天后，由客户持本人身份证明亲自来银行柜台方可解挂。

三、储蓄存款解挂业务操作

（1）业务受理。柜员接收客户的身份证件、储蓄挂失申请书客户联。若客户已找回挂失的存折（单），则还须接收存折（单）。

（2）审核。柜员根据储户提供的有关资料，确认挂失时限已过，储户为客户本人后，按储蓄挂失申请书编号，从专夹中抽出申请书银行留存联，会同主管柜员进行核对。

（3）系统处理。柜员输入解挂交易码，进入储蓄存折（单）解挂界面，录入账户信息、证件类型、证件号码等，经主管柜员审核并授权后确认提交。

（4）打印、签章。若为挂换、挂开业务，柜员根据系统提示打印新存折（单）和特殊业务凭证（若为存折，应先划新存折写磁后再打印）；若为挂撤、挂销和密码重置业务，则系统直接打印特殊业务凭证，挂销还须打印储蓄存款利息清单。

打印后，柜员应审核各类存折（单）、特殊业务凭证和储蓄存款利息清单，确认无误后，在储蓄挂失申请书的"处理结果"栏注明处理结果，并请客户在储蓄挂失申请书和特殊业务凭证上签名确认。然后，柜员在新存折（单）上加盖储蓄专用章或业务专用章和柜员名章。

（5）送别客户。若为挂撤和密码重置业务，柜员将旧存折（单）交给客户；若为挂换、挂开业务，柜员将新开的存折（单）交给客户；若为挂销业务，柜员将现金（本息合计数）、储蓄存款利息清单请客户签名确认后交给客户，与客户道别。

（6）后续处理。柜员在挂失登记簿上写明处理结果，并与主管柜员分别签章确认，将特殊业务凭证（挂失申请书银行留存联作附件）和储蓄存款利息清单记账联整理存放。

【做中学 2-15】

凭证解挂（不换凭证）

次日，客户刘文倩女士存单找回，来我行办理整存整取账户解挂业务。

操作步骤：

录入整存整取账号、密码、证件号码，选择凭证类型。操作步骤如图 2-16 所示。

图 2-16 凭证解挂（不换凭证）

不换凭证可随时解挂，不用等待挂失 7 天后。如果凭证解挂（换凭证），必须等待 7 天后。

四、假币收缴业务操作

（1）发现假币。柜员在办理业务时发现假币应立即向客户声明，并马上报告主管柜员。

（2）双人确认。两名（含）以上持有反假货币上岗资格证书的柜员在客户的视线范围内采用人、机结合的方式进一步鉴定和确认。

（3）加盖戳记。确认为假币后，两名（含）以上持有反假货币上岗资格证书的柜员在客户视线范围内办理假币收缴手续，对假人民币纸币，应当面加盖"假币"字样戳记；对假外币纸币及各种假硬币，应当面用统一格式的专用袋加封，封口处加盖"假币"字样戳记，并在专用袋上标明币种、券别、面额、张（枚）数、冠字号码、收缴人、复核人名章等细项。

（4）出具凭证。柜员输入交易码，进入假币收缴操作界面，完整录入中国人民银行统一设计的假币收缴凭证上的所有内容后，打印假币收缴凭证，并请客户在银行留存联上签字确认。若客户拒绝签字，应在客户签字栏注明"客户拒签"，然后在假币收缴凭证上加盖经办柜员和复核柜员名章及业务公章。将假币收缴凭证客户联交给客户。收缴的假币，柜员不得再交与持有人（客户），也不得自行将假币销毁。

（5）告知权利。柜员应告知客户，如对被收缴的货币真伪有异议，可自收缴之日起3个工作日内，持假币收缴凭证直接或通过收缴单位，向中国人民银行当地分支机构或中国人民银行授权的当地鉴定机构申请鉴定。

（6）送别客户。柜员将假币收缴凭证客户联交给客户并告知权利后，与客户道别。

（7）后续处理。柜员使用"假币出入库"交易，选择"收缴入库"，查询"登记"状态下柜员假币收缴记录，与实物核对无误后，作入库处理。待营业结束前，柜员使用"假币出入库"交易，选择"收缴出库"，将本人当日收缴的全部假币实物上缴给主管柜员或保管假币的指定柜员。

【小思考2-3】
假币持有人（客户）坚持要看被收缴的假币怎么办？
答：如果假币持有人（客户）向银行柜员索要假币，银行柜员根据《中国人民银行货币鉴别及假币收缴、鉴定管理办法》中"金融机构柜面发现假币后，应当由2名以上业务人员当面予以收缴，被收缴人不能接触假币"的规定，不得将假币交与该持有人。收缴单位向被收缴人出具按照中国人民银行统一规范制作的《假币收缴凭证》，加盖收缴单位业务公章，并告知被收缴人如对被收缴的货币真伪判断有异议，可以自收缴之日起3个工作日内，持《假币收缴凭证》直接或者通过收缴单位向当地鉴定单位提出书面鉴定申请。

五、票币兑换业务操作

（1）业务受理。银行柜员仔细聆听客户口述主、辅币兑换或残缺币兑换的要求，接收需兑换的票币。

（2）核对。主、辅币兑换，柜员要确认客户兑换金额或请客户填写兑换清单，进行清点与核对。特殊残缺、污损人民币兑换由柜员按照《中国人民银行残缺污损人民币兑换办法》有关规定确定兑换标准，经复核、业务主管确认无误后，当着兑换人的面在损伤票币上加盖

"全额"或"半额"戳记，分类别按全额、半额使用专用袋密封，填制金融机构特殊残缺污损人民币兑换单，加盖有关人员名章，专用袋及封签应具有不可恢复性。如遇特殊原因的损伤票币需要放宽标准的，兑换时须经有关领导批准。

（3）配款。柜员清点与核对无误后，按客户要求（主、辅币兑换）或按鉴定标准（残缺票币兑换）配款。

（4）送别客户。柜员将配好的款交与客户，客户确认无误后，与客户道别。

（5）后续处理。柜员将主、辅币兑换的现金放入钱箱。残缺币兑换的，将有关证明与被兑换、鉴定票币一起装封入袋，以备查考。鉴别人签章封口，交给当地人民银行发行库销毁。

【知识链接2-2】

不宜流通人民币挑剔标准

在流通过程中，因长期使用而磨损或由于自然灾害等特殊原因，以致不能再继续流通的人民币即为损伤票币，应将其剔别出。挑剔损伤票币，既要考虑市场票币的整洁，又要贯彻节约的原则。挑剔时，根据中国人民银行2003年11月13日公布的《不宜流通人民币挑剔标准》，按以下标准掌握：

（1）纸币票面缺少面积在20平方毫米以上的。

（2）纸币票面裂口2处以上，长度每处超过5毫米的；裂口1处，长度超过10毫米的。

（3）纸币票面有纸质较绵软，起皱较明显，脱色、变色、变形，不能保持其票面防伪功能等情形之一的。

（4）纸币票面污渍、涂写字迹面积超过2平方厘米的；不超过2平方厘米，但遮盖了防伪特征之一的。

（5）硬币有穿孔，裂口，变形，磨损，氧化，文字、面额数字、图案模糊不清等情形之一的。

【知识链接2-3】

损伤票币的兑换标准

《中国人民银行残缺污损人民币兑换办法》规定：

（1）能辨别面额，票面剩余四分之三（含四分之三）以上，其图案、文字能按原样连接的残缺、污损人民币，金融机构应向持有人按原票面额全额兑换。

（2）能辨别面额，票面剩余二分之一（含二分之一）至四分之三以下，其图案、文字能按原样连接的残缺、污损人民币，金融机构应向持有人按原面额的一半兑换。

（3）纸币呈正十字形缺少四分之一的，按原面额的一半兑换。

残缺、污损人民币持有人如对残缺、污损的人民币兑换结果有异议的，经持有人要求，金融机构应出具认定证明并退回该残缺、污损人民币。

持有人可凭认定证明到中国人民银行分支机构申请鉴定，中国人民银行应自申请日起5个工作日内作出鉴定并出具鉴定书。持有人可持中国人民银行的鉴定书及可兑换的残缺、污损人民币到金融机构进行兑换。

任务六　个人质押贷款业务操作

> **任务引例**
>
> 某银行在办理个人贷款业务过程中,对客户作为质押物的定、活期存单经登记《代保管有价值品及待处理抵(质)押品登记簿》后,与办理贷款业务的相关凭证一同用专夹保管。问:此保管方式是否正确?应如何处理?

一、基本知识

(一) 个人质押贷款业务的概念

个人质押贷款业务是指以本外币定期储蓄存款凭证、凭证式国债等权利凭证移交银行作质押,从银行取得一定金额的人民币贷款,用于生产、经营、生活等临时资金周转,并按期归还贷款本息的一种个人贷款业务。

(二) 个人质押贷款的期限

(1) 用单张凭证质押的,贷款最长不得超过质押凭证到期日。

(2) 用多张凭证质押的,在确保贷款本息足额收回的前提下,贷款期限最长不得超过质押凭证的最迟到期日。

(三) 质押品

质押品必须是未到期的整存整取、存本取息、外币定期储蓄存款等具有定期存款性质的权利凭证。凡是所有权有争议,并已被设定为担保、挂失、失效状态或被依法止付的存单,不得作为质押品办理个人质押贷款。客户作为质押品的有价单证、待处理抵(质)押品应视同有价单证,将其入出纳库视同现金实物妥善保管,相关凭证与抵(质)押品必须分别保管。

(四) 贷款额度

个人质押贷款的最高额度一般不得超过所质押存单(折)面额的90%。对于外币存单的面额,应当按照贷款申请当日公布的外汇(钞)买入价折成人民币计算。

> **任务引例解析**
>
> 不正确。客户作为质押品的有价单证、待处理抵(质)押品应视同有价单证,将其入出纳库视同现金实物妥善保管,相关凭证与抵(质)押品必须分别保管。

二、个人质押贷款发放业务操作

(1) 贷款申请。借款人申请贷款时,填写个人质押贷款申请审批表。借款人、出质人须同时到场,并提供本人有效身份证件,填写质押凭证清单。

(2) 贷款调查。贷款调查责任人对借款申请人的资格及权利质物的真实性、合法性进行调查。调查的主要内容有:

① 借款人提供的有价权利凭证是否真实有效,有无到期,有无挂失、冻结、止付,有无争议或法律纠纷。

② 借款人提供的个人情况是否属实，贷款金额是否符合规定，贷款用途是否正当合法。

③ 借款人是否以他人的权利凭证办理质押贷款，借款人、出质人是否提供了有效身份证件，是否具有完全民事行为能力。

调查责任人认定调查内容属实后，在申请审批表上签注明确意见，连同有关证明材料交贷款审查责任人审查。

(3) 审查、审批。贷款审批责任人要认真审核借款人的有关材料和内容，对借款人尽快作出"贷"与"不贷"的明确答复。同意贷款，要在审批表中签署审批意见，通知贷款调查责任人办理质押凭证的止付手续。

智能审批是未来的趋势，银行不断丰富数据维度，引入法院诉讼、移动运营商、学历等数据，构建多维数据下的客户360度视图，应用随机森林、神经网络等机器学习方法构建反欺诈模型、信用风险评估模型等，并建立模型自适应、自学习机制，从而全面、深入评估客户申请信息的真实性、还款能力、还款意愿、风险违约率、风险和收益情况等，提高风险识别的精准性，减少人工操作，提升审批流程的自动化水平，从而构建"大数据＋机器学习算法＋自学习自适应优化机制"的精细化智能审批系统。

(4) 签订合同。贷款审批责任人（或授权代理人）与借款人、出质人共同签订个人质押借款合同，由贷款行、借款人、出质人各执一份。

(5) 开户放款。银行经办柜员使用个人贷款账户开户交易，开立个人质押贷款账户；使用贷款发放交易，发放贷款，打印个人质押贷款借款凭证。

(6) 质押物处理。填制表外科目收入凭证，进行质押物的账务处理。

(7) 后续处理。表外科目记账后，经办人员将质押权利凭证交给管库员入库保管，同时出具个人质押贷款质押品收据交与客户。

三、个人质押贷款收回业务操作

(1) 业务受理。借款人归还贷款时，必须凭借款人身份证（如代理还款的，还须出示代理人身份证）、质押借款合同、个人质押贷款质押品收据和个人质押贷款借款凭证到网点办理还贷事宜。

(2) 资料审核。银行经办柜员收到借款人提交的资料后，对借款凭证和贷款管理卡进行审核：核对有无质押品收据回单联；核对借款人姓名、贷款账号和借据编号；核对借款人有无逾期贷款，一般应先归还逾期贷款，再办理到期或提前还款。

(3) 还贷交易。银行经办柜员使用还贷交易，收回贷款本息，并打印还贷凭证和利息凭证。

(4) 质押物销户。银行经办柜员填制表外科目付出凭证，进行质押物的销户处理。

(5) 质押物出库。经办柜员凭质押品收据回单联向管库员领取质押物。管库员使用质押品出库交易，办理质押物的出库，并将质押物交给经办柜员。

(6) 后续处理。经办柜员在还贷凭证上签章后，将质押物、还贷凭证回单联交给借款人。借款人在个人质押权证出/入库单上签章后，收回质押的存单（折）。

经办柜员填制质押凭证处理通知书，办理质押物的解除止付手续。同时，将相关凭证资料整理归档。

任务七 其他个人贷款业务操作

任务引例

客户小李来银行办理住房按揭贷款,银行工作人员热情地接待了小李。小李咨询银行工作人员:"个人住房贷款的还款方式有哪些?不同还款方式有什么区别?"作为银行工作人员,应该如何向客户作出解答?

一、基本知识

个人贷款是指银行对个人发放的用于个人消费或个人其他支出的人民币担保贷款。除个人质押贷款外,其他个人贷款主要包括以下几种:

(1) 个人住房贷款:银行向借款人发放的,用于购买自用普通住房的贷款。

(2) 个人汽车消费贷款:银行向在特约经销处申请购买汽车的个人发放的人民币担保贷款。

(3) 国家助学贷款:银行向全日制高等学校中经济困难的本、专科生(含高职生)、研究生和第二学位学生发放的,用于支付学费和生活费,并由教育部门设立"助学贷款专户资金"给予贴息的人民币专项贷款。

(4) 个人大额耐用消费品贷款:银行对在特约经销商处申请购买个人大额耐用消费品的借款人发放的人民币担保贷款。大额耐用消费品,是指单价在3 000元以上(含3 000元),正常使用寿命在2年以上的家庭耐用消费品,包括家用电器、家具、健身器材、乐器等,房屋与汽车除外。

二、个人住房贷款业务操作

(一) 个人住房贷款相关规定

1. 贷款对象

凡具有完全民事行为能力的自然人,在符合下列条件的情况下,都可以申请银行个人住房贷款。

(1) 合法的身份,具有完全民事行为能力的自然人及在中国大陆有居留权的境外、国外自然人。

(2) 有稳定的职业和收入,信用良好,有偿还贷款本息的能力。

(3) 有合法有效的购买(大修)住房的合同、协议以及贷款银行要求提供的其他证明文件。

(4) 有所购(大修)住房全部价款20%以上的自筹资金,并保证用于支付所购(建造、大修)住房的首付款。

(5) 有贷款银行认可的资产作为抵押或质押,或(和)有足够代偿能力的法人、其他经济组织或自然人作为保证人。

(6) 贷款人规定的其他条件。

2. 贷款额度

贷款最高额度一般为拟购住房放款的70%。

3. 贷款期限

贷款期限最长不得超过 30 年,一般为 10～25 年。

4. 贷款的种类及利率

从目前贷款的种类看,一类是商业性住房贷款,执行 LPR 加点浮动利率方式。另一类是住房公积金贷款,执行固定利率方式。

对于商业性住房贷款,自 2019 年 10 月 8 日起新发放的商业性个人住房贷款以贷款市场报价利率(LPR)为参考基准定价。

对于住房公积金贷款,为了延续住房公积金管理政策,满足缴存住房公积金职工购房资金需求,按照相对确定的利率水平来进行贷款计价。

5. 贷款偿还方式

偿还贷款本息的方式由借贷双方商定,并在借贷合同中载明。贷款期限在 1 年以内(含 1 年)的,实行到期一次还本付息、利随本清;贷款期限在 1 年以上的,可采用等额本息还款法、等额本金还款法、等额累进还款法、等比累进还款法。

知识链接 2-4

贷款市场报价利率(LPR)

贷款市场报价利率(loan prime rate,LPR)是由报价行根据本行最优质客户执行的供求利率报出,并由中国人民银行授权全国银行间同业拆借中心计算并发布的利率。LPR 是由我国 18 家报价银行综合考虑资金成本、贷款市场供求、信用溢价所报出来的结果。18 家银行报价去掉最高和最低,其他数据平均构成 LPR 数据。现行的 LPR 包括 1 年期和 5 年期以上两个品种。相比此前的贷款基准利率,LPR 的市场化程度更高,更能反映市场供求的变化情况。

(二)个人住房贷款业务操作流程

(1) 受理贷款申请。银行受理借款申请人提交的申请及有关资料后,初审借款人填写贷款申请表以及提供身份证、户口本、婚姻证明、购房合同、收入证明、购房首付款凭证及其他贷款银行所需要的资料。

(2) 贷款审批。贷款银行审查审批人员按照规定对贷款申请进行审查、审批。

(3) 签订合同。银行审批同意的,与借款申请人签订个人住房贷款借款合同、担保合同及其他法律文件。同时与借款申请人协商购买房屋保险,借款人同意购买的,应一次性交齐房屋保险费用。

(4) 抵押登记。借款申请人与贷款银行按照规定到房屋管理部门,进行房屋抵押登记、领取他项权证。

(5) 发放贷款。借款及担保合同生效后,银行按规定发放贷款,将贷款资金划入开发商售房账户。

(6) 贷款收回。银行采取委托扣款方式或柜台收取现款方式,按期收回贷款本息。

(7) 清户撤押。当借款人按期还清全部借款本息后,信贷部门应销记抵(质)押物及权证登记簿,同时填制抵押物、质押物转出通知书,通知会计部门和抵(质)押物保管部门。待会计部门、保管部门审核无误后,据此办理清户撤押手续。

视频:购房贷款的办理流程

(8) 后续处理。信贷经办人员办妥每笔贷款后,定期将收集齐全的有关资料整理,将合同正本交给档案专管员,并办理有关移交手续。合同副本留在信贷部门,由专人保管以备日常管理。待贷款本息结清后,信贷部门应通知档案专管员将档案正式归档。

任务引例解析

个人住房贷款的还款方式常见的主要有两种:

(1) 等额本息还款法,即每月以相等的额度平均偿还贷款本息,直至期满还清。其每月还款额的计算公式是:

$$每月还款额 = \frac{本金 \times 利率 \times (1+利率)^n}{(1+利率)^n - 1}, n 为还款总期数$$

(2) 等额本金还款法,即每月等额偿还贷款本金,贷款利息随本金逐月递减。每月还款额的计算公式是:

$$每月还款额 = 每月还款本金 + 每月还款利息$$
$$= 贷款本金/贷款期月数 + (本金 - 已归还累计本金) \times 月利率$$

等额本息还款法的特点是每月还款额相等;等额本金还款方式的特点是每月还款额逐月递减,但总还款额比等额本息还款法要节省很多。

借款人可以根据自己不同情况和需要,选择还款方式。但一笔贷款合同只能选择一种还款方式,合同签订后不得更改。

【做中学2-16】

个人活期开户和中长期住房按揭贷款合同管理

2018年1月5日,客户童隐隐女士携身份证首次到银行办理储蓄业务,柜员为其开设一个普通客户号。

童隐隐客户信息:

身份证号码:44160519××××××9564

地址:深圳市宝安区宝华路××××号

手机号码:1352556××××

电话:0755-8369××××

邮政编码:518063

柜员为客户童隐隐女士开设普通存折活期存款账户,开户存款金额为现金106 937元人民币,通存通兑,支取方式:密码。

2020年1月6日,客户童隐隐女士因购房需要,到本行办理"中长期住房按揭贷款"业务。贷款关联账号及收息账号为童隐隐的普通活期账号,贷款金额为500 000元,贷款月利率为5‰,贷款年限为10年,还款期数为120期,还款日期为2030年2月5日,贷款用途为购房,担保方式为抵押,还款方式:等额本息。

操作步骤：

操作步骤分两步：

第一步，新建个人客户信息如图 2-17 所示，个人活期开户如图 2-18 所示。

第二步，个人贷款合同新增如图 2-19 所示。

录入贷款合同号、存款账户、贷款金额、贷款利率、贷款类别、还款期数和收息账号以及客户的联系电话、联系地址等。

重要提示：贷款合同号为 15 位数字，格式：当前年份＋网点号（2001）＋贷款类别号（个人为 01/公司为 02）＋5 位数贷款合同顺序号。它是合同的标志，贷款发放、还贷等业务都是围绕贷款合同号开展的。

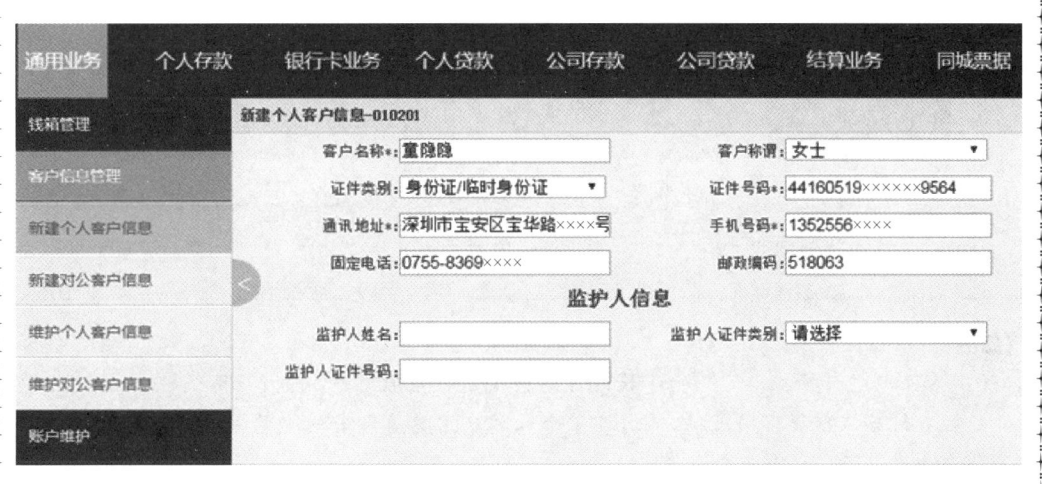

图 2-17 新建个人客户信息

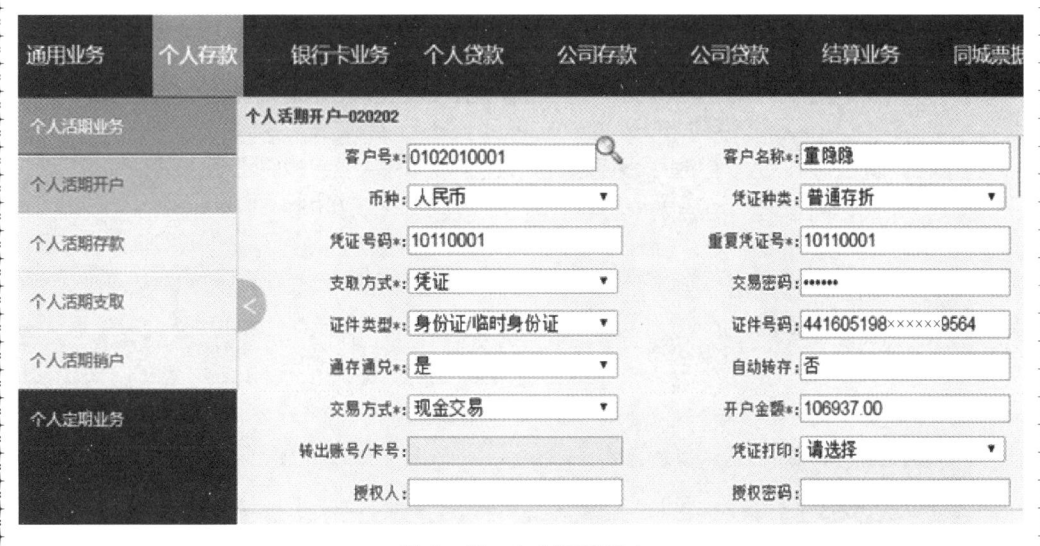

图 2-18 个人活期开户

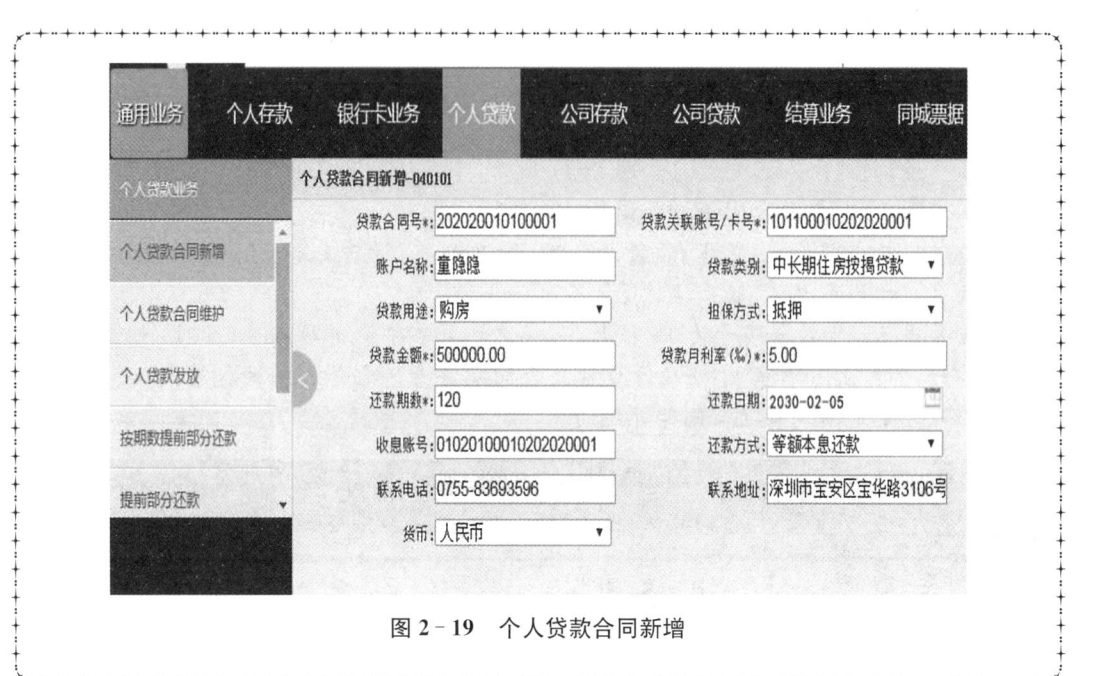

图 2-19 个人贷款合同新增

【做中学 2-17】
中长期住房按揭贷款发放

经本行各级信贷部门审批,并通过了个人客户童隐隐女士的贷款申请,综合柜员办理童隐隐女士的贷款全额发放业务。

操作步骤:

录入贷款合同号。个人贷款发放的操作步骤如图 2-20 所示。

图 2-20 个人贷款发放

【做中学 2-18】

中长期住房按揭贷款提前部分还款

客户童隐隐女士还款 24 期后,有一笔年终奖到账,于 2020 年 3 月 6 日到银行办理按期数提前部分还款,还款 36 000 元,还款期数为 10 期,违约罚金为 0,部分还款计划表见单证。

操作步骤:

录入贷款合同号、缩短期数、当期利息、贷款金额、还款金额及违约罚金。个人贷款提前部分还款的操作步骤如图 2-21 所示。

图 2-21 个人贷款提前部分还款

三、个人汽车消费贷款业务操作

(一)个人汽车消费贷款相关规定

1. 贷款对象

凡在中国境内有固定住所的中国居民,在符合下列条件的情况下,都可以申请银行个人汽车消费贷款。

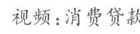

(1)持有当地常住户口或有效居留身份证件。

(2)年满 18 周岁且具有完全民事行为能力。

(3)具有稳定的职业和稳定经济收入来源,能按规定比例支付购车首付款,能保证按期偿还贷款本息。

(4)在贷款银行开立储蓄存款账户,并存入不少于规定比例的购车首付款。

(5)能够提供贷款银行认可的财产抵押、质押或第三方保证担保。

(6)愿意接受贷款银行规定的其他条件。

2. 贷款额度

(1)借款人以国库券、金融债券、国家重点建设债券、系统内个人存单等质押的,或银行、保险公司提供连带责任保证的,贷款额不得超过购车款的 80%,首期付款不得超过购车款的 70%。

(2)以借款人或第三方不动产作抵押的,首期付款额不得少于购车款的 30%,贷款额不得超过购车款的 70%。

(3) 以第三方作为保证方申请贷款的(银行、保险公司除外),首期付款不得少于购车款的 40%,贷款额不得超过购车款的 60%。

3. 贷款期限

贷款期限一般为 1~3 年,最长不得超过 5 年。

4. 贷款利率

贷款利率按照中国人民银行规定的同期贷款利率执行。遇法定利率调整时,贷款期限在 1 年以内的,按原借款合同利率标准执行;贷款期限在 1 年以上的,于次年 1 月 1 日,按相应利率档次利率执行新的利率标准。

5. 贷款偿还

实行按季结息,借款人要按借款合同约定分期还款。

(二) 个人汽车消费贷款业务操作流程

(1) 业务受理。银行经办人员受理借款申请人提交的贷款申请书、借款合同、信用卡协议、支付凭证、身份证、户口本和结婚证的复印件、收入证明、汽车销售合同、缴纳购车首付款凭证。

(2) 资料审批。银行经办人员对借款申请人提交的各项资料的真实性、资信情况、偿还能力、还款方式进行审批。

(3) 签订合同。审批通过的,贷款银行与借款申请人签订借款合同,并通知其办理贷款担保及保险手续。

(4) 抵押登记。借款申请人与贷款银行按照规定到车辆管理部门进行抵押登记,领取他项权证。

(5) 开户放款。银行审批同意后,会计部门收到信贷部门审批同意并签章的借款凭证、借款合同、客户扣款授权书、首期付款收据等,经审查无误后,为借款人开立贷款账户,按照借款凭证上的要素,进行贷款发放交易处理。

(6) 贷款收回。贷款发放后,银行按合同规定方式,向借款人收取贷款本息。

【做中学 2-19】

借记卡发行和消费贷款合同管理

2020 年 8 月 1 日,客户陈丽女士携身份证来我行办理借记卡业务,柜员为其建立客户信息。个人信息包括:

身份证号码:44148119××××××2268

家庭电话:0755-8723××××

手机号码:1356265××××

家庭地址:深圳市南山区南山大道×××号小区×××号

邮编:518005

2020 年 8 月 1 日,客户陈丽女士需要开立一个借记卡活期账户,开户存入现金人民币 19 800 元,柜员给其办理个人借记卡活期开户操作。

2020年10月4日,客户陈丽女士为购买汽车,到本行办理"短期汽车消费贷款"业务。贷款金额为56 000元,贷款月利率为6.50‰,贷款期限为半年,到期日为2021年4月4日,贷款用途为个人消费,担保方式为质押,还款方式:一次性还本付息。

操作步骤:

操作步骤分两步:

第一步,新建个人客户信息如图2-22所示,个人借记卡活期开户如图2-23所示。

第二步,个人贷款合同新增如图2-24所示。

重要提示:贷款合同号为15位数字,格式:当前年份＋网点号(2001)＋贷款类别号(个人为01/公司为02)＋5位数贷款合同顺序号。它是合同的标志,贷款发放、还贷等业务都是围绕贷款合同号开展。

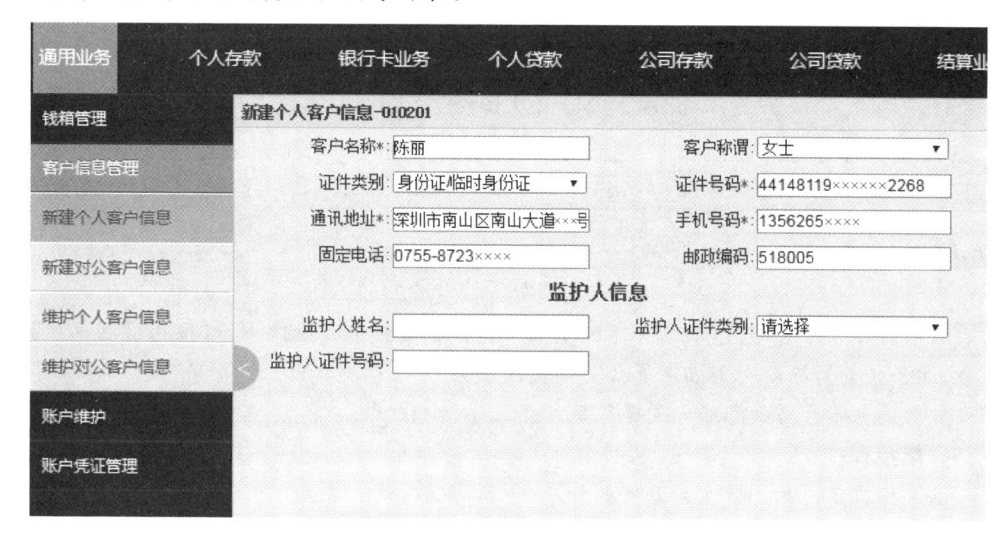

图2-22 新建个人客户信息

图2-23 个人借记卡活期开户

图 2-24　个人贷款合同新增

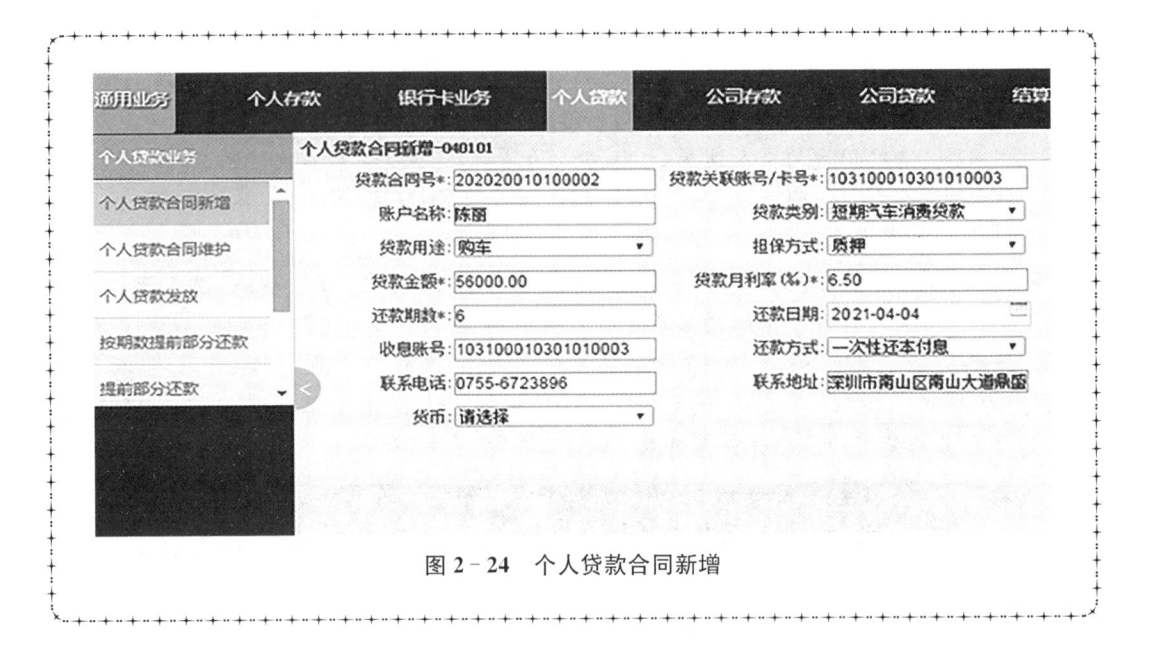

【做中学 2-20】

个人消费贷款发放

经本行各级信贷部门审批,并通过了个人客户陈丽女士的贷款申请,按基准利率执行放贷,综合柜员为陈丽女士办理贷款全额发放业务。

贷款关联账号与收息账号同是陈丽的借记卡活期账号。

操作步骤:

录入贷款合同号。个人贷款发放如图 2-25 所示。

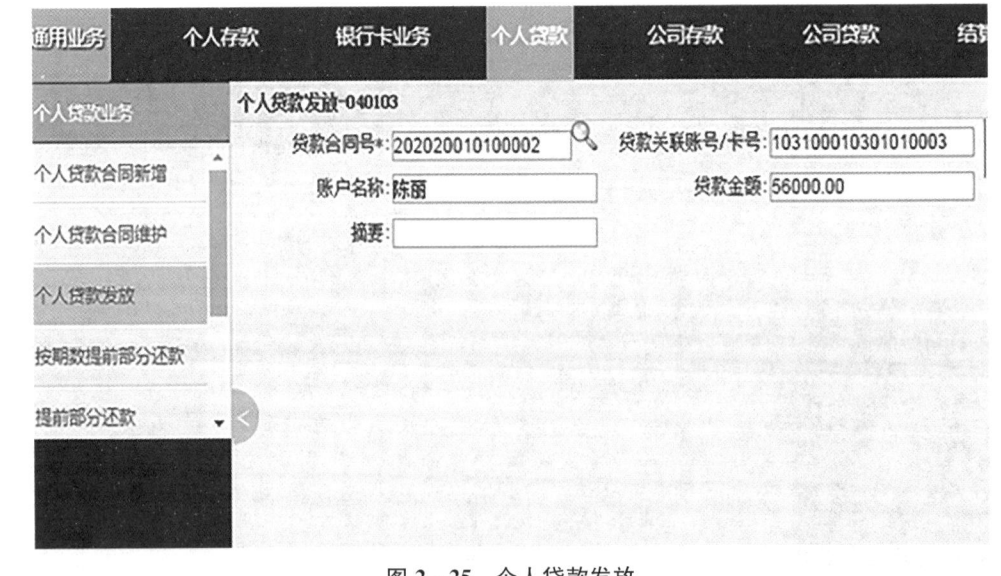

图 2-25　个人贷款发放

四、国家助学贷款业务操作

(一)国家助学贷款相关规定

1. 贷款对象

中华人民共和国(不含港澳台地区)普通高等学校中,经济困难的全日制本科生、专科生(含高职生)、研究生和第二学位学生,在符合下列条件的情况下,都可以申请国家助学贷款。

(1) 具有中华人民共和国国籍,且具有中华人民共和国居民身份证。

(2) 具有完全民事行为能力(未成年人申请国家助学贷款,须由其法定监护人书面同意)。

(3) 诚实守信、遵纪守法、无违法违纪行为。

(4) 学习刻苦,能够正常完成学业。

(5) 因家庭经济困难,在校期间,所能获得的收入不足以支付完成学业所需基本费用(包括学费、住宿费、基本生活费)。

(6) 能够提供符合贷款人要求的见证人或担保。

(7) 承诺并认真履行向贷款人提供借款人上学期间和就业以后的变动情况。

2. 贷款额度

原则上,全日制本、专科生每人每学年不超过 8 000 元,全日制研究生每人每学年最高不超过 12 000 元。

3. 贷款期限

贷款期限为学制加 15 年、最长不超过 22 年。还本宽限期 5 年。

4. 贷款担保

贷款担保主要实行由借款人提供两名见证人,并经所在学校确认的无担保方式。

5. 贷款利率

2020 年 1 月 1 日起,新签订合同的助学贷款利率按照同期同档次贷款市场报价利率(LPR)减 30 个基点执行。

6. 贷款偿还

从 2004 年开始,借款学生在校期间的贷款利息全部由财政补贴,毕业后由学生按约定还款方式自负。

(二)国家助学贷款发放与收回业务操作

(1) 业务受理。银行经办人员受理借款申请人提交的某银行国家助学贷款申请表和下列资料:借款人有效身份证件,学生证(或入学通知书)的原件和复印件,见证人有效身份证件、工作证(或学生证)的原件和复印件,活期储蓄存折或信用卡。

(2) 资料审核。银行经办人员审核借款申请人提交的各项资料真实性。审核通过后,发放贷款通知书并通知签订借款合同,交还有关材料。

（3）签订合同。贷款行与借款申请人签订借款合同和担保合同，并视情况办理公证、抵押登记、保险等相关手续。

（4）贷款发放。贷款行按借款合同约定，将贷款转入借款人就读高校指定账户。其中学费贷款按学年发放，生活费贷款按月发放。

（5）贷款使用。学生获贷款后，用贷款交学费和支付日常生活开支。

（6）贷款收回。贷款行按借款合同规定的还款时间，于到期日主动从借款人指定账户中进行扣款。

五、个人大额耐用消费品贷款发放与收回业务操作

（1）业务受理。银行经办人员受理借款申请人填写提交的某银行个人耐用消费品借款申请书和相关贷款资料。

（2）资料审核。审核借款申请人提交的各项资料真实性，审核通过后，发放贷款通知书并通知签订借款合同；交还有关材料。

（3）签订合同。贷款行与借款申请人签订借款合同和担保合同，并视情况办理公证、抵押登记、保险等相关手续。

（4）开户放贷。银行会计部门根据信贷部门提供的合同、授权书、借款凭证、利率档次，开立借款申请人贷款账户，并将借款款项从借款申请人贷款账户划转至特约商户在银行开立的结算账户内。

（5）凭证提货。借款申请人凭银行出具的转账凭证、个人耐用消费品购销意向书和本人有效身份证件到商户处提货。

（6）贷款收回。银行按时按期扣收贷款本息。

任务八　柜面日终操作

任务引例

柜员为提高工作效率，改善对外服务工作，办理现金付款业务10余笔后统一记账。其中，某公司一张1000元现金支票由于账面款项不足，该支票无法记账，又一直找不到该公司经办员，该柜员为了做到银行不垫款，即将该1000元的现金支票串记到某商店账户，次日再处理。总算结平了钱箱现金，轧平了当天的账务。问：此柜员的做法是否正确。为什么？

一、临柜柜员日终平账与签退操作流程

（一）柜员轧账

1. 检查柜员平账器

输入流水平账的交易代码，系统自动进行平账。如果借贷方金额相等，说明当天的账务

视频：柜员营业终了注意事项

平衡,根据系统提示可打印流水账和轧账单;如果借贷方金额不等,说明存在错账,查找到错账后,经主管审批、授权作抹账交易。对当日不能核销的账项应该挂账,次日查清原因后,再进行相应处理。

2. 打印柜员平账报告表、柜员重要空白凭证核对表

检查柜员平账器,轧平当天账务后,打印平账报告表和柜员重要空白凭证核对表。

3. 整理核对交易清单

整理核对交易清单时需要注意检查:交易清单的数量与柜员平账报告表中的交易清单数是否相符;交易清单上的序号(传票号)是否保持连续。按传票号从小到大的顺序整理、排列交易清单,原始凭证应作为交易清单的附件。

(二) 账实核对

(1) 柜员对实物钱箱的现金按券别进行整理清点。

(2) 核对电子钱箱与实物钱箱的余额,确保两者金额、券别完全一致。如果不符,应遵循"长款归公、短款自赔"的原则进行处理。

(3) 上缴现金。检查库存现金余额是否超过柜员日终限额,如超过限额,应将柜员超过限额部分上缴。

(4) 核对重要凭证。每日营业结束,柜员应将重要空白凭证与相关账簿进行账实核对,确保账实、账账核对相符。剩余的重要空白凭证经主管柜员审查核对后,连同公章一起入库保管。

(三) 签退

1. 完成日终平账,移交平账报告及交易清单

营业日终,柜员须认真进行记账凭证与原始凭证、现金实物与柜员现金箱、重要空白凭证实物与柜员凭证箱的核对,保证凭证顺序号连续并与平账报告表一致。核对无误后,柜员按平账报告表、记账凭证、原始凭证及附件的顺序整理,将平账报告表及交易清单一并交给主管柜员复核。

2. 办理柜员签退

主管柜员复核各柜员提交的平账报告表及交易清单无误后,临柜柜员办理签退手续。临柜柜员签退时,只须输入签退的交易代码,根据系统提示选择相应的签退方式即可。

柜员签退分为正式签退和临时签退。柜员因故暂离岗位必须退出操作系统,即临时签退。此时,印章、重要空白凭证和现金都必须入保险箱(柜)加锁保管。已办理签退手续的柜员,若需要继续办理业务的,必须重新签到。

(四) 后续处理

柜员将当日已处理的凭证分币种、分借贷方,按现金、转账、表外和特殊交易凭证的顺序进行整理。

二、柜员实物钱箱上缴操作流程

(一) 钱箱上缴

账实相符后,主管柜员对各柜员的实物钱箱进行清点,确认无误后,对实物钱箱双人双

锁上缴,并同时收缴各柜员的电子钱箱。

(二) 双人封库款箱

实物钱箱必须双人双锁加封。

(三) 寄库保管

运钞车到达网点,指定人员必须首先核实交接员身份,再由两名柜员与交接员清点、核实、交接实物钱箱,并办理交接手续和签章。

(四) 后续处理

柜员撤离网点前,须对网点的机器设备、消防设备、电源、门窗、箱柜等进行检查,确保安全无误后,进行网点清场;由专人进行110联网报警系统布防后,关门上锁,柜员离开营业网点。

任务引例解析

该柜员的做法不正确。

(1) 办理现金付款业务应做到先记账,后付款,一笔一清。

(2) 为了结平钱箱现金,轧平当天账务,串用其他单位账户资金,做法不正确。

(3) 未按规定对签发空头支票的单位进行处罚。

【做中学2-21】

重要空白凭证入库

银行网点营业结束后,柜员将未用完的重要空白凭证全部入库。

操作步骤:

在商业银行实际业务处理中,每天日终处理时,银行柜员必须对柜员个人钱箱中未使用的重要空白凭证进行凭证入库操作。

在教学实验时,学生应学会并理解此项操作,但不必每天都对未使用的凭证进行凭证入库操作。

本操作用于对已经出库到柜员钱箱的凭证进行上缴的业务处理。待操作完成后,该批凭证则从柜员钱箱进入网点凭证库中。

录入入库种类(凭证种类)、凭证张数、开始号码和结束号码。凭证入库的操作步骤如图2-26所示。

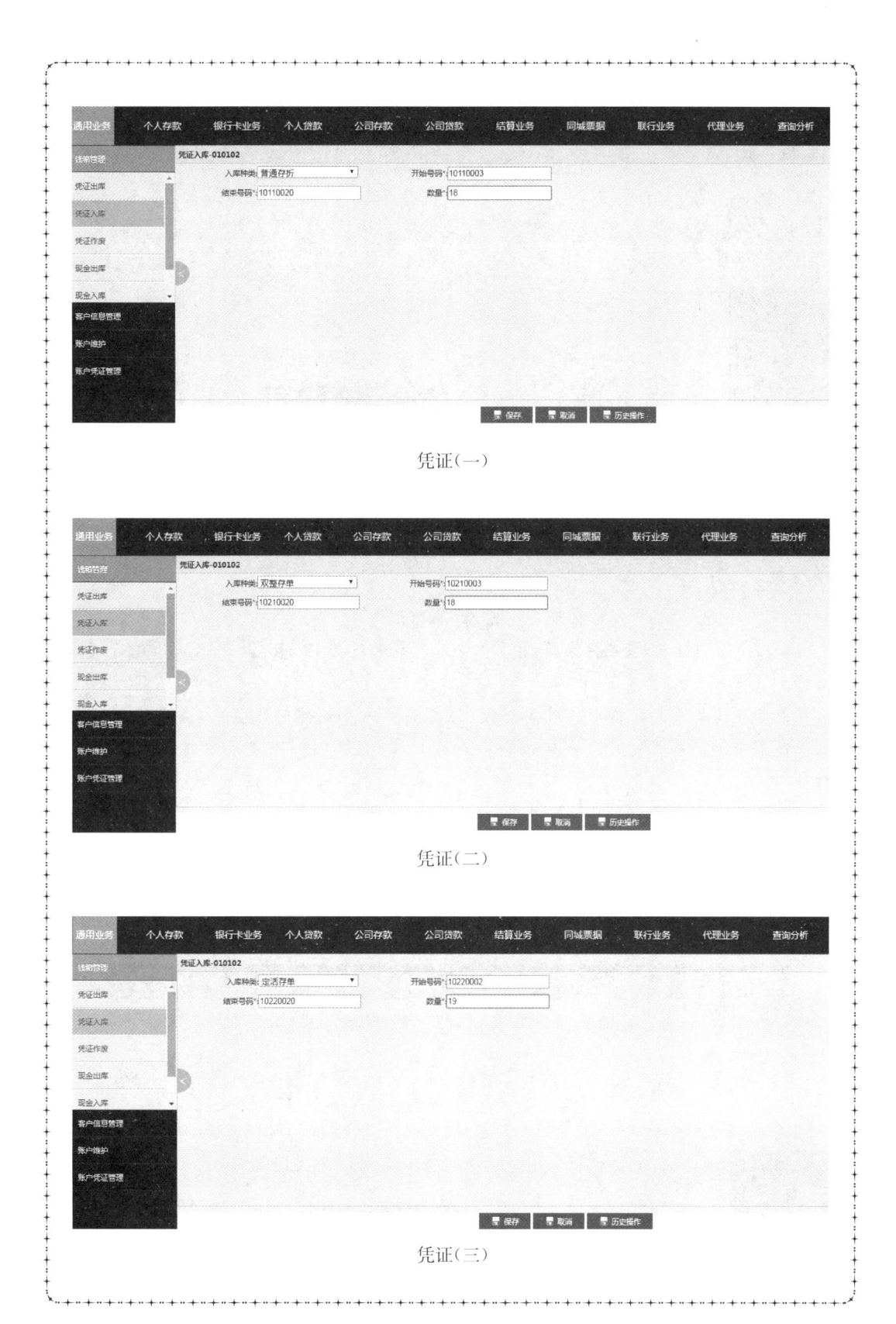

凭证(一)

凭证(二)

凭证(三)

凭证(四)

图 2-26 凭证入库

【做中学 2-22】

现 金 入 库

2020年3月4日,营业结束前,柜员对个人钱箱的现金 12 519.78 元人民币进行入库操作。

柜员查询其个人钱箱中的现金余额,将其全部入库到部门钱箱中,并查询部门钱箱中现金余额的变化情况。也可以留一部分现金,以备下一个交易日作客户取款操作使用。

操作步骤:

本操作用于对柜员钱箱中的现金进行上缴的业务处理,操作完成后,该批现金则从柜员钱箱进入网点现金大库。

选择货币,录入入库的现金金额。操作步骤如图 2-27 所示。

图 2-27 现金入库

项目小结

个人储蓄存款与贷款业务操作内容结构如图 2-28 所示。

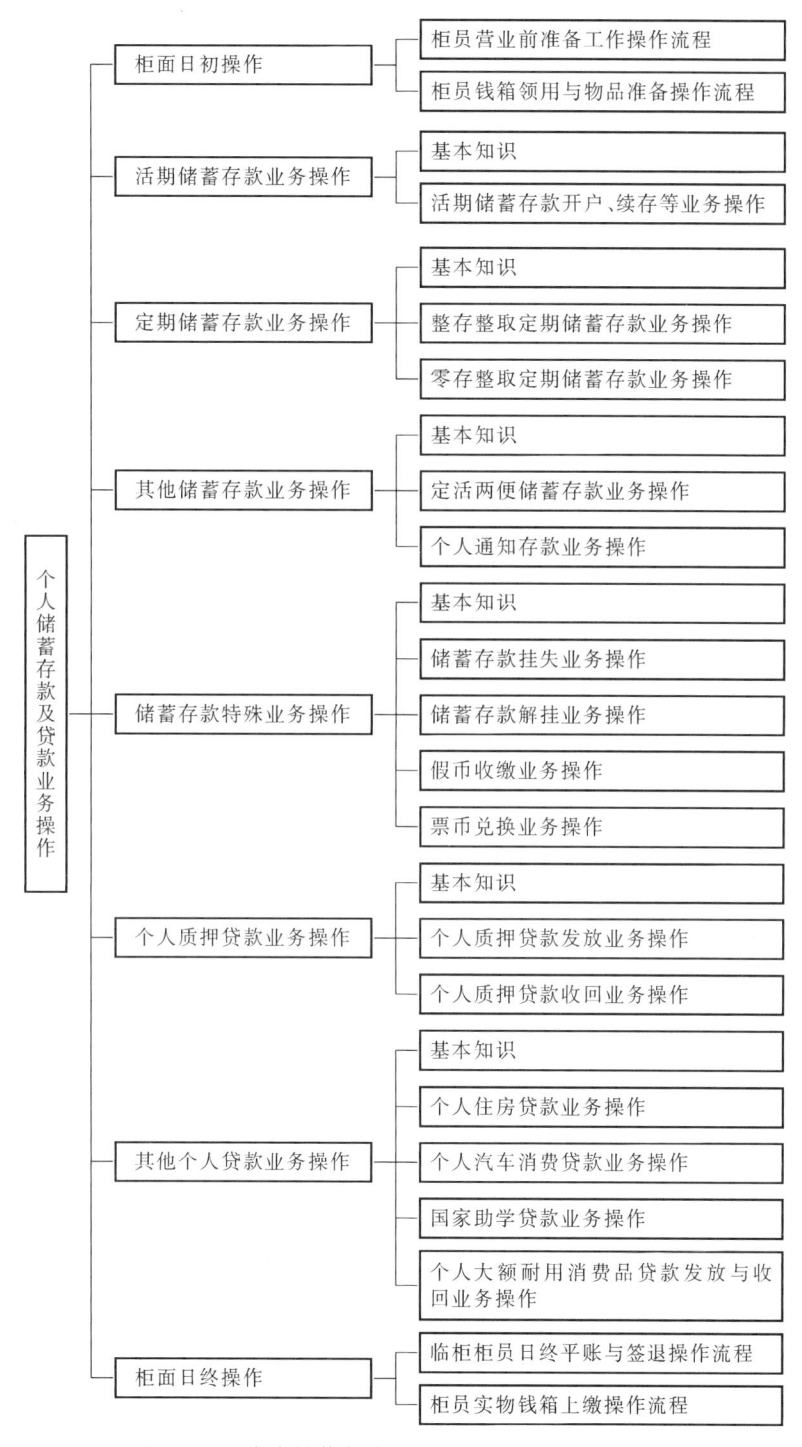

```
个人储蓄存款及贷款业务操作
├── 柜面日初操作
│   ├── 柜员营业前准备工作操作流程
│   └── 柜员钱箱领用与物品准备操作流程
├── 活期储蓄存款业务操作
│   ├── 基本知识
│   └── 活期储蓄存款开户、续存等业务操作
├── 定期储蓄存款业务操作
│   ├── 基本知识
│   ├── 整存整取定期储蓄业务操作
│   └── 零存整取定期储蓄业务操作
├── 其他储蓄存款业务操作
│   ├── 基本知识
│   ├── 定活两便储蓄存款业务操作
│   └── 个人通知存款业务操作
├── 储蓄存款特殊业务操作
│   ├── 基本知识
│   ├── 储蓄存款挂失业务操作
│   ├── 储蓄存款解挂业务操作
│   ├── 假币收缴业务操作
│   └── 票币兑换业务操作
├── 个人质押贷款业务操作
│   ├── 基本知识
│   ├── 个人质押贷款发放业务操作
│   └── 个人质押贷款收回业务操作
├── 其他个人贷款业务操作
│   ├── 基本知识
│   ├── 个人住房贷款业务操作
│   ├── 个人汽车消费贷款业务操作
│   ├── 国家助学贷款业务操作
│   └── 个人大额耐用消费品贷款发放与收回业务操作
└── 柜面日终操作
    ├── 临柜柜员日终平账与签退操作流程
    └── 柜员实物钱箱上缴操作流程
```

图 2-28 个人储蓄存款与贷款业务操作内容结构图

项目三　结算业务处理

【职业能力目标】
1. 理解汇兑的业务处理。
2. 掌握支票的业务处理。
3. 掌握银行汇票的业务处理。
4. 掌握银行本票的业务处理。
5. 掌握银行卡业务处理。
6. 熟悉委托收款的业务处理。

【典型工作任务】
1. 办理汇兑柜面业务。
2. 办理转账支票柜面业务。
3. 办理银行汇票柜面业务。
4. 办理本票柜面业务。
5. 银行卡发放业务、结算业务的办理。
6. 办理委托收款柜面业务。

任务一　汇兑业务操作

【任务引例】
A公司购买了B公司一批货物,双方同意由A公司预先电汇支付货款,款到后B公司发货。2020年4月3日,A公司通过自己的开户银行向B公司开户银行电汇了货款,并督促B公司尽快发货。由于B公司开户银行的原因,B公司3天后才收到该笔电汇的收账通知,因此A公司4天后(即4月8日)才收到货物(货物运输时间为1天)。A公司根据自己开户银行的电汇回单,认为4月5日就应收到货物,因此要求B公司赔偿延迟发货的损失。请问,A公司要求B公司赔偿的理由是否正确?

一、基本知识

(一) 汇兑的概念和分类

汇兑是指汇款人委托银行将其款项支付给收款人的结算方式。它适用于单位和个人的各种款项结算,便于汇款人主动向收款人付款,适用范围很广。

汇兑分为信汇和电汇两种。信汇是以邮寄的方式,将汇款凭证转给外地收款人指定的汇入行。电汇是以电报的方式,将汇款凭证转发给收款人指定的汇入行,电汇的速度快于信汇,汇款人可以根据实际需要选择使用。

(二) 汇兑的特点

汇兑结算适用范围广,手续简便易行,灵活方便,因此是目前一种应用极为广泛的结算方式。

第一,汇兑结算,无论是信汇还是电汇,都没有金额起点的限制,不管款多款少都可使用。

第二,汇兑结算属于汇款人向异地主动付款的一种结算方式。它对于异地上下级单位之间的资金调剂、清理旧欠以及往来款项的结算等,都十分方便。汇兑结算方式还广泛地用于先汇款后发货的交易结算方式。如果销货单位对购货单位的资信情况缺乏了解,或者在商品较为紧俏的情况下,可以让购货单位先汇款,等收到货款后再发货,以免收不回货款。当然,购货单位采用先汇款后发货的交易方式时,应详尽了解销货单位的资信情况和供货能力,以免盲目地将款项汇出却收不到货物。如果对销货单位的资信情况和供货能力缺乏了解,可将款项汇到采购地,在采购地开立临时存款账户,派人监督支付。

第三,汇兑结算方式除了适用于单位之间的款项划拨外,也可用于单位对异地的个人支付的有关款项,如退休工资、医药费、各种劳务费、稿酬等,还可适用于个人对异地单位所支付的有关款项,如邮购商品、书刊等。

第四,汇兑结算手续简便易行,单位或个人很容易办理。

(三) 汇兑业务的注意事项

(1) 汇兑的委托日期必须是汇款人向汇出银行提交汇兑凭证的当日。

(2) 汇兑凭证记载的汇款人、收款人在银行开立账户的,必须记载其账号;欠缺记载的,银行将不予受理。

(3) 汇兑凭证上记载收款人为个人的,收款人需要到汇入行领取汇款,汇款人应在汇兑凭证上注明"留行待取"字样。

(4) 汇款转账支付的,款项只能划入单位或个体工商户的存款账户,严禁转入储蓄和信用卡账户。经审查确为收款人的合法收入的除外。

(5) 汇款人和收款人均为个人,需要在汇入银行支取现金的,应先在信、电汇凭证的"汇款金额"大写栏填写"现金"字样,后填写汇款金额。

(6) 汇款人确定不得转汇的,应在汇兑凭证备注栏注明"不得转汇"字样。

(7) 汇款人对汇出银行尚未汇出的款项可以申请撤销;汇款人对汇出银行已汇出的款项可以申请退汇。退汇应按《支付结算办法》的相关规定办理,转入行不得受理汇款人或汇出银行对汇款的撤销或退汇。

(8) 汇入行对收款人拒绝接受的汇款,应立即办理退汇。汇入银行对于向收款人发出取款通知,经2个月却无法交付的汇款应主动办理退汇。

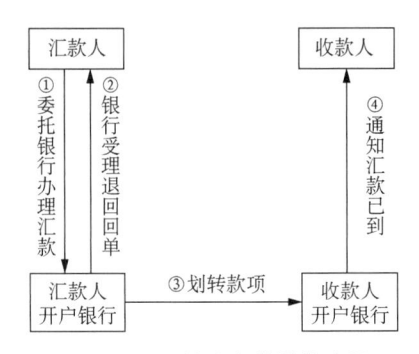

二、汇兑业务的操作流程

汇兑业务的操作流程如图3-1所示。

图3-1 汇兑业务的操作流程

(一) 签发汇兑凭证

签发汇兑凭证必须记载下列事项:① 表明"信汇"或"电汇"的字样。② 无条件支付的委托。③ 确定的金额。④ 收款人名称。⑤ 汇款人名称。⑥ 汇入地点,汇入行名称。⑦ 汇出地点,汇出行名称。⑧ 委托日期。⑨ 汇款人签章。汇兑凭证记载的汇款人名称、收款人名称,其在银行开立存款账户的,必须记载其账号。汇款人和收款人均为个人的,需要在汇入银行支取现金的,应在信汇或电汇凭证的"汇款金额"大写栏内,先填写"现金"字样,后填写汇款金额。

(二) 银行受理

汇出银行受理汇款人签发的汇兑凭证,经审查无误后,应及时向汇入银行办理汇款,并向汇款人签发汇款回单。汇款回单只能作为汇出银行受理汇款的依据,不能作为该笔汇款已转入收款人账户的证明。

(三) 汇入处理

汇入银行对开立存款账户的收款人,应将汇给其的款项直接转入收款人账户,并向其发出收账通知。收账通知是银行确定将款项已转入收款人账户的凭据。

未在银行开立存款账户的收款人,凭信汇或电汇的取款通知向汇入银行支取款项,并须交验其本人身份证件,同时在信汇或电汇凭证上面注明证件名称、号码及发证机关,在"收款人签章"处签章。银行审核无误后,以收款人的姓名开立应解汇款及临时存款账户,该账户只付不收,付完清户,不计付利息。

需要支取现金的,信汇、电汇凭证上必须有按规定填明的"现金"字样,才能办理。未填明"现金"字样需要支取现金的,由汇入银行按照国家现金管理规定审查支付。转账支付的,应由原收款人填制支款凭证,并由本人向银行交验其身份证件办理支付款项。但是,其账户的款项只能转入单位或个体工商户的存款户,严禁转入储蓄和信用卡账户。

任务引例解析

不正确。汇款回单只能作为汇出银行受理汇款的依据,不能作为该笔汇款已转入收款人账户的证明;相反,收账通知才是银行确定将款项已转入收款人账户的凭据。本例中,A公司与B公司已经就"款到后发货"达成一致,而"款到"应以B公司开户银行发出的收账通知为准,不应以汇款回单为准。因此A公司要求B公司赔偿的理由是不正确的。如果A公司确知由于B公司开户银行耽搁了资金入账时间,就应向B公司开户银行提出索赔要求。

【做中学3-1】

办理信汇业务

操作步骤:

信汇是汇款人委托银行以邮寄凭证的方式,通知汇入行付款的一种结算方式。信汇的会计核算分为汇出行汇出汇款和汇入行借付汇款两个阶段的处理。

第一步:汇出行的处理。汇款人委托银行办理信汇时,应向银行填制一式四联的"银行信汇凭证"。汇款人和收款人均为个人,需要在汇入行支取现金,汇款人应在信汇凭证"汇款金额"大写栏里,先填写"现金"字样,后填写汇款金额。

信汇凭证一式四联:第一联回单,第二联借方凭证,第三联贷方凭证,第四联收账通知(或取款收据)。回单联如表3-1所示。

表3-1　　　　中国××银行信汇(电汇)凭证(回单)

中国××银行信汇(电汇)凭证(回单) 1
委托日期　年　月　日　　　　　　第　号

收款人	全　称				汇款人	全　称			
	账　号或住址					账　号或住址			
	汇出地点	省	市县	汇出地点		汇入地点	省	市县	汇出地点
金额	人民币(大写)				千 百 十 万 千 百 十 元 角 分
汇款用途									
上列款项已根据委托办理,如需查询,请持此回单来行面谈。					汇出行盖章　年　月　日
单位主管　　会计　　复核　　记账					

汇出行受理信汇凭证时,应认真审查以下内容:
(1) 信汇凭证记载的各项内容是否齐全、正确。
(2) 汇款人账户内是否有足够支付的余额。
(3) 汇款人签章是否与预留银行签章相符。对于填明"现金"字样的信汇凭证,还应审查汇款人和收款人是否均为个人,审核无误后,第一联信汇凭证加盖"转讫章"退还给汇款人。转账交付的,第二联信汇凭证作为借方凭证。
(4) 转账后,第三联信汇凭证加盖联行专用章,与第四联随同联行"邮划贷方报单"寄给汇入行。

第二步:汇入行的处理。汇入行接到汇出行寄来的"邮划贷方报单",以及第三、四联信汇凭证后,重点审查联行专用章与联行报单印章是否一致,审查无误后,按下列手续进行处理:登记应解汇款登记簿,通知收款人来行办理取款手续。需要支取现金的,信汇凭证必须有汇出行按规定填明的"现金"字样。

【做中学3-2】 办理电汇业务

操作步骤:

办理汇兑核算业务一般按汇入行选择的汇款方式,通过电子汇划系统办理;汇入行若为异地他行,则通过现代化支付(大额实时)系统办理。电汇的核算分为汇出行汇出汇款和汇入行解付汇款两个阶段的处理。

第一步:汇出行的处理。汇款人委托银行办理汇兑时,应填制"电汇凭证"一式三联(表3-2)。汇款人到汇入行领取汇款的,应在汇兑凭证各联"收款人账号或住址"栏注明"留行待取"字样。留行待取的汇款,需要指定单位的收款人领取汇款的,应注明收款人的单位名称。

表3-2　　　　　　　　商业银行电汇凭证

商业银行电汇凭证(发电依据) 3				NO:							
委托日期　年　月　日											
汇款人	全称		收款人	全称							此联汇出行凭证以拍发电报
	账号或住址			账号或住址							
	汇出地点	省市县	汇出行名称		汇入地点	省市县	汇入行名称				
金额	人民币(大写)				千	百	十	万	千	百	十	元	角	分
汇款用途											

(复核　记账)

该凭证一式三联,尺寸17.5×8.5厘米。第一联使用白纸黑色油墨;第二联使用白纸蓝色印油;第三联使用白纸紫色印油;其中第三联对应第二联支付密码处使用屏蔽技术。

汇出行受理汇兑凭证时,应审查以下内容:
(1) 电汇凭证记载的各项内容是否齐全、正确。
(2) 凭证的金额、委托日期、收款人名称是否更改;其他记载事项是否由原记载人签章证明。
(3) 大小写金额是否一致。
(4) 委托日期是否为当日。
(5) 汇款人的账户是否有足够支付的金额。
(6) 汇款人的签章与预留银行印鉴是否相符。
(7) 填明"现金"字样的信(电)汇凭证,汇款人和收款人是否均为个人。

审查无误后,办理汇款手续。办理转账汇款的,以电汇凭证第二联作为借方记账凭证,电汇第三联作为附件,第一联加盖"转讫章"退给汇款人。对需要跨系统转汇的,电汇凭证第一联上加盖"受理他行票据专用章"退给汇款人,电汇凭证第三联通过同城票据交换转汇。

第二步:汇入行的处理。汇入行收到汇出行有关电子汇划凭证,或人民银行的转汇凭证后,以有关清算凭证作为借方记账凭证,以第一联"电子汇划收款补充报单"或第二联人民银行"电划贷方补充报单"作为贷方记载凭证。在第二联"电子汇划收款补充报单"或第三联人民银行"电划贷方补充报单"上加盖"转讫章"作为收账通知交给收款人。如果收款人在辖属机构开户的,将其转辖属机构。

收款人未在本行开户的,在第二联"电子汇划收款补充报单"或第三联人民银行"电划贷方补充报单"上编列应解汇款顺序号并用专夹保管,另通知收款人来行办理取款手续。

当收款人持取款通知来行取款时,注明"留行待取"的应向收款人问明情况,抽出专夹保管的第二联"电子汇划收款补充报单"或第三联人民银行"电划贷方补充报单",认真审查收款人有效身份证件,将其证件名称、号码、发证机关批注在上述凭证的空白处,并请收款人在"收款人盖章"处盖章或签字。

三、汇兑的撤销和退汇

(一) 汇兑的撤销

汇兑的撤销是指汇款人对汇出银行尚未汇出的款项,向汇出银行申请撤销的行为。申请撤销时,应出具正式函件(或本人有效身份证件)及原信汇(或电汇)回单。汇出银行查明确未汇出款项的,收到原信汇(或电汇)回单后,予以办理撤销手续。

(二) 汇兑的退汇

汇兑的退汇是指汇款人对汇出银行已经汇出的款项申请退回汇款的行为。对在汇入银行开立存款账户的收款人,由汇款人与收款人自行联系退汇。对在汇入银行未开立存款账户的收款人,汇款人应出具正式函件(或本人有效身份证件)以及原信汇、电汇回单,由汇出银行通知汇入银行,经汇入银行核实汇款确未支付,并将款项退回汇出银行后,方可办理退汇。转汇银行不得受理汇款人或汇出银行对汇款的退汇。

【做中学 3-3】

办 理 退 汇

操作步骤：

退汇是将已经汇出的汇款，未经解付而退回给原汇款人。它分为汇款人要求退汇和汇入行主动退汇两种情况。

第一种：汇款人要求退汇。

（1）汇出行承办的处理。汇款人要求退汇时，对收款人在汇入行开立账户的，由汇款人与收款人自行联系退汇；对收款人未在汇入行开立账户的，应由汇款人备函或本人身份证件连同原信汇、电汇回单交汇出行办理退汇或拍发电报通知汇入行。

汇出行接到退汇函件或有效身份证件以及回单，应填制四联"退汇通知书"，在第一联上批注"某年某月申请退汇，待款项退回后，再办理退款手续"字样交给汇款人，第二、三联寄交汇入行，第四联与函件和回单一起保管。

如汇款人要求用电报通知退汇的，只须填一、四联退汇通知书，凭此拍发电报通知汇入行。

（2）汇入行的处理。汇入行接到汇出行寄来的汇款通知书或拍来的电报，若该笔未解付，则发给收款人索回通知。

第三联退汇通知书随同"邮划贷方报单"寄给原汇出行，或汇入行填制"电汇贷方报单"拍发电报。若该笔汇款已解付，汇入行注明情况后，寄回第三联退汇通知书，或拍发电报通知汇出行。

（3）汇出行收到的处理。汇出行接到汇入行寄来的"邮划贷方报单"。若接到汇入行寄来的退汇通知书或拍来的电报注明汇款已解付时，汇出行应通知原汇款人。

第二种：汇入行主动退汇。

（1）汇入行的处理。汇款超过两个月，收款人仍未来行办理取款手续，或在规定期限内汇入行已寄出通知，但收款人因种种原因导致该笔汇款无人领受时，汇入行可以主动退汇。

（2）原汇出行的处理。原汇出行接到原汇入行寄来的"邮划贷方报单"或拍来的电报。

任务二　支票业务操作

任务引例

振辉机械厂财务部 8 月 15 日开出一张面额为 10 000 元的支票，用于向甲宾馆支付会议费。8 月 20 日，甲宾馆向银行提示付款。银行发现该支票为空头支票，遂予以退票，并对振辉机械厂处以 1 000 元罚款。甲宾馆要求振辉机械厂除支付其 10 000 元的会议费之外，还另须支付其 2 000 元赔偿金。

根据金融法律制度的有关规定，银行对振辉机械厂签发空头支票处以 1 000 元罚款是否符合法律规定？甲宾馆能否以振辉机械厂签发空头支票为由，要求其支付 2 000 元赔偿金？

一、基本知识

(一) 支票的概念

支票是指出票人签发的,委托办理支票存款业务的银行在见票时,无条件支付确定的金额给收款人或者持票人的票据。它适用于在同一票据交换区域需要支付各种款项的单位和个人。

(二) 支票的种类

支票分为现金支票、转账支票和普通支票三种,支票上印有"现金"字样的为现金支票(如图 3-2 所示),现金支票只能用于支取现金。支票上印有"转账"字样的为转账支票,如

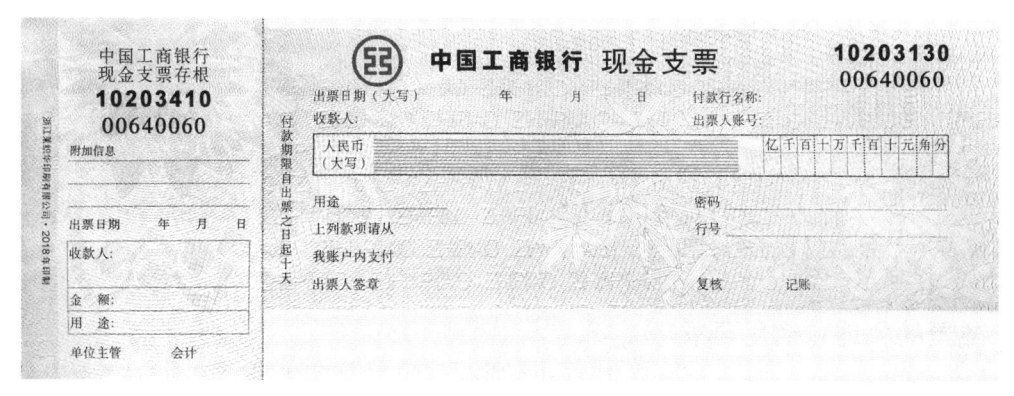

图 3-2　现金支票

图 3-3　转账支票

图 3-4　普通支票

图3-3所示,转账支票只能用于转账。支票上未印有"现金"或"转账"字样的为普通支票,如图3-4所示,普通支票既可以用于支取现金,也可以用于转账。在普通支票左上角划两条平行线的,为划线支票,划线支票只能用于转账,不得支取现金。

(三) 支票的出票

支票的出票人,是指经中国人民银行当地分支行批准办理支票业务的银行机构开立,可以使用支票存款账户的单位和个人。支票的付款人为支票上记载的出票人开户银行。支票的付款地为付款人所在地。

签发支票必须记载下列事项:表明"支票"的字样;无条件支付的委托;确定的金额;付款人名称;出票日期;出票人签章。支票的金额、收款人名称,可由出票人授权补记,未补记前,不得背书转让和提示付款。

支票在其票据交换区域内可以背书转让,但用于支取现金的支票不得背书转让。

(四) 支票的付款

支票的提示付款期限自出票日起10日内,超过提示付款期限提示付款的,持票人开户银行不予受理,付款人不予付款。出票人在付款人处的存款足以支付支票金额的,付款人应当在见票当日足额付款。

二、支票的办理和使用要求

(1) 存款人领购支票,必须填写"票据和结算凭证领用单"并签章,签章应与预留银行的签章相符。存款账户结清时,必须将全部剩余空白支票交回银行注销。

(2) 签发支票应使用碳素墨水或墨汁填写,中国人民银行另有规定的除外。

(3) 签发现金支票和用于支取现金的普通支票,必须符合国家现金管理的规定。

(4) 支票的出票人签发支票的金额,不得超过付款时,在付款人处实有的存款金额。禁止签发空头支票。签发空头支票、签发与预留签章不符或密码不符的支票,银行应予以退票,并按票面金额处以5%但不低于1 000元的罚款,持票人有权要求出票人赔偿支票金额2%的赔偿金。对于屡次签发空头的,银行应当停止其签发支票。

(5) 持票人可以委托开户银行收款,或直接向付款人提示付款。用于支取现金的支票仅限于收款人向付款人提示付款。持票人委托开户银行收款的支票,银行应通过票据交换系统收妥后入账。

持票人委托自己开户银行收款时,应作成委托收款背书。在支票背面背书人签章栏签章,注明"委托收款"字样、背书日期,在被背书人栏记载开户银行名称,并将支票和填制的进账单送交开户银行。持票人持用于转账的支票向付款人提示付款时,应在支票背面背书人签章栏签章,并将支票和填制的进账单交送出票人开户银行。收款人持用于支取现金的支票向付款人提示付款时,应在支票背面"收款人签章"处签章,持票人为个人的,还须交验本人有效身份证件,并在支票背面注明证件名称、号码及发证机关。

> **任务引例解析**
>
> (1) 银行对振辉机械厂签发空头支票处以1 000元罚款符合法律规定。因为法律规定,出票人签发空头支票的,银行应予以退票,并按票面金额处以5%但不低于1 000元的罚款。

(2)甲宾馆不能以振辉机械厂签发空头支票为由,要求其支付2 000元的赔偿金。因为法律规定,出票人签发空头支票的,持票人有权要求出票人赔偿支票金额2%的赔偿金,即200元的赔偿金。

【做中学3-4】

凭证出库——转账支票

2020年3月16日,日初营业前,柜员将"转账支票"4本出库到柜员个人钱箱。操作步骤如图3-5所示。

图3-5 凭证出库——转账支票

【做中学3-5】

新开公司存款账户

深圳锦明经济信息咨询有限公司,企业性质:有限责任;营业执照号码:109462975815692;董事长及法人代表:刘志邦;法人身份证号码:44130119××××××2658;法人电话:0755-86814469。

公司注册资金150万元;注册日期:2020年2月15日;联系人:何建省;联系电话:0755-8688××××。公司位于深圳市龙华新区民治大道128号;邮编:518000;行业类别:金融业;税务登记证号(国税地税相同):440300584462915;组织机构代码证号:51884669-8;开户许可证号:J1920002495692;机构信用代码证号:G70440306059726418。

柜员于2020年3月16日以营业执照为其登记开立客户号,开立客户号的操作步骤如图3-6所示。

柜员登记对公客户信息完成以后为其开立一个单位结算账户,账号标志为一般户,支取方式:密码,通存通兑,如图3-7所示。

图 3-6 开立客户号的操作步骤

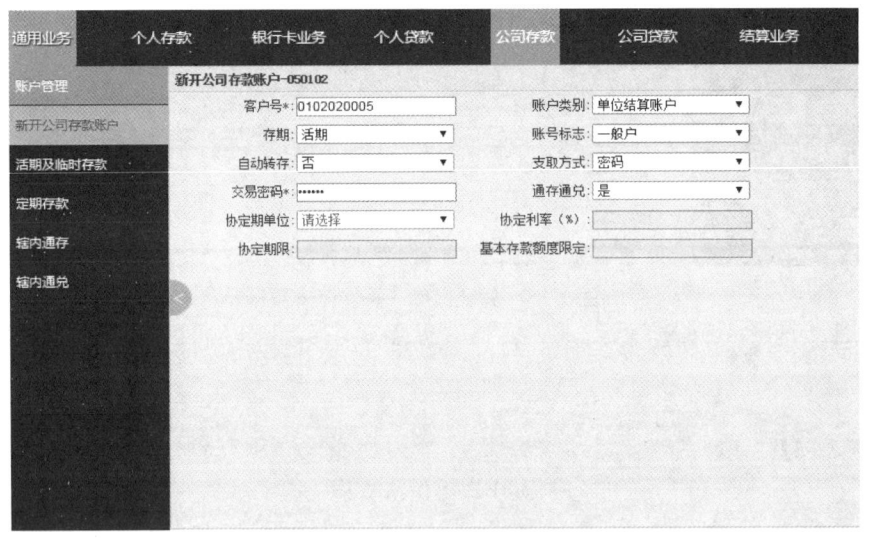

图 3-7 开立单位结算账户

【做中学 3-6】

现 金 存 款

2020 年 3 月 22 日,综合柜员为深圳锦明经济信息咨询有限公司出纳谢女士办理现金存款业务,往公司基本户存入人民币 15.8 万元。

操作步骤:

现金存款如图 3-8 所示。

图 3-8 现金存款

【做中学 3-7】

凭 证 出 售

深圳锦明经济信息咨询有限公司因业务需要,出纳员向银行购买"转账支票"一本。

重要提示:支票购买只能按本购买,每本支票共25张支票,每本支票收取手续费现金10元。经办人:何雨欣,身份证号码:44148119××××××4555。

操作步骤:

凭证出售的操作步骤如图3-9所示。

图 3-9 凭证出售

【做中学 3-8】

辖内通存通兑——现金通存录入

深圳新星科技有限公司是本行其他网点开户的客户(账号：867547002801018)，该公司的出纳员陈宇到本行办理现金存款业务，存入金额 63 200 元，用途：周转金。

综合柜员为其办理该业务。

柜员对该笔业务进行复核，复核通过。

操作步骤：

操作步骤分两步。

第一步：辖内通存录入——现金通存录入。

录入存入账号、金额后，系统会自动显示该账号的账户名称和账户状态，现金通存录入，如图 3-10 所示。

图 3-10 现金通存录入

第二步：辖内通存录入——现金通存复核。

操作完成后必须换柜员复核(现金通存复核)才能即时入账，可登录对方支行网点查询交易记录及账户余额，现金通存复核，如图 3-11 所示。

图 3-11 现金通存复核

【做中学 3-9】

辖内通存通兑——现金通兑录入

深圳新星科技有限公司是本行其他网点开户的客户（账号：867547002801018），该公司的出纳陈宇持现金支票（号码：21110236）到本行办理现金取款业务，取款金额50 000元，用途：周转金。综合柜员为其办理该取款业务。柜员对该笔业务进行复核，复核通过。

操作步骤：

操作步骤分为两步。

第一步：辖内通兑录入——现金通兑录入。

录入付款账号、凭证号码和金额，系统自动显示该账户对应的账户名称和账户状态，现金通兑录入，如图3-12所示。

第二步：辖内通兑录入——现金通兑复核。

本操作完成后必须换柜员复核，现金通兑复核，如图3-13所示。

图3-12 现金通兑录入

图3-13 现金通兑复核

【做中学 3-10】 辖内通存通兑——转账通存录入

深圳新星科技有限公司是本行其他网点开户的客户（账号：867547002801018），该公司出纳陈宇拿着深圳锦明经济信息咨询有限公司开出的转账支票到本行来进行转账，转入金额 35 600 元，用途：支付货款，综合柜员为其办理辖内通存业务。柜员对该笔业务进行复核，复核通过。

操作步骤：

操作步骤分为两步。

第一步：辖内通存录入——转账通存录入。

录入转出账户、凭证类型、凭证号码、金额和转入账号，转账通存录入，如图 3-14 所示。

图 3-14 转账通存录入

第二步：辖内通存录入——转账通存复核。

操作完成后必须换柜员复核（转账通存复核）才能即时入账，可登录对方支行网点查询交易记录及账户余额，转账通存复核，如图 3-15 所示。

图 3-15 转账通存复核

【做中学 3-11】

辖内通存通兑——转账通兑录入

深圳新星科技有限公司是本行其他网点开户的客户(账号:867547002801018),该公司开出的转账支票(号码:21120256)给深圳锦明经济信息咨询有限公司用于支付货款,深圳锦明经济信息咨询有限公司的出纳员拿着支票来进行进账操作,转入金额60 200元,综合柜员为其办理辖内转账通兑业务。柜员对该笔业务进行复核,复核通过。

操作步骤:

操作步骤分为两步。

第一步:辖内通兑录入——转账通兑录入。

录入付款账号、凭证号码、金额和收款账号,系统自动显示该账户对应的账户名称和账户状态,转账通兑录入,如图3-16所示。

第二步:辖内通兑录入——转账通兑复核。

本操作完成后必须换柜员复核,转账通兑复核,如图3-17所示。

图 3-16 转账通兑录入

图 3-17 转账通兑复核

任务三 银行汇票业务操作

> **任务引例**
>
> 某公司收到一张银行汇票,出票日期为 4 月 24 日,出票人为中国移动通信公司。5 月 28 日,该公司会计向代理付款行提示付款。银行可否受理此银行汇票,为什么?持票人或申请人应对银行汇票作何处理?

一、基本知识

(一) 银行汇票的含义

银行汇票是指出票银行签发的,是在见票时,按照实际结算金额无条件支付给收款人或者持票人的一种票据。出票银行为银行汇票的付款人。单位和个人在异地、同城或同一票据交换区域的各种款项结算都可以使用银行汇票。银行汇票可以用于转账,也可以用于支取现金。但用于转账的银行汇票不得支取现金,支取现金的银行汇票必须在银行汇票上填明"现金"字样。银行汇票的出票和付款,全国范围仅限于中国人民银行和各商业银行参加"全国联行往来"的银行机构办理。

银行汇票一式四联,第一联为卡片,由出票行结清汇票时,作汇出汇款借方凭证;第二联为银行汇票,与第三联解讫通知一并由汇款人自带,在兑付行兑付汇票后,此联作联行往来账付出传票;第三联为解讫通知,在兑付行兑付后,由签发行作余款收入传票;第四联是多余款通知,在签发行结清后交给汇款人。

视频:恶意挂失银行承兑汇票终受法律制裁

(二) 银行汇票的记载事项

签发银行汇票必须记载下列事项:① 表明"银行汇票"的字样。② 无条件支付的承诺。③ 确定的金额。④ 付款人的名称。⑤ 收款人的名称。⑥ 出票日期。⑦ 出票人签章。欠缺记载上述事项之一的,银行汇票无效。银行汇票的样式格式如图 3-18 和图 3-19 所示。

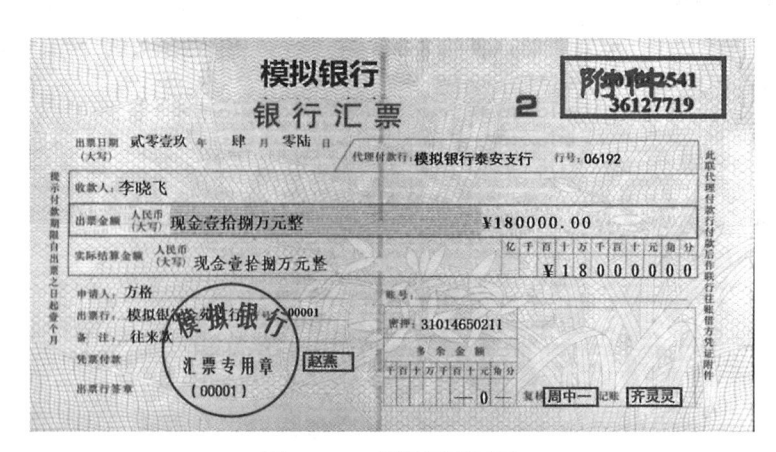

图 3-18 银行汇票正面

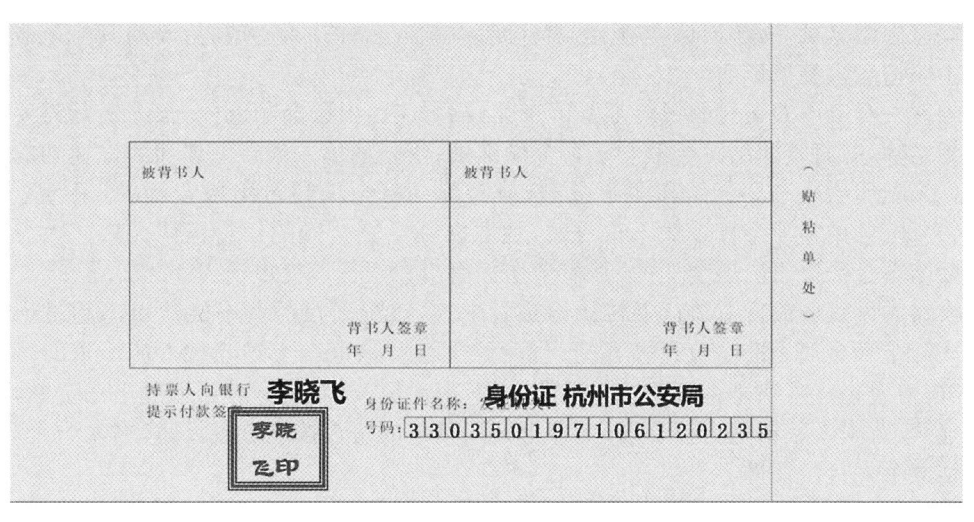

图 3-19 银行汇票背面

（三）银行汇票的提示付款期限

银行汇票的提示付款期限为自出票日起 1 个月。持票人超过付款期限提示付款的，代理付款人不予受理。

任务引例解析

银行不受理。银行汇票已超过 1 个月提示付款期限的，银行不予受理。持票人应在票据权利时效内向出票行作出说明，并出具单位证明，同时持银行汇票和解讫通知提交到出票行请求付款，申请人要求退款的，出票行只能将退款转入申请人账户，不得取现。

二、银行汇票的办理和使用要求

（一）申请

申请人使用银行汇票，应向出票银行填写"银行汇票申请书"，并填明收款人名称、汇票金额、申请人名称、申请日期等事项并签章，签章为其预留银行的签章。

（二）签发并交付

出票银行受理"银行汇票申请书"，收妥款项后签发银行汇票，并用压数机压印出票金额并加盖印章，将银行汇票和解讫通知一并交给申请人。签发转账银行汇票，不得填写代理付款人名称，但由中国人民银行代理兑付银行汇票的商业银行，向设有分支机构地区签发转账银行汇票的除外。签发现金银行汇票时，申请人和收款人必须均为个人，收妥申请人交存的现金后，在银行汇票"出票金额"栏先填写"现金"字样，后填写出票金额，并填写代理付款人名称。申请人或收款人为单位的，银行不得为其签发现金银行汇票。

（三）流通转让

收款人受理银行汇票时，应审查下列事项：银行汇票和解讫通知是否齐全；汇票号码和记载的内容是否一致；收款人是否确为本单位或本人；银行汇票是否在提示付款期限内；必须记载的事项是否齐全；出票人签章是否符合规定；是否有压数机压印的出票金额，并与大写出票金额一致；出票金额、出票日期、收款人名称是否更改，更改的其他记载事项是否由原记载人签章证明。

收款人对申请人交付的银行汇票审查无误后，应在出票金额以内，根据实际需要的款项办理结算，并将实际结算金额和多余金额准确、清晰地填入银行汇票和解讫通知的有关栏内。未填明实际结算金额和多余金额，或实际结算金额超过出票金额的，银行不予受理。银行汇票的实际结算金额不得更改，更改实际结算金额的银行汇票无效。银行汇票的实际结算金额低于出票金额的，其多余金额由出票银行退交申请人。

收款人可以将银行汇票背书转让给被背书人，银行汇票的背书转让以不超过出票金额的实际结算金额为准。被背书人受理银行汇票时，除审查上述收款人应审查的事项之外，还应审查银行汇票是否记载实际结算金额，有无更改，其金额是否超过出票金额；背书是否连续，背书人签章是否符合规定，背书使用粘单的是否按规定签章；背书人为个人的，应验证其个人身份证件。

（四）提示付款

持票人向银行提示付款时，必须同时提交银行汇票和解讫通知，缺少任何一联，银行不予受理。在银行开立存款账户的持票人向开户银行提示付款时，应在汇票背面"持票人向银行提示付款签章"处签章，签章须与预留银行签章相同，并将银行汇票和解讫通知、进账单送交开户银行。银行审查无误后办理转账。

未在银行开立存款账户的个人持票人，可以向任何一家银行机构提示付款。凭注明"现金"字样的银行汇票向出票银行支取现金的，应在银行汇票背面签章，记载本人身份证名称、号码及发证机关，交验本人身份证件及其复印件。

持票人超过提示付款期限未获得付款的，在票据权利时效内向出票银行作出说明，并提供本人身份证件或单位证明，可持银行汇票和解讫通知向出票银行请求付款。

（五）退款和丧失

申请人因银行汇票超过付款提示期限或其他原因要求退款时，应将银行汇票和解讫通知同时提交到出票银行。申请人为单位的，应出具该单位的证明；申请人为个人的，应出具本人的身份证件。申请人缺少解讫通知要求退款的，出票银行应于银行汇票提示付款期满1个月后办理。

银行汇票丧失，失票人可以凭人民法院出具的本人享有票据权利的证明，向出票银行请求付款或退款。填明"现金"字样和代理付款人的银行汇票丧失，可以由失票人通知付款人或代理付款人挂失止付；未填明"现金"字样和代理付款人的银行汇票丧失，不得挂失止付。

【做中学3-12】

为银行汇票客户签发银行汇票

操作步骤：

操作步骤分六个步骤。

第一步：提请客户填写银行汇票申请书。

申请人需要使用银行汇票时，应向银行填写提交"商业银行汇票申请书"。全国汇票机构受理银行汇票申请书的处理。

"商业银行汇票申请书"一式三联，申请人应在申请书第二联加盖其预留银行印鉴。

第二步：受理、审查资料。

营业柜台受理申请人提交的申请书时，应认真审查内容填写是否清晰；其签章是否为预留银行的签章；是否在申请书"备注"栏内注明"不得转让"字样。申请人以转账方式交付的，经办人以申请书第二联作借方记账凭证，第三联作贷方记账凭证，第一联加盖"转讫章"退还申请人。申请人以现金方式交付的，经办行应登记"现金收付清单"，并以第三联作贷方记账凭证，"现金收付清单"第二联、申请书第二联作附件。第一联加盖"现金讫章"后退还申请人。

第三步：银行汇票的签发。

签发银行汇票签发过程包括签发录入、签发复核、签发授权、汇票打印、汇票加押、出票等详细流程。

第四步：银行汇票的兑付与结清。

对于系统内签发的银行汇票，银行按照汇票审查、核押、发送借报的基本操作程序处理。

对于系统内签发的现金银行汇票，银行按照汇票审查、发送借报、支取现金的基本操作程序处理。

第五步：银行汇票退款。

（1）申请人退款的处理。由于汇票是由申请人自带凭证且账务通过"汇出汇款"科目处理，因此，汇票的退款应由出票行申请办理。

申请人由于汇票超过付款期限或其他原因申请办理退款时，除应向出票行交验公函或身份证件并说明退款原因之外，还应交回汇票和汇款解讫通知。出票行经与原留存的卡片核对无误后，在汇票和汇款解讫通知的实际结算金额大写栏填写"未用退回"字样，将款项转入"申请人存款"账户，在多余款收账通知上按原汇款金额填入多余金额栏，并加盖转讫章作为退款收账通知交给申请人。如果申请人由于汇票和解讫通知缺少一联，无法在代理付款行所在地办理结算时，也应备函向出票行说明原因，并将剩余一联交回，经出票行审查并于提示付款期满1个月后办理退款手续。

（2）持票人超过付款期限未获付款的处理。持票人超过付款期限未获付款的，在票据权利时效内请求付款时，应当向出票行说明原因，并提交汇票和解讫通知。持票人为个人的，还应交验本人有效身份证件。出票行经与原专夹保管的汇票卡片核对无误，并审核多余金额结计正确，即在汇票和解讫通知的备注栏填写"逾期付款"字样，办理付款手续，并一律通过"应解汇款"科目核算。

第六步：银行汇票挂失、解挂。

填明"现金"字样和兑付行的汇票丧失，失票人到兑付行或签发行挂失，并提交一式三联"挂失支付通知书"。

如须对银行汇票解挂，签发行柜员可使用"签发行汇票解挂"交易输入"汇票种类""汇票号码"调出汇票进行汇票解挂处理。交易成功后，汇票恢复为正常状态，并在汇票登记簿中登记"解挂行行号"和"解挂日期"。

任务四　银行本票业务操作

一、基本知识

（一）银行本票概念和种类

银行本票是申请人将款项交存银行，由银行签发的承诺自己在见票时无条件支付确定的金额给收款人或者持票人的票据。在我国，本票仅限于银行本票。

银行本票按照其金额是否固定可分为定额本票和不定额本票两种，根据《支付结算办法》的规定，定额本票的面额有 1 000 元、5 000 元、10 000 元、50 000 元四种。定额本票的式样如图 3－20 所示，不定额本票的式样，如图 3－21 所示。

定额本票

××银行本票存根 本票号码：IXV0000000 地名 收款人： 金额：壹万元整 用途：________ 科目(借)________ 对方科目(贷)________ 出票日期　　年　　月　　日 出纳　　复核　　经办	付款期限 ×个月 ××银行 本　票　　地名　　本票号码 出票日期 （大写）　　年　　月　　日 收款人： 壹万元整 凭票即付人民币 ￥10000 转账　　现金 出票行签章

图 3－20　定额本票的式样

不定额本票

××银行进账单（贷方凭证）

年　　月　　日　　　　　　　　第　　号

付款人	全　称		收款人	全　称											
	账　号			账　号											
	开户银行			开户银行											
人民币（大写）（现金）					千	百	十	万	千	百	十	元	角	分	
票据种类		科目(贷)________ 对方科目(借)________ 转账日期　　年　　月　　日 复核　　记账													
票据张数															
备注：															

此联由收款人开户银行作贷方凭证

（加注现金字样可提取现金）

图 3－21　不定额本票的式样

(二) 银行本票的使用范围

单位和个人在同一票据交换区域需要支付各种款项时，均可以使用银行本票，银行本票可以用于转账，注明"现金"字样的银行本票还可以用于支取现金，提取现金的银行本票的收款人和付款人均为个人。

(三) 银行本票的记载事项

签发银行本票必须记载下列事项：① 表明"银行本票"的字样。② 无条件支付的承诺。③ 确定的金额。④ 收款人名称。⑤ 出票日期。⑥ 出票人签章。欠缺记载上列事项之一的，银行本票无效。

(四) 银行本票的提示付款期限

银行本票的提示付款期限为自出票之日起最长不得超过两个月。持票人超过付款期限提示付款的，代理付款人不予受理。银行本票的代理付款人，是指代理出票人审核支付银行本票款项的银行。

(五) 银行本票结算的特点

(1) 使用方便。我国现行的银行本票使用方便、灵活。单位、个体经济户和个人不管其是否在银行开户，他们之间在同城范围内的所有商品交易、劳务供应以及其他款项的结算都可以使用银行本票。收款单位和个人持银行本票可以办理转账结算，也可以支取现金，同样也可以背书转让。银行本票见票即付，结算迅速。

(2) 信誉度高，支付能力强。银行本票是由银行签发，并于指定到期日由签发银行无条件支付，因而信誉度很高，一般不存在得不到正常支付的问题。其中，定额银行本票由中国人民银行发行，各国有商业银行代理签发，不存在票款得不到兑付的问题；不定额银行本票由各大国有商业银行签发，由于其资金力量雄厚，一般也不存在票款得不到兑付的问题。

二、银行本票的办理和使用要求

(一) 申请

申请人使用银行本票，应向银行填写"银行本票申请书"，填明收款人名称、申请人名称、支付金额、申请日期等事项并签章。申请人和收款人均为个人需要支取现金的，应在"支付金额栏先填写"现金"字样，后填写支付金额。申请人或收款人为单位的，不得申请签发银行本票，申请人应将银行本票交付给本票上记明的收款人。

(二) 签发并交付

出票银行受理银行本票申请书，收妥款项签发银行本票。用于转账的，在银行本票上划去"现金"字样；申请人和收款人均为个人需要支取现金的，在银行本票上划去"转账"字样。不定额银行本票用压数机压印出票金额，出票银行在银行本票上签章后交给申请人。

(三) 流通转让

申请人应将银行本票交付给本票上记明的收款人。收款人受理银行本票时，应审查下列事项：收款人是否确为本单位或本人；银行本票是否在提示付款期限内；必须记载的事项是否齐全；出票人签章是否符合规定，不定额银行本票是否有压数机压印的出票金额，并与大写出票金额一致；出票金额、出票日期、收款人名称是否更改，更改的其他记载事项是否由原记载人签章证明。

收款人可以将银行本票背书转让给被背书人,但注明"现金"字样的银行本票不得背书转让。被背书人受理银行本票时,除审查上述收款人应审查的事项外,还应审查:背书是否连续;背书人签章是否符合规定;背书使用粘单的是否按规定签章;背书人个人的身份证件。

(四) 提示付款

银行本票见票即付。在银行开立存款账户的持票人向开户银行提示付款时,应在银行本票背面"持票人向银行提示付款签章"处签章,签章须与预留银行签章相同。并将银行本票、进账单送交开户银行,银行审查无误后办理转账。

未在银行开立存款账户的个人持票人,持注明"现金"字样的银行本票向出票银行支取现金时,应在银行本票背面签章,记载本人有效身份证件名称、号码及发证机关,并交验本人身份证件及其复印件。

持票人超过提示付款期限未获付款的,在票据权利时效内向出票银行作出说明,并提供本人有效身份证件或单位证明,可持银行本票向出票银行请求付款。

(五) 退款和丧失

申请人因银行本票超过提示付款期限或其他原因要求退款时,应将银行本票提交到出票银行,申请人为单位的,应出具该单位的证明;申请人为个人的,应出具本人有效身份证件。出票银行对于在本行开立存款账户的申请人,只能将款项转入原申请人账户;对于现金银行本票和未在本行开立存款账户的申请人,才能退付现金。

银行本票丧失,失票人可以凭人民法院出具的其享有票据权利的证明,向出票银行请求付款或退款。

【做中学 3-13】

签发银行本票

操作步骤:

操作步骤分三步。

第一步:请客户填写银行本票申请书。

客户需要使用银行本票时,请客户填写并提交一式三联的"银行本票申请书"。

第二步:受理、审核资料。

(1) 本票签发机构受理申请人提交的一式三联本票申请书时,应认真审查。经审查无误后,方能受理其签发银行本票的申请。

(2) 转账交付的,出票行以申请书第二联作借方记账凭证,申请书第三联作贷方记账凭证,申请书第一联加盖"转讫章"后退申请人。现金交付的,经清点现金无误后,登记"现金收付清单",以申请书第三联作贷方记账凭证("现金交款单"、申请书第二联作贷方记账凭证附件)。申请书第一联加盖"现金讫章"退给申请人。

第三步:签发本票。

出票行在办理转账或收妥现金后,根据申请书第三联填写的内容,并按下列要求签发银行本票:

(1) 本票一式两联必须复写填制。

(2) 本票的出票日期和出票金额必须大写，填写错误的必须作废重填。

(3) 按照《支付结算办法》规定，用于转账的本票须在本票上划去"现金"字样，可以支取现金的本票，须在本票上划去"转账"字样。

(4) 申请书备注栏注明"不得转让"的，出票行应当在本票正面注明。

填写完毕，经复核无误后，在定额本票正联或不定额本票的第二联加盖本票专用章，并由经授权的经办人签章，签章必须清晰。定额本票正联退还申请人；不定额本票应使用压数机在本票"人民币（大写）"栏右端压印小写金额后退还申请人。定额本票存根联或不定额本票第一联加盖经办人名章后留存，用专夹保管。同时登记"开出本票登记簿""重要空白凭证登记簿""重要空白凭证使用情况登记簿""有价单证登记簿"，另填制表外科目付出凭证，登记表外科目明细账。

【做中学 3-14】
银行本票的付款与结清

操作步骤：

操作步骤分三步。

第一步：银行本票的付款。

银行本票的兑付有两种情况：一种是代理付款行代理出票行付款；另一种是出票行直接对本行签发的本票付款。银行本票的付款方式有两种：一种是以转账支付；另一种是以现金支付。

1. 代理付款行代理出票行付款

代理付款行接到在本行开立账户的持票人直接交来的本票和二联进账单，应认真审查如下内容：

(1) 本票是否是按统一规定印制的凭证，本票是否真实，提示付款期限是否超过。

(2) 本票填明的持票人是否在本行开户，持票人名称是否为该持票人，与进账单上的名称是否相符。

(3) 出票行签章是否符合规定，加盖的本票专用章是否与印模相符。

(4) 不定额本票是否有统一制作的压数机压印金额，与大写的出票金额是否一致。

(5) 本票必须记载事项是否齐全，出票金额、出票日期、收款人名称是否更改，其他记载事项的更改是否由原记载人签章证明。

(6) 持票人是否在本票背面"持票人向银行提示付款签章"处签章，背书转让的本票是否按规定的范围转让，其背书是否连续，签章是否符合规定，背书使用粘单的是否按规定在粘接处签章。

审查无误后，第二联进账单作为贷方凭证。第一联进账单加盖"转讫章"作为收账通知交给持票人。本票加盖"转讫章"，通过票据交换向出票行提出交换。

2. 出票行直接对本行签章的本票付款

出票行收到收款人交来的注明"现金"字样的本票时，抽出专夹保管的本票卡片存根，经核对相符，确属本行签发。同时，还必须认真审查本票上填写的申请人和收款人是否均为个人，审查收款人的身份证件，审查收款人在本票背面"持票人向银行提示付款签章"处是否签章和注明身份证件名称、号码及发证机关，并要求提交收款人身份证件复印件留存备查。

收款人委托他人向出票行提示付款的,必须查验收款人和被委托人的身份证件,查验在本票背面是否做委托收款背书,是否注明收款人和被委托人的身份证件名称、号码及发证机关,并要求提交收款人和被委托人身份证件复印件留存备查。

审核无误后,办理付款手续,本票作借方凭证,本票卡片或存根联作为附件。

第二步:银行本票的结清。

作为出票行,收到票据交换提入的本票(该本票系我网点签发,对方行已代为付款),抽出专夹保管的本票卡片或存根,经核对相符,确属本行出票后,本票作为借方凭证,本票卡片或存根作为附件,一起装订保管。

第三步:银行本票的退款。

申请人因本票超过提示付款期限或其他原因要求出票行退款时,应填制一式两联进账单连同本票交给出票行,并按照支付结算办法的规定提交证明或本人有效身份证件。出票行经与原专夹保管的本票第一联或存根核对无误,在本票上注明"未用退回"字样,以第二联进账单作贷方记账凭证(如退付现金,进账单第二联作借方记账凭证的附件),以本票作借方记账凭证(第一联或存根作为附件),同时销记"开出本票登记簿"。

任务五　银行卡业务操作

任务引例

赵女士是某商业银行贷记卡的持卡人,根据规定可享受的信用额度为10 000元,对账单日为每月1日,到期还款日为账单日后24天。赵女士于4月1日刷卡消费1 000元,4月2日刷卡消费2 000元。请帮助赵女士分析以上两笔消费的免息还款期分别是多少天?请对赵女士的两笔消费提出合理建议,并阐述贷记卡与借记卡的区别。

一、基本知识

(一) 银行卡的定义

银行卡是指由商业银行向社会发行的具有消费信用、转账结算、存取现金等全部或部分功能的信用支付电子工具。

银行卡的使用与推广是近代金融业最大的业务创新之一。它使得商品经济领域中充当一般等价物的特殊商品——货币,从实物货币、金属货币、纸质货币,进入一个更高级的电子货币时代。所谓电子货币,是指现代社会中,利用高科技手段,使电子计算机系统成为能够储存和处理金融业务的一种替代货币形态。

(二) 银行卡的分类

银行卡包括信用卡和借记卡。根据所使用的指标不同,主要有以下分类:

1. 依据银行卡结算的币种不同可以分为人民币卡和外币卡

(1) 人民币卡:以人民币为结算币种的银行卡。

(2) 外币卡:以外币为结算币种的银行卡。

2. 按使用对象的不同可以分为单位卡(商务卡)和个人卡

(1) 单位卡(商务卡)。单位卡是指以企业、机关、团体、部队、学校等法人组织的名义申请并由其来承担银行卡中的责任。在我国，凡在中华人民共和国境内金融机构开立基本存款账户的单位，可申领单位卡，单位卡可申领若干张，持卡人资格由申领单位法定代表人或其委托的代理人书面指定或注销。

(2) 个人卡。个人卡的发行对象则是个人。凡具有完全民事行为能力的公民可申领个人卡。个人卡的主卡持卡人可为其配偶及年满18周岁的亲属申领附属卡，附属卡最多不得超过两张，主卡持卡人有权要求注销其附属卡。

3. 按信息载体的不同可以分为磁性卡和芯片卡(IC卡)

(1) 磁性卡。磁性卡即表面贴有(或镶在内部)磁条纹码或磁带的银行卡。磁条或磁带中记载着持卡人的有关资料。

(2) 芯片卡。芯片卡(IC卡)又称智能卡，智能卡是采用高科技IC芯片制造技术产生的新一代银行卡，简称IC卡。由于嵌入在塑料基片中的IC芯片中含有中央处理器、存储器和操作系统，好似一台微型电脑，持卡人身份的认证、消费额度的授权、资料的加密和电子签章都可以独立完成，再加之IC芯片资料储存容量很大，能够详细记录授权额度和交易日志，只要不是超额消费，其在脱机情况下仍然可以使用，从而大大减少了联机或授权所带来的不便。

4. 按是否具有消费信贷(透支)功能可以分为信用卡和借记卡

(1) 借记卡。先存款后消费(或取现)，没有透支功能的银行卡。

(2) 信用卡。信用卡是持卡人可以在发卡银行给予的信用额度内透支的银行卡。

任务引例解析

4月1日消费，账单日即4月1日，最后还款日为4月25日，最后还款日之前全额还清，可以享受免息还款期待遇；4月2日消费，账单日即5月1日，最后还款日为5月25日，最后还款日之前全额还清，可以享受免息还款期待遇。建议在账单日后一天消费，享受的免息还款期时间最长。

(三) 银行卡账户及交易管理规定

(1) 个人申领银行卡(储值卡除外)，应当向发卡银行提供公安部门规定的本人有效身份证件，经发卡银行审查合格后，为其开立记名账户。凡在中国境内金融机构开立基本存款账户的单位，应当凭中国人民银行核发的开户许可证申领单位卡。银行卡及其账户只限经发卡银行批准的持卡人本人使用，不得出租和转借。

(2) 单位人民币卡账户上的资金一律从其基本存款账户转账存入，不得存取现金，不得将销货收入存入单位卡账户。

(3) 单位外币卡账户一的资金应从其单位的外汇账户转账存入，不得在境内存取外币现钞。其外汇账户应符合下列条件：

① 按照中国人民银行境内外汇账户管理的有关规定开立。

② 其外汇账户收支范围内具有相应的支付内容。

(4) 个人人民币卡账户上的资金以其持有的现金存入或以其工资性款项、属于个人的合法的劳务报酬、投资回报等收入转账存入。

（5）个人外币卡账户的资金以其个人持有的外币现钞存入或从其外汇账户（含外钞户）转账存入。该账户的转账及存款均按国家外汇管理局《个人外汇管理办法》办理。个人外币卡在境内提取外币现钞时，应按照我国个人外汇管理制度办理。

（6）除国家外汇管理局指定的范围和区域之外，外币卡原则上不得在境内办理外币计价结算。

（7）贷记卡持卡人非现金交易享受如下优惠条件：

① 免息还款期待遇。银行记账日至发卡银行规定的到期还款日之间为免息还款期。免息还款期最长为60天。持卡人在到期还款日前偿还所使用全部银行款项，即可享受免息还款期待遇，无须支付非现金交易的利息。

② 最低还款额待遇。持卡人在到期还款日前偿还所使用全部银行款项有困难的，可按照发卡银行规定的最低还款额还款。

贷记卡持卡人选择最低还款额方式，或超过发卡银行批准的信用额度用卡时，不再享受免息还款期待遇，应当支付未偿还部分，自银行记账日起，按规定利率计算的透支利息。

贷记卡持卡人支取现金、准贷记卡透支的，不享受免息还款期和最低还款额待遇，应当支付现金交易额或透支额，自银行记账日起，按规定利率计算的透支利息。

（8）持卡人在还清全部交易款项、透支本息和有关费用后，可申请办理销户。销户时，单位人民币卡账户的资金应当转入其基本存款账户，单位外币卡账户的资金应当转回相应的外汇账户，不得提取现金。

（9）单位人民币卡可办理商品交易和劳务供应款项的结算，但不得透支。超过中国人民银行规定起点的，应当经中国人民银行当地分行办理转汇。

（10）发卡银行对持卡人的取现设定取款限额。贷记卡持卡人在ATM上的每卡每日累计取款不超过10 000元。借记卡持卡人在ATM上的每卡每日累计取款不超过20 000元。

（11）发卡银行依据密码等电子信息，为持卡人办理的存取款、转账结算等各类交易所产生的电子信息记录，均为该项交易的有效凭据。发卡银行可凭交易明细记录或清单作为记账凭证。银行卡通过联网的各类终端交易的原始单据至少保留两年备查。

【知识链接3-1】

银行卡风险

银行卡风险是指发卡银行、取现网点、特约商户及持卡人在发卡、受理银行卡及使用银行卡等环节上出现的，因非正常情况而造成经济损失的可能性。主要有以下几种形式：

1. 外部欺诈风险

外部欺诈风险是指不法分子利用各种欺诈的方法骗取资金，造成持卡人或发卡行资金损失的风险。在各类银行卡风险中，外部欺诈风险是目前最严重、危害最大的一类风险。主要有以下几个方面：

（1）不法分子仿照发卡行的银行卡样板及有关技术数据非法制造银行卡，或拾得、窃取他人银行卡后，冒充合法持卡人名义进行使用的违法行为。

（2）欺诈分子把读卡的电子仪器安装在ATM机上面，读取并存储银行卡磁条上的信息并根据该信息复制、伪造卡片，同时，欺诈分子利用安置在ATM机上的微型摄像机拍摄下用户输入的密码进行欺诈，盗取持卡人资金。

(3) 通过盗取银行卡相关信息在网上购物时进行欺诈。

2. 发卡机构内部风险

发卡机构内部风险是指发卡机构的内部工作人员违规操作或利用职务便利,钻管理漏洞,与不法分子相勾结、串通作案,造成发卡行资金损失的风险。主要有以下几个方面:

(1) 违规操作,未按规定严格审核申请资料。

(2) 为追求高额利润违规经营,搞协议透支。

(3) 内部管理松懈,工作人员内部作案。主要表现为内部勾结、越权超限额授权、删除或修改授权记录;更改凭证、电脑资料等进行诈骗;向不法分子提供有效资料;偷窃或盗取银行卡及密码等。

3. 信用卡恶意透支风险

信用卡恶意透支风险是指不法分子利用信用卡能消费信贷透支这一功能,以非法占有为目的,超过规定限额或规定期限透支,并且经发卡行催收仍不归还,造成发卡行的损失。主要有以下几个方面:

(1) 突然连续多次在授权限额下取现或消费,对同一笔交易利用分单、差额付现等方式逃避授权,进行透支。

(2) 无视发卡机构的各类催讨通知,拒不偿还透支款。

4. 虚假申请风险

虚假申请风险是指不法分子取得的真实身份,或以手续完备的伪造身份提出虚假申请,向发卡行骗领信用卡的行为。主要有以下几个方面:

(1) 冒用他人资料向发卡行申请信用卡。

(2) 申请人、担保人的身份证件系伪造,填写的申请人职业资料、收入证明资料、担保资料等虚假。

(3) 个人私自使用合法单位的资料向发卡行申请信用卡。

5. 特约商户风险

特约商户风险是指不法商户或商户的工作人员违章操作、非法交易,造成发卡机构或持卡人资金损失的风险。主要有以下几个方面:

(1) 商户窃取持卡人磁条后,非法出售持卡人资料。

(2) 帮助持卡人套取现金,经常受理持卡人限额下交易或大额交易分单压印,逃避授权。

(3) 商户经办人员不认真审核银行卡的有效性,误受或故意受理黑名单卡、伪造卡或冒用卡等。

(4) 持卡人在签购单上签名后,商户擅自更改消费金额或强迫持卡人签署巨额消费单据。

【知识链接 3-2】

银行卡的风险管理方法

1. 发卡银行风险防范

银行卡风险管理是指银行卡发行机构在经营管理中,对可能发生的风险采取的预防措施,及在风险发生后采取的补救措施。主要包括:制定银行卡的各类规章制度,特别是制定与风险管理相关的规章制度;制定各个业务环节的操作程序,规范各个业务岗位的权限与职责,与司法部门合作、防范和打击银行卡犯罪、追收欠款、处理各类纠纷等。

(1) 发卡银行应当认真审查信用卡申请人的资信状况,根据申请人的资信状况确定有效担保及担保方式。发卡银行应当对信用卡持有人的资信状况进行定期复查,并应当根据资信状况的变化调整其信用额度。

(2) 发卡银行应当建立授权审批制度,明确不同级别内部工作人员的授权权限。

(3) 发卡银行应当加强对止付名单的管理,及时接收和发送止付名单。

(4) 通过借记卡办理的各项代理业务,发卡行不得为持卡人或委托单位垫付资金。

(5) 发卡银行应当遵守下列信用卡业务风险控制指标:同一持卡人单笔透支发生额,个人卡不得超过2万元(含等值外币)、单位卡不得超过5万元(含等值外币);同一账户月透支余额,个人卡不得超过5万元(含等值外币),单位卡不得超过发卡银行对该单位综合授信额度的3%。无综合授信额度可参照的单位,其透支余额不得超过10万元(含等值外币);外币卡的透支额度不得超过持卡人保证金(含储蓄存单质押金额)的80%;新发生的180天(含180天)以上的月均透支余额不得超过月均总透支余额的15%。

(6) 发卡银行通过下列途径追偿透支款项和诈骗款项:扣减持卡人保证金、依法处理抵押物和质押物;向保证人追索透支款项;通过司法机关的诉讼程序进行追偿。

2. 持卡人的风险防范

(1) 持卡人在银行卡丢失或被盗时,或在可疑的交易发生时,及时通知发卡银行。

(2) 持卡人在进行密码设置时,不要使用与用户本人密切相关的数字,如生日、电话号码等,不要写下密码,不要告诉任何人密码,即使他人自称是发卡银行代表。

(3) 持卡人在使用ATM机时,应尽量挑选银行的自助设备,或者选择繁华地区、商业机构内部等位置的设备,同时观察ATM机周围是否有可疑人士,避免让他人观察到输入的密码或盗取持卡人其他信息。

(4) 持卡人在使用银行卡进行交易时,不要让卡离开视线之外,以避免他人盗取卡上的信息,且不要随便扔掉交易的单据。

(5) 持卡人要把重要的个人文件、身份证件、银行卡对账单等放在安全的地方,并且不要放在一块。

(6) 持卡人如进行网上交易,不要在网吧输入密码。在网上发送银行卡的相关信息前,查验网络浏览器右下角的安全标记,还要尽量把浏览器的安全级别设置为最高安全状态。

任务引例

(1) A企业某会计人员于2020年11月在其开户银行B银行为单位开立了一个单位人民币借记卡账户,并从基本账户转入款项100万元。2020年12月3日,异地C企业业务人员随身携带现金4万元来与A企业洽谈生意。洽谈结束后,C企业按照洽谈意见,需要预付货款5万元。C企业业务人员交付携带的4万元现金后,A企业授意其将剩余的1万元从C企业的异地账户直接汇入A企业银行卡账户。2020年12月10日,A企业银行卡中收到C企业的1万元预付货款,同日,A企业会计人员到开户银行B将银行卡账户中的2万元转入该企业总经理在D银行开立的个人银行卡账户。以上做法中,哪些违反了信用卡业务管理的有关规定?

(2) 甲公司向乙公司购买一批货物,于 8 月 20 日签发一张转账支票给乙公司用于支付货款,但甲公司在支票上未记载收款人名称,约定由乙公司自行填写,乙公司取得支票后,在支票收款人处填写上乙公司名称,并于 8 月 26 日将该支票背书转让给丙公司。丙公司于 9 月 1 日向付款银行提示付款。甲公司在付款银行的存款足以支付支票金额。要求:根据上述情况和《中华人民共和国票据法》(以下简称《票据法》)的有关规定,回答下列问题:公司签发的未记载收款人名称的支票是否有效?并说明理由。甲公司签发的支票能否向付款银行支取现金?并说明理由。付款银行能否拒绝向丙公司付款?请说明理由。

二、借记卡业务操作

(一) 借记卡的种类

借记卡不具备透支功能。按功能不同分为转账卡(含储蓄卡)、专用卡、储值卡。

【做中学 3-15】

借记卡开卡

2020 年 3 月 5 日,为了方便存取款,客户刘文倩女士携带普通存折到银行开立借记卡,并从普通存折活期账户上转入 1 500 元作为开户金额。

操作步骤:

借记卡开卡操作步骤如图 3-22 所示。

(一)

(二)

图 3-22 借记卡开卡

（1）转账卡是指实时扣账的借记卡。具有转账结算、存取现金和消费功能。

（2）专用卡是指具有专门用途、在特定区域使用的借记卡。具有转账结算、存取现金功能。专门用途是指在百货、餐饮、饭店、娱乐行业以外的用途。

（3）储值卡是指发卡银行根据持卡人要求将其资金转至卡内储存。交易时直接从卡内扣款的预付钱包式借记卡。

（二）借记卡的功能

（1）综合账户功能。大部分银行发行的借记卡都可以一卡多账户、一卡多币种，即不仅可以办理活期存款，还可以直接存入各种存期的定期存款；不仅可以存入本币，还可以存入港币、英镑、欧元、加拿大元、日元等外币，以方便集中管理资金。

（2）通存通兑功能。持卡人可在发卡行网点、发卡行和其他行张贴有"银联"标识字样的自动柜员机上办理存款、取款、异地存取款业务，异地存款可实现资金实时到账。通过网点、网上银行还能向其他行客户账户内转账。

（3）商户消费功能。持卡人可在发卡行特约商户及任何一台张贴有"银联"标识字样的POS机上办理消费结算。

（4）代收代付功能。持卡人个人或单位在委托发卡行并签订相关协议后，可利用借记卡代发工资（劳务费），代收各类公益事业费，代收保费等。或到发卡行网点申请注册缴费通业务，指定缴费日期，每月自动缴纳电话费和手机费等费用。

（5）理财服务功能。持卡人可就卡中存款办理约定定期或活期的自动互转，从而使持卡人的资金收益实现最大化。可以把借记卡作为贷款、还款、放款账户，办理各种贷款业务。可以用借记卡办理基金、外汇买卖、股票、国债、保险、黄金等各类投资理财业务。

【做中学 3-16】

凭证出库——借记卡

2020年1月15日，将借记卡20张，出库到柜员个人钱箱。

操作步骤：

凭证出库——借记卡操作步骤如图3-23所示。

图3-23 凭证出库——借记卡

【做中学3-17】

新建个人客户信息及借记卡活期账户开户

(1) 2020年1月15日,客户周华伟先生携身份证首次来银行办理储蓄业务,柜员为其开设了一个普通客户号。

身份证号码:44030619××××××9034

地址:深圳市南山区南海大道麒麟花园××××号

手机号码:1352556××××

电话:0755－8369××××

邮政编码:518052

(2) 2020年2月5日,周华伟先生向银行申请借记卡一张,开户金额:5 630元,柜员为其办理借记卡开卡业务(借记卡活期账户)。

操作步骤:

操作步骤分为两步。

第一步,新建个人客户信息,如图3-24所示。

第二步,借记卡开卡,如图3-25所示。

(一)

(二)

图3-24 新建个人客户信息

图 3-25 借记卡开卡

三、信用卡业务操作

(一) 信用卡的分类

信用卡按使用对象分为单位卡和个人卡;按信用等级分为金卡和普通卡;按是否向发卡银行交存备用金可分为贷记卡和准贷记卡。

【做中学 3-18】

新建个人客户信息

2020年1月5日,客户陈宏源先生携身份证首次来我行办理储蓄业务,柜员为其开设一个普通客户号。

身份证号码:44140519××××××9852

地址:深圳市宝安区西乡大道×××号

手机号码:1352659××××

电话:0755—8369××××

邮政编码:518057

操作步骤:

新建个人客户信息,操作步骤如图 3-26 所示。

(一)

(二)

图3-26　新建个人客户信息

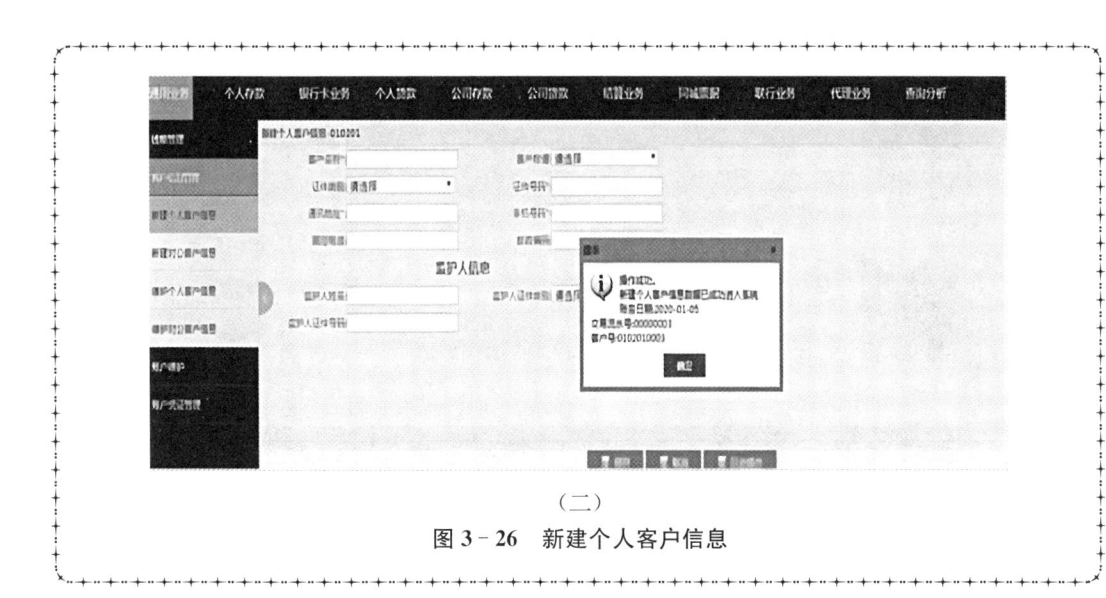

（1）贷记卡是指发卡银行给予持卡人一定的信用额度，持卡人可以在信用额度内先消费后还款的信用卡。它具有先消费，后还款，享有一定的免息期，但存款无利息等特点。

（2）准贷记卡是指持卡人须先按发卡银行要求，交存一定金额的备用金，当备用金账户余额不足支付时，可在发卡银行规定的信用额度内透支的信用卡。准贷记卡是一种存款有息，刷卡以人民币结算的单币种账户信用卡。当刷卡消费、取现账户存款余额不足支付时，持卡人可以在规定的有限信用额度内透支消费、取现，并收取一定的利息，但不存在一定的免息还款期。

（二）信用卡的功能

（1）消费结算。持卡人可以在境内带有"银联"受理标志的特约商户、信用卡特约商户或境外VISA、万事达卡特约商户消费。

（2）取现。持卡人可在境内带有"银联"受理标志的ATM机上或者所属银行的营业网点提取现金，在境外带有VISA、万事达卡受理标识的取现网点或ATM机上提取当地币种现钞。

（3）转账。持卡人可向其指定账户转账、自行办理缴费业务或委托银行办理指定的代扣代缴业务。

【做中学3-19】

信用卡开户

2020年7月3日，本行客户陈宏源先生申请了一张信用卡，现携身份证来我行办理信用卡激活，柜员为陈宏源先生办理信用卡激活业务。

操作步骤：

信用卡开户之前，客户应在本行设有活期存款账户，以便开信用卡时，将该活期存款账户与信用卡设成关联还款账户。

具体操作包括：录入信用卡号、关联还款账号、证件号码、交易密码、重复交易密码、取现密码、重复取现密码、预借现金额度、POS消费额度，选择证件类型。

信用卡开户操作步骤如图3-27所示。

(一)

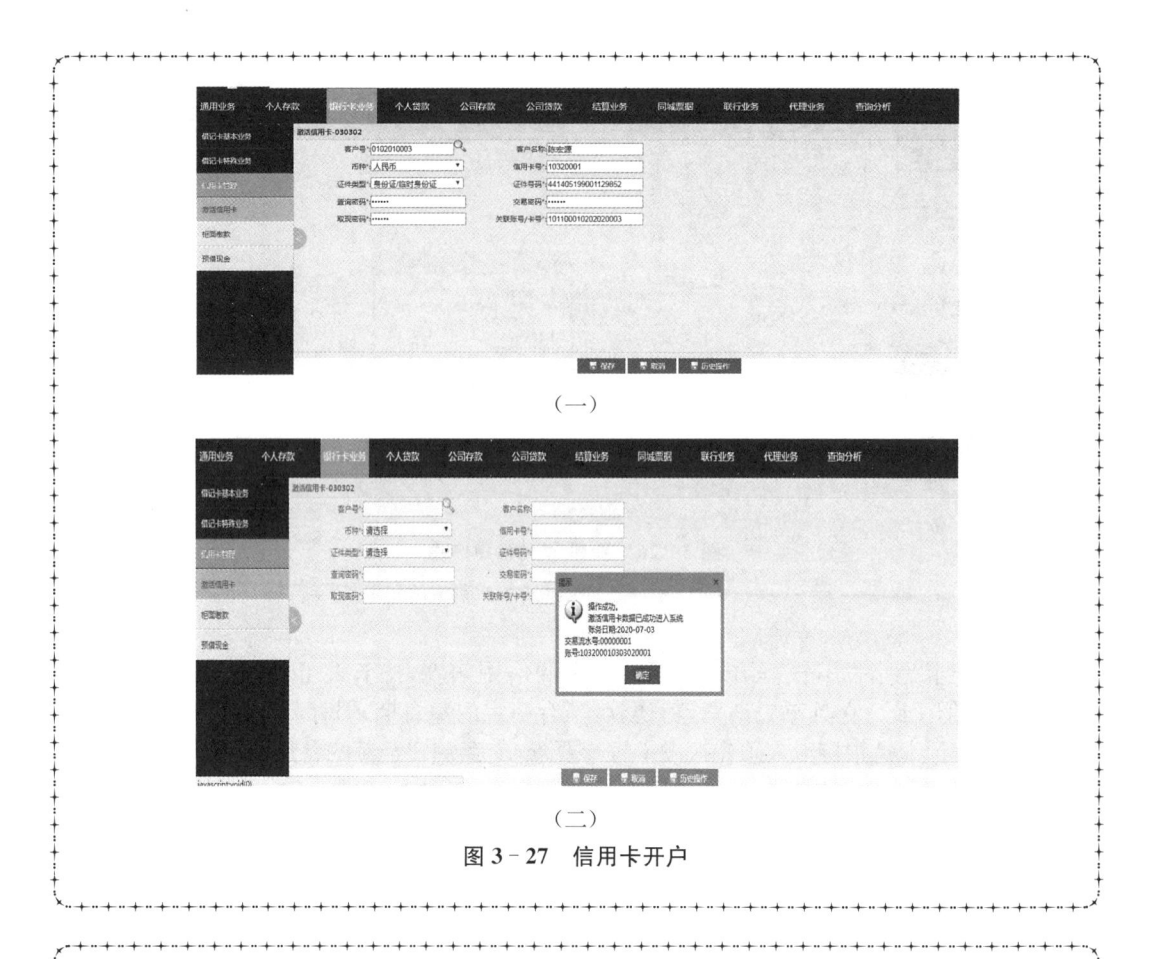

(二)

图 3-27 信用卡开户

【做中学 3-20】

信用卡取现

2020年7月5日,信用卡客户陈宏源先生到柜台办理信用卡预借现金4 600元,柜员为其办理信用卡取现业务。

操作步骤:

录入信用卡号、交易金额、取款密码和摘要,选择货币。

信用卡取现如图 3-28 所示。

图 3-28 信用卡取现

【做中学 3-21】

柜 面 缴 款

2020年7月25日,陈宏源先生将信用卡预借现金及利息4 646元还款(计息天数20天),陈宏源先生到柜台办理柜面缴款业务。

操作步骤:

银行信用卡取现按照从取现当天开始,每天计收万分之五的利息,按月计收复利的方式来算利息。

信用卡柜面缴款如图3-29所示。

图3-29 信用卡柜面缴款

任务引例解析

(1) 单位的销货收入不得转入单位银行卡账户。单位人民币卡账户的资金一律从其基本存款账户转账存入,不得存取现金,不得将销货收入存入单位卡账户。案例中,预付款是C企业总货款的一部分,是A企业尚未实现的销售收入,销售收入实现后,这1万元将成为其中的一部分。C企业将1万元预付货款从其账户中汇入A企业银行卡中,违背了上述规定。

单位的银行卡资金不得转入个人银行账户。个人人民币卡账户的资金以其持有的现金存入,或以其工资性款项、属于个人的合法的劳务报酬、投资回报等收入转账存入。严禁将单位的款项存入个人卡账户。案例中,A企业会计人员将A企业银行卡账户中的2万元转入该企业总经理在D银行开立的个人银行卡账户,属于公款私存,应按规定追究其责任。B银行工作人员对明知的公款私存行为没有认真审查,属于失职行为,也应追究有关责任。

(2) 支票有效。根据《票据法》的规定,支票的收款人名称,可以由出票人授权补记。不能支取现金。根据《票据法》的规定,转账支票只能用于转账,不能用于支取现金。银行可以拒绝付款。根据《票据法》的规定,支票的提示付款期限为自出票之日起10日。在本案中,丙公司于9月1日向银行提示付款,已经超过了提示付款期限,故银行可以拒绝付款。

任务六　委托收款业务操作

> **任务引例**
>
> 甲、乙公司签订买卖合同,双方约定采用托收承付、验单付款结算方式。2020年4月1日,付款人开户银行向付款人甲公司发出承付通知,甲公司于4月3日收到承付通知。根据《支付结算办法》的规定,如不考虑法定节假日因素,甲公司承付期满日为哪天?

一、基本知识

(一)委托收款的含义

委托收款是指收款人委托银行向付款人收取款项的结算方式,该结算方式中有关结算款项划回的方式,分为邮寄和电报两种,由收款人选用。单位和个人凭已承兑商业汇票、债券、存单等付款人债务证明办理款项的结算,均可以使用委托收款结算方式。委托收款在同城、异地均可以使用。

(二)委托收款的记载事项

标明"委托收款"的字样;确定的金额;付款人的名称;收款人的名称;委托收款凭证名称及附寄单证张数;委托日期;收款人签章。

委托收款人以银行以外的单位为付款人的,委托收款凭证必须记载付款人银行名称。

(三)委托收款办理方法

委托:收款人办理委托收款,应向银行提交委托收款凭证和有关的债务证明。

付款:银行接到寄来的委托收款凭证及债务证明,审查无误后,办理付款。以银行为付款人的,银行应在当日将款项主动支付给收款人;以单位为付款人的,银行通知付款人后,付款人应于接到通知当日书面通知银行付款。

银行在办理划款时,付款人存款账户不能足额支付的,应通知被委托银行向收款人发出未付款项通知书。按照有关办法规定,债务证明留存付款人开户银行的,应将其债务证明连同未付款项通知书一起邮寄给被委托银行,转交收款人。

(四)委托收款使用中的注意事项

(1)付款人审查有关债务证明后,对收款人委托收取的款项有权提出拒绝付款。

(2)收款人收取公用事业费,必须具有收付双方事先签订的经济合同,由付款人向开户银行授权,并经开户银行同意,报经中国人民银行当地分支行批准,可以使用同城特约委托收款。

二、委托收款的操作流程

(一)签发

签发委托收款凭证必须记载下列事项:

① 表明"委托收款"的字样。

② 确定的金额。

③ 付款人名称。
④ 收款人名称。
⑤ 委托收款凭据名称及附寄单证张数。
⑥ 委托日期。
⑦ 收款人签章。

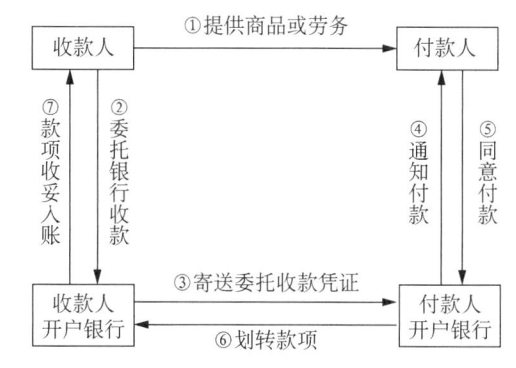

```
    收款人 ──①提供商品或劳务──→ 付款人
      ↑ ↓                          ↑ ↑
    ⑦ ②                          ④ ⑤
    款 委                          通 同
    项 托                          知 意
    收 银                          付 付
    妥 行                          款 款
    入 收
    账 款
      ↓ ↑                          ↓ ↑
    收款人 ←──③寄送委托收款凭证── 付款人
    开户银行 ──⑥划转款项────→ 开户银行
```

图 3-30 委托收款流程

委托收款以银行以外的单位为付款人的,委托收款凭证必须记载付款人开户银行名称;以银行以外的单位或在银行开立存款账户的个人为收款人的,委托收款凭证必须记载收款人开户银行名称;以未在银行开立存款账户的个人为收款人的,委托收款凭证必须记载被委托银行名称。欠缺记载上列事项之一的,银行不予受理。委托收款流程如图 3-30 所示。

(二) 委托

委托是指收款人办理委托收款应向银行提交委托收款凭证和有关债务证明,并办理委托收款手续的行为。

(三) 付款

付款即银行接到寄来的委托收款凭证及债务证明,经审查无误办理付款的行为。

以银行为付款人的,银行应在当日将款项主动支付给收款人;以单位为付款人的,银行应及时通知付款人,按照有关办法规定,需要将有关债务证明交给付款人的,应交给付款人,并签收。银行在办理划款时,付款人存款账户不足以支付的,应通过被委托银行向收款人发出未付款项通知书。按照有关办法规定,债务证明留存付款人开户银行的,应将其债务证明连同未付款项通知书一起邮寄给被委托银行,转交收款人。

(四) 拒绝付款

付款人审查有关债务证明后,对收款人委托收取的款项需要拒绝付款的,可以办理拒绝付款。以银行为付款人的,应自收到委托收款及债务证明的次日起 3 日内,出具拒绝证明连同有关债务证明、凭证寄给被委托银行,转交收款人;以单位为付款人的,应在付款人接到通知日的次日起 3 日内,出具拒绝证明,持有债务证明的,应将其送交开户银行。银行将拒绝证明、债务证明和有关凭证一并寄给被委托银行,转交收款人。

项 目 小 结

结算业务处理内容结构如图 3-31 所示。

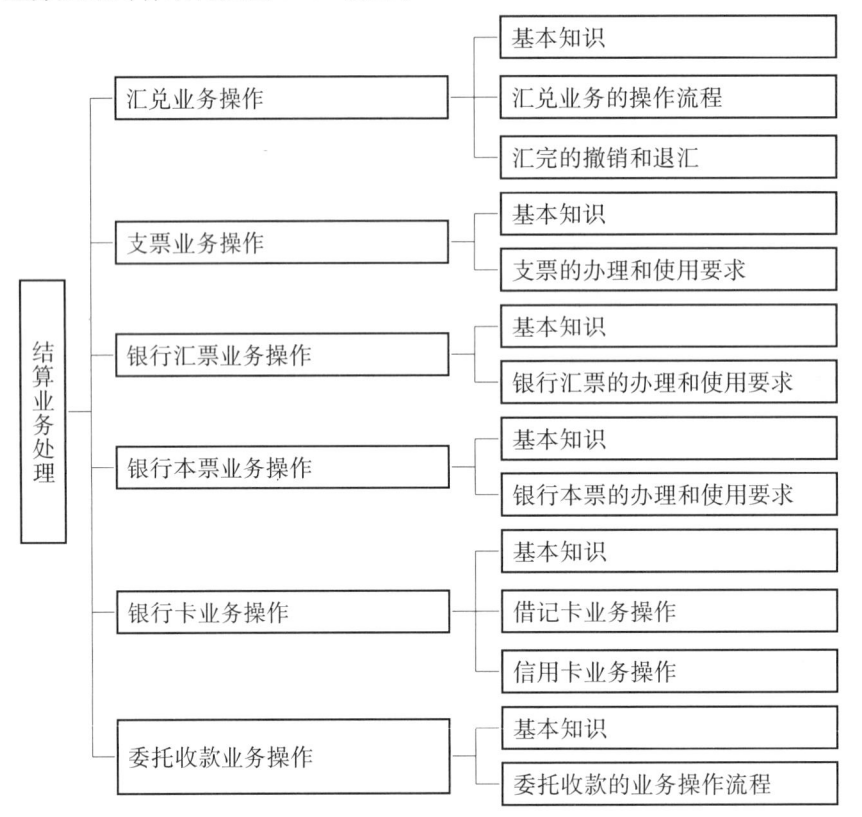

```
结算业务处理
├── 汇兑业务操作
│   ├── 基本知识
│   ├── 汇兑业务的操作流程
│   └── 汇完的撤销和退汇
├── 支票业务操作
│   ├── 基本知识
│   └── 支票的办理和使用要求
├── 银行汇票业务操作
│   ├── 基本知识
│   └── 银行汇票的办理和使用要求
├── 银行本票业务操作
│   ├── 基本知识
│   └── 银行本票的办理和使用要求
├── 银行卡业务操作
│   ├── 基本知识
│   ├── 借记卡业务操作
│   └── 信用卡业务操作
└── 委托收款业务操作
    ├── 基本知识
    └── 委托收款的业务操作流程
```

图 3-31 结算业务处理内容结构图

项目四 代理业务处理

【职业能力目标】
1. 熟悉银行代理业务的内涵和种类。
2. 理解银行代收代付业务的主要工作内容和基本程序。
3. 掌握代理证券业务操作的主要工作内容和基本程序。
4. 掌握代理保险业务操作的主要工作内容和基本程序。

【典型工作任务】
1. 商业银行代收通信类产品、物业管理类产品费用,代理社会保障、税收、行政事业收费业务。
2. 商业银行代发工资业务。
3. 商业银行代理有价证券的发行、兑付与经纪业务。
4. 商业银行代理券商法人资金清算业务。
5. 商业银行代理银证转账业务。
6. 商业银行代理财产保险和人身保险业务。

任务一 代收代付业务操作

商业银行代理收付业务是指商业银行利用自身网点、人员、技术、汇兑和网络等优势,接受行政管理部门、社会团体、企事业单位和个人委托,代为办理指定范围内的收付款项的服务性中间业务。代收业务常与代付业务相统一,形成常见的代收代付业务或代扣代缴业务。

文本:商业银行中间业务暂行规定

一、基本知识

（一）商业银行代收代付业务的基本原则

1. 明确代收代付业务金额的使用方向

客户要求商业银行代理收付时，必须向商业银行提出申请，并明确代理收付款项的金额、用途和代理形式。

2. 签订收付款项的代理合同

商业银行为客户代理收付款项时，要签订经济合同或代理协议，明确责任，避免经济纠纷。

3. 坚持互惠互利原则

商业银行为客户代理收付款时，要坚持互惠互利原则，根据具体情况，按照规定收取合理的手续费。

4. 以国家的相关法规为业务依据

商业银行为客户代收代付款项时，要遵守国家有关法律和政策规定，遵守商业银行的结算原则。

5. 银行不垫款

商业银行为客户代收代付款项时，对付款方不能按时缴纳款项的，商业银行不负任何责任，要坚持银行不垫款原则，但有义务向客户提供真实情况。

（二）商业银行开展代收代付业务的意义

随着金融业的不断创新，商业银行的竞争从传统领域过渡到了新型领域，商业银行的经营结构和收入结构将出现根本性的调整。因此，大力有效地发展商业银行的代收代付业务，对调整商业银行的经营环境、开创新的利润增长点等都具有重大的现实意义。

1. 有利于商业银行吸收大量低成本资金，优化商业银行的负债结构

要改变商业银行组织资金成本高、费用大的现状，必须采用各种有效措施，发挥电子计算机和网络普及的优势，发展中间业务，特别是代收代付业务，重点突破系统性、行业性黄金客户是组织低成本存款、优化负债结构、降低经营成本的有效途径。

2. 有利于商业银行开辟新的利润增长点，提高商业银行的经营效益

随着利率市场化改革的深化，存贷利差越来越小。开展代收代付业务，具有投入少、风险小、盈利较高的特点，并且许多代收代付业务可以直接增加银行的非利息收入，具有较大的发展潜力。

3. 有利于商业银行分流相对过剩的员工，提高商业银行的劳动生产率

随着我国商业银行经营体制的改革，人员分流、相对过剩已成为改革发展中的一个现实问题。发展代收代付业务，加强市场营销人员队伍建设，是优化分流过剩员工、提高劳动生产率的重要手段。

4. 有利于商业银行完善服务功能，加快与国际市场接轨，提高商业银行的综合竞争力

通过发展代收代付业务，增强商业银行多功能、全方位的金融服务功能，不断提高市场份额。

（三）商业银行代收代付业务发展的趋势

代收代付业务是我国商业银行开展较早、较为普及的中间业务，具有自发性、分散性、初

始性和低效益性的特点。随着客户服务要求的提高,商业银行服务功能的健全,代收代付业务的发展将呈现以下趋势:

1. 代收代付业务由劳动密集型向技术密集型转变

目前,我国商业银行的代收代付业务基本处于大量手工操作的劳动密集型阶段。今后,随着业务的发展和技术含量的增加,一卡通、一本通、一网通、电话银行、自助银行将成为代收代付业务的主要工具,必将带动代收代付业务由劳动密集型向技术密集型的转变。

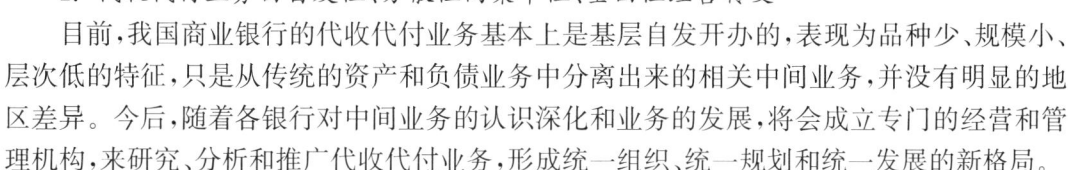

2. 代收代付业务由自发性、分散性向集中性、全面性经营转变

目前,我国商业银行的代收代付业务基本上是基层自发开办的,表现为品种少、规模小、层次低的特征,只是从传统的资产和负债业务中分离出来的相关中间业务,并没有明显的地区差异。今后,随着各银行对中间业务的认识深化和业务的发展,将会成立专门的经营和管理机构,来研究、分析和推广代收代付业务,形成统一组织、统一规划和统一发展的新格局。

思政课堂:工银e企付

【知识链接4-1】

中国利率市场化进程回顾

1993年:国务院《关于金融体制改革的决定》提出,"各类利率要反映期限、成本、风险的区别,保持合理利差;逐步形成以中央银行利率为基础的市场利率体系。"

1996年:1996年6月1日,中国人民银行(以下简称央行)放开了银行间同业拆借利率,此举被视为利率市场化的突破口。

1997年:1997年6月银行间债券回购利率放开。1998年8月,国家开发银行在银行间债券市场首次进行了市场化发债。1999年10月,国债发行也开始采用市场招标形式,从而实现了银行间市场利率、国债和政策性金融债发行利率的市场化。

1998年:央行改革了贴现利率生成机制,贴现利率和转贴现利率在再贴现利率的基础上加点生成,在不超过同期贷款利率(含浮动利率)的前提下由商业银行自定。

1998年、1999年:央行连续三次扩大金融机构贷款利率浮动幅度。央行行长周小川在文章《关于推进利率市场化改革的若干思考》中坦承,2003年之前,银行定价权浮动范围只限30%以内。

1999年:1999年10月,央行批准中资商业银行法人对中资保险公司法人试办由双方协商确定利率的大额定期存款(最低起存金额3 000万元,期限在5年以上不含5年),进行了存款利率改革的初步尝试。2003年11月,商业银行农村信用社可以开办邮政储蓄协议存款(最低起存金额3 000万元,期限降为3年以上不含3年)。

2000年:2000年9月,放开外币贷款利率和300万美元(含300万)以上的大额外币存款利率,300万美元以下的小额外币存款利率仍由央行统一管理。2002年3月,央行统一了中、外资金融机构外币利率管理政策,实现中外资金融机构在外币利率政策上的公平待遇。2003年7月,央行放开了英镑、瑞士法郎和加拿大元的外币小额存款利率的管理,由商业银行自主确定。2003年11月,央行对美元、日圆、港币、欧元小额存款利率实行上限管理。

2004年:2004年1月1日,央行再次扩大金融机构贷款利率浮动区间。商业银行、城市信用社贷款利率浮动区间扩大到[0.9,1.7],农村信用社贷款利率浮动区间扩大到[0.9,2],贷款利率浮动区间不再根据企业所有制性质、规模大小分别制定。扩大商业银行自主定价权,提高贷款利率市场化程度,企业贷款利率最高上浮幅度扩大到70%,下浮幅度保持10%不变。2004年10月,贷款上浮取消封顶,下浮的幅度为基准利率的0.9倍,还没有完全放开。与此同时,央行允许银行的存款利率都可以下浮,下不设底。

2006年:2006年8月,贷款利率浮动范围扩大至基准利率的0.85倍。2008年5月汶川特大地震发生后,为支持灾后重建,央行于当年10月进一步提升了金融机构住房抵押贷款的自主定价权,将商业性个人住房贷款利率下限扩大到基准利率的0.7倍。2012年6月,央行进一步扩大利率浮动区间。存款利率浮动区间的上限调整为基准利率的1.1倍,贷款利率浮动区间的下限调整为基准利率的0.8倍。同年7月,央行再次将贷款利率浮动区间的下限调整为基准利率的0.7倍。

2013年:2013年7月,进一步推进利率市场化改革,自2013年7月20日起全面放开金融机构贷款利率管制,央行将取消金融机构贷款利率0.7倍的下限,由金融机构根据商业原则自主确定贷款利率水平;并取消票据贴现利率管制,改变贴现利率在再贴现利率基础上加点确定的方式,由金融机构自主确定。下一步,将进一步完善存款利率市场化所需要的各项基础条件,稳妥有序地推进存款利率市场化。

2014年:2014年11月,结合推进利率市场化改革,存款利率浮动区间的上限调整至基准利率的1.2倍。一年期贷款基准利率下调0.4个百分点至5.6%;一年期存款基准利率下调0.25个百分点至2.75%,并对基准利率期限档次作适当简并。

2015年:2015年3月1日起,金融机构一年期存贷款基准利率各下调0.25个百分点,同时存款利率浮动区间的上限扩大至1.3倍。5月10日起,金融机构一年期存贷款基准利率各下调0.25个百分点,存款利率浮动区间的上限扩大至1.5倍。6月28日起,一年期贷款基准利率下调0.25个百分点至4.85%;一年期存款基准利率下调0.25个百分点至2%。其他各档次贷款及存款基准利率、个人住房公积金存贷款利率也相应调整。8月26日起,金融机构一年期贷款基准利率下调0.25个百分点至4.6%;一年期存款基准利率下调0.25个百分点至1.75%。10月24日起,金融机构一年期贷款基准利率下调0.25个百分点至4.35%;一年期存款基准利率下调0.25个百分点至1.5%。

2016年:2016年2月21日起,将职工住房公积金账户存款利率,由按照归集时间执行活期、三个月存款基准利率,调整为统一按一年期定期存款基准利率执行。2016年的第三季度货币政策执行报告中指出,DR007(存款类机构质押式回购利率)能够更好地反映银行体系流动性松紧状况,对于培育市场基准利率有积极作用,促进市场形成以DR007为基准利率的预期。

2017年:2017年央行发布《中国人民银行自动质押融资业务管理办法》,明确自动质押融资利率统一为SLF(常备借贷便利)隔夜利率,在加强流动性管理的同时强化了SLF利率走廊上限的地位,进一步完善了利率走廊机制。由于央行公开市场操作利率是大型银行获得资金的最低成本,使得DR007和Shibor7D利率均在公开市场操作利率之上,从而导致7天逆回购利率成为利率走廊事实上的底部。以SLF利率和逆回购利率为上下限的利率走廊初步建立,标志利率市场化改革的继续深入推进。

2018年:央行行长易纲提到中国正继续推进利率市场化改革,并指出利率"双轨制"的明确含义:一是在存贷款方面仍有基准利率,二是货币市场利率是完全由市场决定的。在

> 2018年第四季度货币政策执行报告要求"稳妥推进利率'双轨合一轨',完善市场化的利率形成、调控和传导机制"。
>
> 2019年:2019年,是中国利率市场化改革进程中重要的一年,8月17号,央行的第15号公告对于国内新增贷款利率定价加以改革,贷款市场报价利率(LPR)正式启用,11月央行还通过下调MLF利率引导LPR下行。
>
> 资料来源:"一文看懂中国利率市场化改革",摘自网易财经网,http://money.163.com/15/1023/23/B6L8F31A00252H36.html.
>
> 利率市场化改革系列之二,利率市场化改革的前世今生,http://finance.sina.com.cn/money/bond/research/2019-05-14/doc-ihvhiews1770249.shtml.

3. 代收业务由直接收入为主向以间接收入为主方向转变

随着银企双方市场地位的变化和金融服务业务的发展,商业银行代收代付业务有偿经营格局就会为无偿服务所替代,代收代付业务的主要目的将是吸收低成本资金,融洽银企关系,发展黄金客户,树立品牌形象,扩大社会影响。所以,商业银行的直接收入会减少,而间接收入会增加。

4. 代收代付业务的简单的手工操作向电子信息化方向转变

随着电子计算机和现代通信技术在银行的广泛运用,银行业务电子化成为一种基本的发展态势。一方面,一些代收代付业务由人工划转变为自动转账;另一方面,随着电子技术的广泛运用,代收代付款项中包含的大量的转移价值,可给银行带来可观的手续费收入。

二、代收代付业务的种类及操作流程

(一)商业银行代理物业管理类产品收费业务的操作流程

商业银行与当地经营物业管理类产品或提供服务的公司签订代收费协议,代理客户缴纳水费、电费、燃气费、物业管理费、有线电视费、租赁管理费、街道清洁费、保安服务费、报警服务费、房租费、城建管理费等。

商业银行代收物业管理类产品费用业务的操作流程、手续费用、资金划转等环节与代收通信类产品费用业务基本一致。

(二)商业银行代理社会保障类收费业务的操作流程

商业银行受社会保障事业管理局(社保局)的委托,并签订代收协议后,代收社会保障关系在社保局人员的社会保障费用,代收范围主要有养老保险金、失业保险金、医疗保险金、工伤保险金等。

商业银行代理社会保障类收费业务的操作流程如图4-1所示。

(三)商业银行代发工资类业务的操作流程

商业银行与机关、团体、企事业单位和社会保障机构签订代发工资协议,代理事项主要有代发工资和离退休人员的养老金等。

```
银行与社保局签订委托代收协议
        ↓
社保局将代收的社保费数据制成文件,送交代收银行,
存入代收银行的计算机
        ↓
缴费人持缴费手册,填写好客户姓名、身份证号、社保
号、缴费档次等内容的专用现金交款单
        ↓
临柜人员将客户信息输入缴费机,并与社保局送达的数
据文件相核对,确定其收费金额
        ↓
收取现金(或扣款)后,打印社保局专用社会保险费收
据,并加盖专用章后,交给客户
        ↓
银行利用通存通兑系统将资金划入社保局归集账户
```

图 4-1 商业银行代理社会保障类收费业务的操作流程

代发工资业务相对比较简便。机关团体、企事业单位只要与银行签订代理协议,然后再为每一个员工在代理行办理个人存折(或银行卡),每月定期开出以工资总额为金额的工资专用现金支票,并附上员工的工资清单,登录工资代发系统进行代发,员工收到工资入账短信后即可支取。

(四) 商业银行代理税收类收费业务的操作流程

商业银行与税务部门签订委托代收协议,根据税务部门提供的缴费数据,采用银行批量扣款的方式,定期从纳税单位、个人的银行卡扣收各种税费,并将所扣税金划入税务部门在商业银行开立的账户中。代收项目主要包括国税、地税和纳税保证金等。操作流程如图4-2所示。

```
银行与税务部门签订委托代缴税收协议
        ↓
税务部门定期向银行提交应纳税客户的纳税金额明
细账
        ↓
银行从纳税人账户中扣除应纳税金额,或由纳税人直接
到银行缴纳税款
        ↓
银行将代扣税款转入税务部门相应的账户,税务部门委
托银行或自己向纳税人出具缴税凭证
        ↓
税务部门向银行支付按协议规定的代理费用
```

图 4-2 商业银行代理税收类收费业务的操作流程

(五) 商业银行代理行政事业类收费业务的操作流程

商业银行与工商行政管理部门签订委托收取行政事业管理费协议,按相关规定向机关团体、企事业单位、个体工商户等收取相应的费用。费用主要有工商管理费、企业注册登记费、公共事业费、各种行政罚款、代发社会救济金、公用设施配套款、环保排污费、土地使用费、教育补偿费等。

操作步骤一般如下:银行与工商行政管理部门签订代理协议,交费人在银行开立账户或存折(信用卡),工商行政管理部门及时把交费相关信息通知银行,银行根据此信息在相关账户中及时扣除应缴费用,并划转到工商行政管理部门相应的归集账户,同时收取相应的手续费。

除上述代收代付业务以外,商业银行还有代理交通类业务、代理报刊类业务、代理房屋类业务、代理学杂费业务等,而且随着中间业务的不断发展,代理类中间业务种类越来越多,但它们的基本业务处理手续大致相同,不再一一介绍。

任务二　代理有价证券业务操作

我国商业银行代理有价证券业务是目前金融业实行分业经营体制下的最优选择,主要包括代理发行股票和债券,代理买卖有价证券与有价证券的过户登记,代理债券还本付息,代发股息红利,等等。

一、基本知识

商业银行代理有价证券业务,是指商业银行与证券公司或其他公司利用各自的资源,根据自身业务的特点,共同推出在资金结算、银证转账、基金托管、委托资产管理、代理发行有价证券等方面进行合作的新业务。由于有价证券交割清算的时效性强,要求银行资金清算具备准确性和及时性,对银行电子化建设的要求较高。

商业银行代理有价证券要坚持以下基本原则:

第一,银证分管。在办理业务中,银行管资金,券商管证券,平等合作,互利互惠。

第二,合法性。商业银行代理发行的股票、债券,必须是经国家有关部门批准发行的合法证券。

第三,受托代理性。商业银行代理有价证券业务是属于受托代理性质,不是发行人,不承担有价证券买卖的风险。

第四,收益性。商业银行为发行单位提供有价证券发行转让的便利与服务,从中收取一定的手续费。

二、商业银行代理有价证券的发行和兑付业务操作

(一) 商业银行代理有价证券的发行

代理发行有价证券是指筹资单位(发行者)委托商业银行在双方约定的发行期限内,代

理发售有价证券的一种发行方式。

1. 商业银行代理发行有价证券业务的基本程序

(1) 发行前准备。主要有确定合理的发行要件，如数量、期限、发行时间、利率、发行方式等；完成发行的相关审批手续；确定社会发行的招募说明书。

(2) 选择发行代理人。通过协商或竞争性投标等形式来确定发行代理人，一般应选择资金雄厚、经验丰富、信誉卓著的商业银行或证券公司作为发行代理人。

(3) 签订代理发行合同。合同中应注明代发方式、组织管理责任、违约责任、赔付条款等内容。若发行金额较大时，可以选择几家银行或证券公司联合代理发行。

(4) 公布招募说明书，并进行有效宣传。在发行前，要通过广播、电视、报纸等媒体进行广泛宣传，保障有价证券的及时、全额发行。

(5) 公开销售。在约定的日期由代发银行向社会公开发行，在发行结束的规定期限内，及时向主管部门报送证券销售情况报告书。

(6) 商业银行发行手续费用由发行者和商业银行协商确定，并按合同规定在约定的时间内支付。

(7) 商业银行代理发行有价证券业务的核算主要通过"代发行证券""代发行证券款""证券发行""银行存款""手续费收入"等科目进行。

2. 商业银行代理发行有价证券的方式

商业银行代理发行有价证券的方式主要有代销和包销两种，其中包销又分全额包销和余额包销两种方式。

(1) 代销是指商业银行代发行人发售证券，在承销期结束后，将未发售的证券全部退还给发行人的一种发行方式。商业银行代销有价证券具有以下特点：①商业银行不承担任何发行风险，所有发行风险全部由发行单位承担。②通常发行金额较大。③有价证券发行行情好坏，除了与有价证券收益高低有关以外，还与发行者的经营成果好坏和信誉好坏有较大关系。④由于商业银行不承担发行风险，因而发行手续费相对较低。

(2) 全额包销是指商业银行承销发行者所发行的全部有价证券，按协议规定的缴款期限缴款，然后再向社会公众发售的一种发行方式。其特点有：①发行风险全部由承销商承担。②发行者能及时筹措到全额资金。③发行者信誉良好，完全能被承购者和投资者接受。④发行手续费较高。

(3) 余额包销是指筹资单位委托商业银行承销证券，如在规定的发行期内不能足额出售有价证券，则剩余部分由商业银行负责收购承销，并按协议规定的缴款期限，将款项支付给筹资单位的一种发行方式。其特点有：①发行风险全部由承销商承担。②筹资者筹资额有保障，不会出现筹资额不足的问题。③承销费用一般比全额包销方式略低。

(二) 商业银行兑付有价证券业务

商业银行兑付有价证券业务，是指商业银行接受证券发行人的委托，在发行人发行的有价证券到期时，商业银行在其柜台兑付本息的一种业务，发行人按一定比例向商业银行支付兑付手续费。商业银行在办理此项业务时，重点要对有价证券进行审查：一是审查证券是否属于当时兑付范围；二是按交款日计算的证券，要审查券面签发日期是否已到兑付期；三是必须严格审查每张证券是否伪造、变造,券面金额有无空补、涂改;四是审查证券券面有无残破污损。

商业银行兑付有价证券业务的流程如下:①根据以上内容,审查有价证券的真实性。②根据证券发行条件,准确核查本金和利息。③准确支付有价证券本息。④及时向发行人报告兑付信息。⑤商业银行兑付费用由委托兑付单位和商业银行协商确定,并按合同规定的时间内支付。

三、商业银行代理券商法人资金清算业务操作

(一) 商业银行代理券商法人资金清算业务的概念与功能

商业银行代理券商法人资金清算业务,是指商业银行接受证券法人的委托,代理券商在证券交易所统一清算交易资金的业务,即代理证券法人通过银行资金清算系统,进行结算的业务。主要服务对象是证券交易所会员法人及其下属证券营业部。

实行法人资金清算后,证券公司所属营业部都通过公司总部一个清算头寸账户,与证券交易所结算公司进行资金净额交收。

(二) 商业银行代理券商法人资金清算业务的基本流程

(1) 交易所会员法人及其下属证券营业部与商业银行达成合作意向,确定合作关系。

(2) 交易所会员在选定的结算银行,以法人名义或法人授权下属证券营业部名义开立资金结算账户。

(3) 交易所会员法人带齐开户材料到交易所开立结算账户,办理开户手续。

(4) 交易所审核会员提交的材料,符合法人结算条件的,根据会员制定的法人结算席位,为其设立法人结算头寸账户和结算保证金账户。

(5) 交易所会员购置资金结算系统终端机设备。

(6) 深圳(或上海)银行与异地代理行证券公司法人、证券登记结算公司签订证券法人结算代理协议。

(7) 交易所会员法人"两金"(清算保证金和席位费)到账后,结算账户正式启用。

(三) 商业银行代理券商法人资金清算业务的资金清算方式与收费标准

1. 资金清算方式

(1) 证券公司法人与证券登记结算公司之间的资金清算。当证券公司总部向证券登记结算公司补足清算头寸时,主要有以下几个步骤:①证券公司总部向上海(深圳)银行清算中心发布转账指令;②上海(深圳)银行清算中心向登记公司发送资金到账通知;③登记公司记账后通知证券清算总部。

当证券公司总部将多余的清算头寸从登记公司调回时,主要有以下几个步骤:①证券公司总部向登记公司发布调款指令;②登记公司审查指令并作扣款处理后,向上海(深圳)银行清算中心发布转账指令;③上海(深圳)银行清算中心向证券公司总部发送资金到账通知。

(2) 证券公司总部和其营业部之间,以及证券公司营业部和股民之间的资金清算。包括:

第一,同城同行清算。A 股通过银行同城通存通兑系统汇划;B 股通过银行同城网络汇划。

第二,同城跨行清算。A 股通过人民银行同城票据交换或同城天地对接转汇系统汇划;B 股通过人民银行同城票据交换系统汇划。

第三,异地同行清算。A 股通过实时汇兑系统汇划;B 股通过 SWIFT 外汇清算系统汇划。

第四,异地跨行清算。A 股通过人民银行天地对接转汇系统汇划;B 股通过 SWIFT 外汇清算系统汇至异地银行,再由异地银行作转汇处理。

第五,境外汇划清算。一般通过商业银行的海外分支机构进行资金清算汇划。

2. 收费标准

(1) 人民币汇划收费标准。人民币汇划收费标准一般按人民银行挂牌最低结算收费标准收费。目前,同城同行、同城跨行均不收费;异地同行与异地跨行每笔均收取邮电费 6.30 元、手续费 0.5 元。

(2) 外汇汇划收费标准。目前,外汇汇划同城同行、同城跨行均不收费;异地同行与异地跨行均按金额的 1‰ 计收手续费(最高 200 元),每笔收取电报费 10 元;境外汇划按金额的 1‰ 计收手续费(最高 200 元),每笔收取电报费 80 元。

四、商业银行代理银证转账业务操作

(一) 商业银行代理银证转账业务的概念与功能

商业银行代理银证转账业务,是指将银行的储蓄系统与证券营业部的股票交易系统进行实时联网,股民通过电话委托或自助交易终端,对证券保证金账户和活期储蓄账户之间的资金进行调拨的一项金融服务业务。

此业务的主要功能是让股民无须亲临柜台,通过电话即可轻松自如地调拨证券保证金账户与活期储蓄存款账户之间的资金。凡是开立上海或深圳股东账户、并在指定银行开立活期储蓄账户的居民都可以申请此项服务。

(二) 商业银行代理银证转账业务的流程与收费标准

商业银行代理银证转账业务的基本流程如下:

(1) 股民申请开办此项服务。客户申请时要提交的资料包括:①申请人身份证原件及复印件。②申请人的股东账户代码卡原件及复印件,资金账户卡原件及复印件。③申请人在银行开立的活期通存通兑借记卡原件及复印件(借记卡的户名必须与股东账户代码卡的户名一致)。

(2) 客户持上述证件到银行网点或券商柜台办理,并与银行、券商分别在证券保证金自助转账协议书上签字(签章)确认,各执一份。

(3) 客户在办妥申请手续后,通过银行或券商网络建立保证金账户和银行活期储蓄账户的连接关系,即可使用银证转账功能。

目前,银行代理银证转账业务不收取任何费用,主要还是从吸收存款的角度出发,但是随着业务的发展,银行和券商之间证券交易费用的分成还是有可能实现的。

五、商业银行代理有价证券经纪业务操作

（一）商业银行代理有价证券经纪业务的概念

商业银行代理有价证券经纪业务，是指商业银行接受客户委托，代理客户买卖有价证券，并指导、保持与客户开展有价证券活动的业务。

目前，商业银行代理有价证券经纪业务不是完全独立的业务，而且目前商业银行也基本上没有开展此项业务，原因如下：一是目前商业银行尚无交易所内的交易席位，二是银行独立从事证券经纪业务与《中华人民共和国证券法》（以下简称《证券法》）有相矛盾之处。尽管如此，我们认为商业银行代理有价证券经纪业务也是时代发展的必然趋势。

（二）商业银行代理买卖债券业务

商业银行接受客户委托，帮助客户研究分析债券投资策略，然后代理客户进行债券买卖的实际操作。商业银行利用自己的信息和人才优势，主要从四个方面帮助客户研究分析债券的投资价值。

第一，债券投资策略的制定。银行要根据客户的投资目的、投资数量、收入水平等方面为客户制定合理的投资计划和投资比例。

第二，选择债券投资的种类。随着经济的发展，债券种类越来越多，商业银行要根据客户投资策略，为其选择适合的债券品种。

第三，债券价格的确定。商业银行要帮助客户确定债券的合理价格。债券价格的选择主要包括两层含义：一是帮助分析债券的发行价格；二是帮助分析债券的买卖价格，其目的都是为了取得最佳的投资收益。

第四，分析债券的风险。商业银行在分析债券投资收益时，要注重投资的风险分析，要调查债券发行人的经营状况、信用等级、财务指标以及国家相关宏观经济政策，帮助客户分析不同债券价格、收益和风险之间的关系。

在进行债券投资分析的基础上，商业银行协助客户代理债券的买卖，基本步骤如下：

（1）由客户提出委托代理买卖申请，签订委托买卖协议，明确其所要购买或出售的券种、金额、价格、期限、收益率、委托有效值等各项要求，由商业银行据此选择购买或出售。

（2）商业银行办理了代理买卖业务后，将按购券和售券总额的一定比例提取代理手续费。

（3）有经办代保管业务的银行，通常通过保管业务促进并扩大代理买卖业务。

（三）商业银行代理买卖股票业务

商业银行在股票市场上代理客户买卖股票时，要选择合适的投资对象、正确的投资时机，并且要对影响股票价格的因素作出合理的分析和预测，同时要选择一个合理的指标以指导自己的业务。

商业银行在选择股票种类时，要充分考虑收益率、税金、手续费、期限、证券价格、变现能力、便利性和安全性等因素，权衡利弊得失，制定周密的投资计划。

任务三　代理保险业务操作

一、基本知识

（一）商业银行代理保险业务概念

商业银行代理保险业务，是指商业银行受保险人委托，在从事自身业务的同时，利用银行与社会各行业接触面广的特点，和商业银行独特的机构网点优势、网络优势、人才优势、品牌优势，在遵守国家有关法律、法规，遵循自愿和诚实守信原则的基础上，为保险公司代办经保险监督部门核批的保险业务。

商业银行代理保险业务具有保险代理人和保险经纪人的双重资格，可以受托代个人或法人投保各种财产保险、人身保险、货物运输保险、涉外业务保险等险种。

1. 充当保险经纪人

商业银行作为保险经纪人，是指其在保险公司和被保险人之间充当联系保险业务的中间人。作为保险经纪人，商业银行不保证保险公司的赔款偿付能力，也不负责索取保险赔款和清退保费，只负责代被保险人向其指定的保险公司，投保各种保险的手续事宜，同时转交保险公司开具保费收据和保险单。凡是商业银行代理投保的保险单封套上及保险单上角，均应加盖"××商业银行代理"字样，以分清投保责任。

2. 充当保险代理人

商业银行作为保险代理人，是指商业银行与保险公司签订代理协议，作为保险公司的代表，根据协议规定的权限，代为处理有关保险业务。商业银行一般能代表保险公司开具保险单、审批单、代收保费、处理赔款和给付赔款，还可以代保险公司进行保险宣传、介绍险种和办理投保手续。保险公司根据代理保险业务收入的多少，按一定的比例支付商业银行报酬。

（二）商业银行代理保险业务的特点

1. 品牌的价值性

保险公司委托商业银行兼办代理保险业务，对社会公众来讲更具信誉。一方面，商业银行与社会公众长期合作，建立起了良好的相互信任关系。另一方面，商业银行职工长期从事金融工作，相对来说其思想素质、业务技能和法制意识比较强；同时，商业银行有一套较为完善的管理制度。

2. 客户的互用性

商业银行有其广泛的公司客户和个人客户，代理保险时可以利用客户优势，发展和开发新的保险客户，有利于保险业务的拓展。

3. 产品的创新性

当今银保合作的新特点是通过产品的不断开发和创新，实现服务功能多元化。通过银行代理这种特殊渠道，设计、开发和销售面向个人和家庭的保险产品，包括储金分红型产品、资产保全型产品、储蓄连接型产品、贷款附加型产品等。

（三）商业银行代理保险业务的基本原则

银行业与保险业的合作应该把握以下一些基本原则：

1. 效益原则

开展银保合作,要以经济效益为中心,不能只求形式,不计经营成本。在我国,银保合作还是处于发展初期,商业银行内部对保险代理的认识也有一定的差距,业务开展会有一定的难度,要避免短期内无效益或效益较低而半途而废。

2. 一体化原则

在开展银保合作过程中,要努力实现银行与保险公司优势互补、政策互动、资源共享和产品互连。银保优势互补、共同发展是银保合作的出发点。不仅要充分利用现有机构、网络、网点和人才的优势,提高资产利用率;而且要充分利用银行的分销体系和网络功能,在降低成本的基础上扩大业务规模,提高盈利水平。

3. 服务客户原则

银行与保险合作的最终目的是要为客户提供更全面、更快捷的服务,因此,要始终坚持"以客户为中心"的经营原则,不断提高服务水平。

二、商业银行代理保险业务的种类

商业银行代理保险业务在传统的代理销售保险产品、代收保费和代付赔偿金的基础上,又拓展了银行卡、电子商务、协议存款、资金结算、基金业务等全新的业务。目前大致可以分为三大类:代理财产保险业务、代理人身保险业务和代理资金清算业务。

(一)商业银行代理财产保险业务

财产保险是指对有形标的物(如房屋、设备、车船等)和无形标的物(如预期利润、信用、责任等)的保险业务。但无论何种形态的标的,其价值必须能用货币来衡量,并且投保人对其具有所有权或支配权。财产保险类主要有财产类保险、运输工具类保险、货物运输类保险、工程建筑安装类保险、责任类保险、保证类保险和综合类保险。

财产类保险是指以存放在固定地点,且处于静止状态的物质财产及其有关利益为标的的保险。

运输工具类保险是指运输工具由于碰撞、自然灾害、外来原因等,造成运输工具损失或第三者受损,从而提供补偿的保险,主要分为车损险和责任险。

货物运输类保险是指以运输货物作为保险标的物,在运输过程中由于自然灾害、意外事故等原因造成货物的损失而进行的保险,主要有货物运输保险和海洋运输货物保险。

工程建筑安装类保险是指承保建筑工程、安装工程、机器及附属设备、工程所有人提供的物料、建筑安装设备和各种建筑物,由于自然灾害、意外事故而造成的损失进行赔偿的业务。

责任类保险是指被保险人依法应负的民事损害赔偿责任,或经过特别约定的合同责任作为保险标的的保险。此类保险业务创新较快,种类繁多。

保证类保险是指由保险人经营保证人(被保险人)向权利人提供担保的保险业务,它是保险人经营的一种担保业务。目前主要有分期付款购车履约保证保险、产品质量保证保险、商品房抵押贷款合同履约保证保险等。

综合类保险业务种类繁多,而且随着业务的创新,保险种类也在不断地开拓和创新。目前主要有用电安全保险、民用管道和煤气安全保险、电梯安全保险、锅炉压力综合保险、信用保险等。

(二) 商业银行代理人身保险业务

人身保险业务是指以人的生命和身体为保险对象,保险人向被保险人收取一定的保险费以后,在被保险人因疾病或意外事故而致伤残或死亡,或保险期满时给付一定保险金的保险业务。主要有年金类保险、健康类保险、意外类保险和分红类保险。

(三) 商业银行代理资金清算业务

商业银行代理资金清算业务主要有代理收取保险费、代理支付保险金、代扣保险费、异地资金划转、账户管理与自动扣款等。

三、商业银行代理保险业务操作

(一) 商业银行代理财产保险业务

1. 商业银行代理财产保险业务的基本流程

商业银行代理财产保险业务的基本流程包括组织客户投保、验险、核保、签单承保、内勤管理和续保。其基本流程如图4-3所示。

视频:代理保险业务

```
组织客户投保 → 业务宣传、拓展和落实客户受理投保申请
             协助填写投保单及投保单附表
             协助填写风险情况问询表
             审核三表

验险 → 保险标的位置、环境
       保险标的风险状况
       安全制度设施状况
       实地查验标的,并给出风险报告

核保 → 将投保相关资料输入电脑,通过网络经保险
       公司核保中心核保

签单承保 → 编制并打印保险单
           开具保险费发票
           复核签章并收取保险费

内勤管理 → 单证清分
           登记日报表、承保登记簿
           单证复印存档
           单证移交保险公司

续保 → 续保通知、续保优待
```

图4-3 商业银行代理财产保险业务的基本流程

2. 财产保险业务客户申办基本流程

财产保险业务客户申办基本流程(以企业财产保险为例)主要有保险产品咨询、填写

投保书、缴纳保险费、取得保险凭证、索赔及领取保险金和续保。其基本流程如图4-4所示。

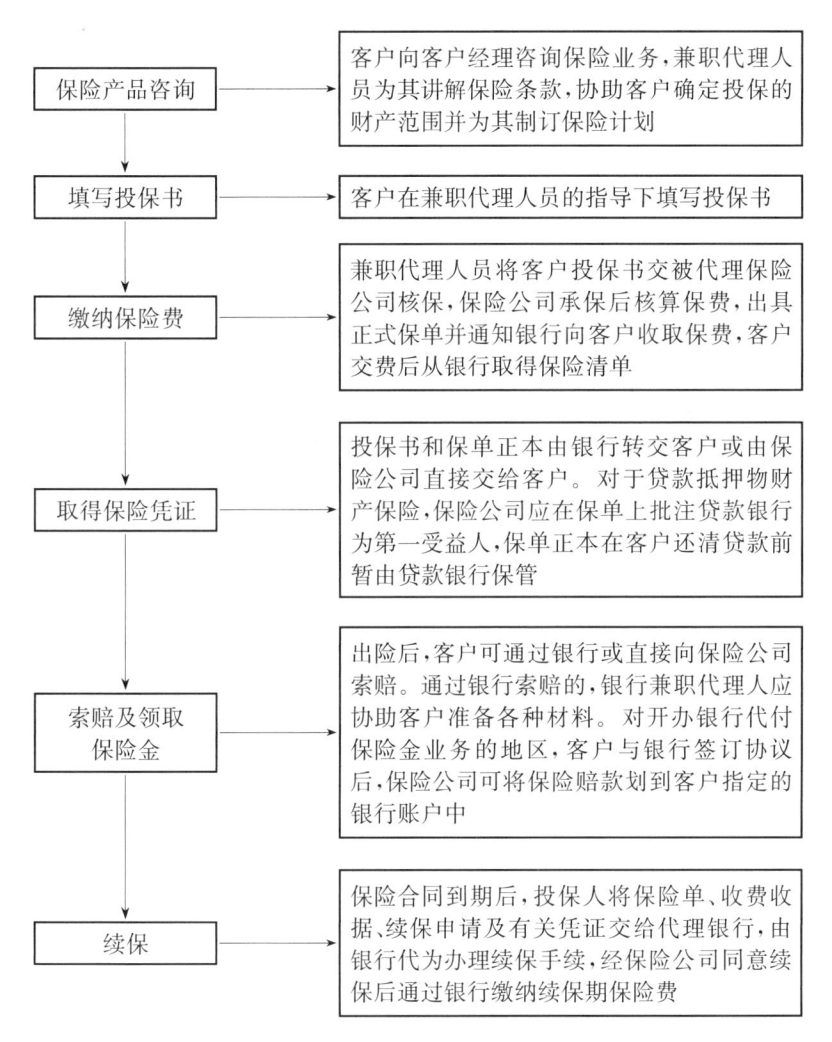

```
保险产品咨询 —— 客户向客户经理咨询保险业务,兼职代理人员为其讲解保险条款,协助客户确定投保的财产范围并为其制订保险计划

填写投保书 —— 客户在兼职代理人员的指导下填写投保书

缴纳保险费 —— 兼职代理人员将客户投保书交被代理保险公司核保,保险公司承保后核算保费,出具正式保单并通知银行向客户收取保费,客户交费后从银行取得保险清单

取得保险凭证 —— 投保书和保单正本由银行转交客户或由保险公司直接交给客户。对于贷款抵押物财产保险,保险公司应在保单上批注贷款银行为第一受益人,保单正本在客户还清贷款前暂由贷款银行保管

索赔及领取保险金 —— 出险后,客户可通过银行或直接向保险公司索赔。通过银行索赔的,银行兼职代理人应协助客户准备各种材料。对开办银行代付保险金业务的地区,客户与银行签订协议后,保险公司可将保险赔款划到客户指定的银行账户中

续保 —— 保险合同到期后,投保人将保险单、收费收据、续保申请及有关凭证交给代理银行,由银行代为办理续保手续,经保险公司同意续保后通过银行缴纳续保期保险费
```

图4-4 财产保险业务客户申办的基本流程

(二) 商业银行代理人身保险业务

1. 商业银行代理人身保险业务的基本流程

商业银行代理人身保险业务由银行分支机构与被代理保险公司签订委托代理协议后,银行分支机构在其授权范围内向客户推荐被代理保险公司人身保险产品,并代客户办理有关手续。其基本流程如图4-5所示。

2. 人身保险业务客户申办基本流程

人身保险业务客户申办基本流程(以个人人身保险为例)主要有保险产品咨询、填写投保书、缴纳保险费、取得保险凭证、索赔及领取保险金、续保和退保。其基本流程如图4-6所示。

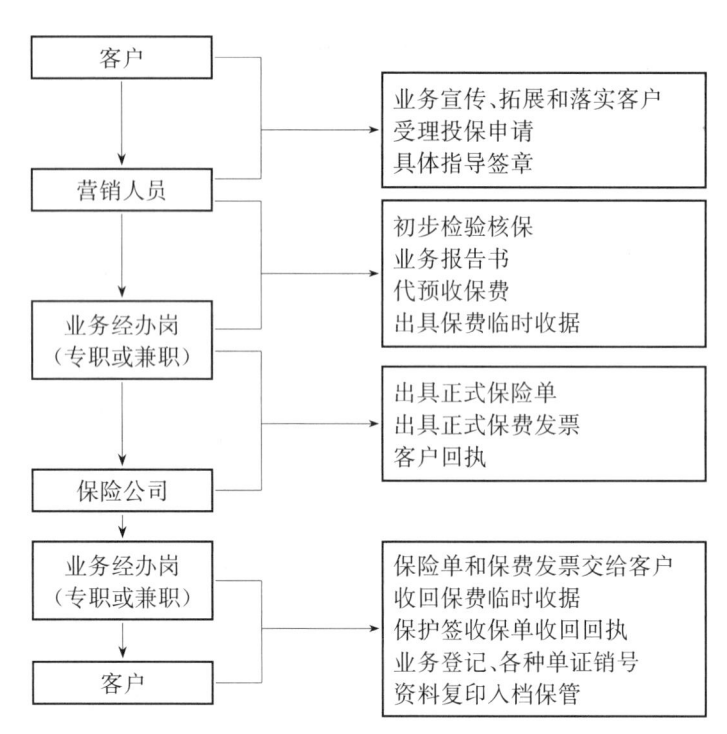

```
客户
  ↓
营销人员 ─→ 业务宣传、拓展和落实客户
            受理投保申请
            具体指导签章
  ↓
业务经办岗 ─→ 初步检验核保
(专职或兼职)  业务报告书
            代预收保费
            出具保费临时收据
  ↓
保险公司 ─→ 出具正式保险单
          出具正式保费发票
          客户回执
  ↓
业务经办岗 ─→ 保险单和保费发票交给客户
(专职或兼职)  收回保费临时收据
            保护签收保单收回回执
            业务登记、各种单证销号
            资料复印入档保管
  ↓
客户
```

图 4-5　商业银行代理人身保险业务的基本流程

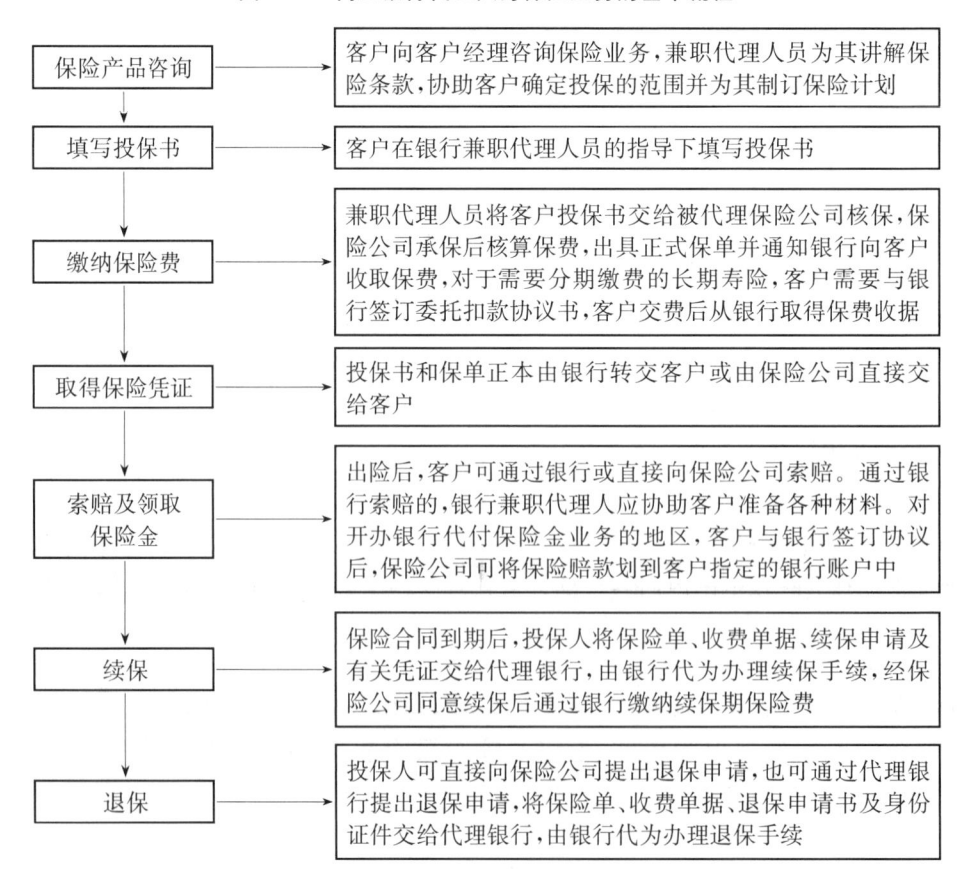

```
保险产品咨询 ─→ 客户向客户经理咨询保险业务,兼职代理人员为其讲解保
               险条款,协助客户确定投保的范围并为其制订保险计划
     ↓
填写投保书 ─→ 客户在银行兼职代理人员的指导下填写投保书
     ↓
缴纳保险费 ─→ 兼职代理人员将客户投保书交给被代理保险公司核保,保
              险公司承保后核算保费,出具正式保单并通知银行向客户
              收取保费,对于需要分期缴费的长期寿险,客户需要与银
              行签订委托扣款协议书,客户交费后从银行取得保费收据
     ↓
取得保险凭证 ─→ 投保书和保单正本由银行转交客户或由保险公司直接交
                给客户
     ↓
索赔及领取  ─→ 出险后,客户可通过银行或直接向保险公司索赔。通过银
保险金        行索赔的,银行兼职代理人应协助客户准备各种材料。对
              开办银行代付保险金业务的地区,客户与银行签订协议
              后,保险公司可将保险赔款划到客户指定的银行账户中
     ↓
续保 ─→ 保险合同到期后,投保人将保险单、收费单据、续保申请及
        有关凭证交给代理银行,由银行代为办理续保手续,经保
        险公司同意续保后通过银行缴纳续保期保险费
     ↓
退保 ─→ 投保人可直接向保险公司提出退保申请,也可通过代理银
        行提出退保申请,将保险单、收费单据、退保申请书及身份
        证件交给代理银行,由银行代为办理退保手续
```

图 4-6　人身保险业务客户申办的基本流程

任务四 代理收付业务操作

一、代收业务操作

(一) 代理合同录入

代理业务的当事人委托单位、客户和银行完成相应的代理业务,须签订相应的代理业务合同。银行根据代理合同的要求,完成相应的代理业务。

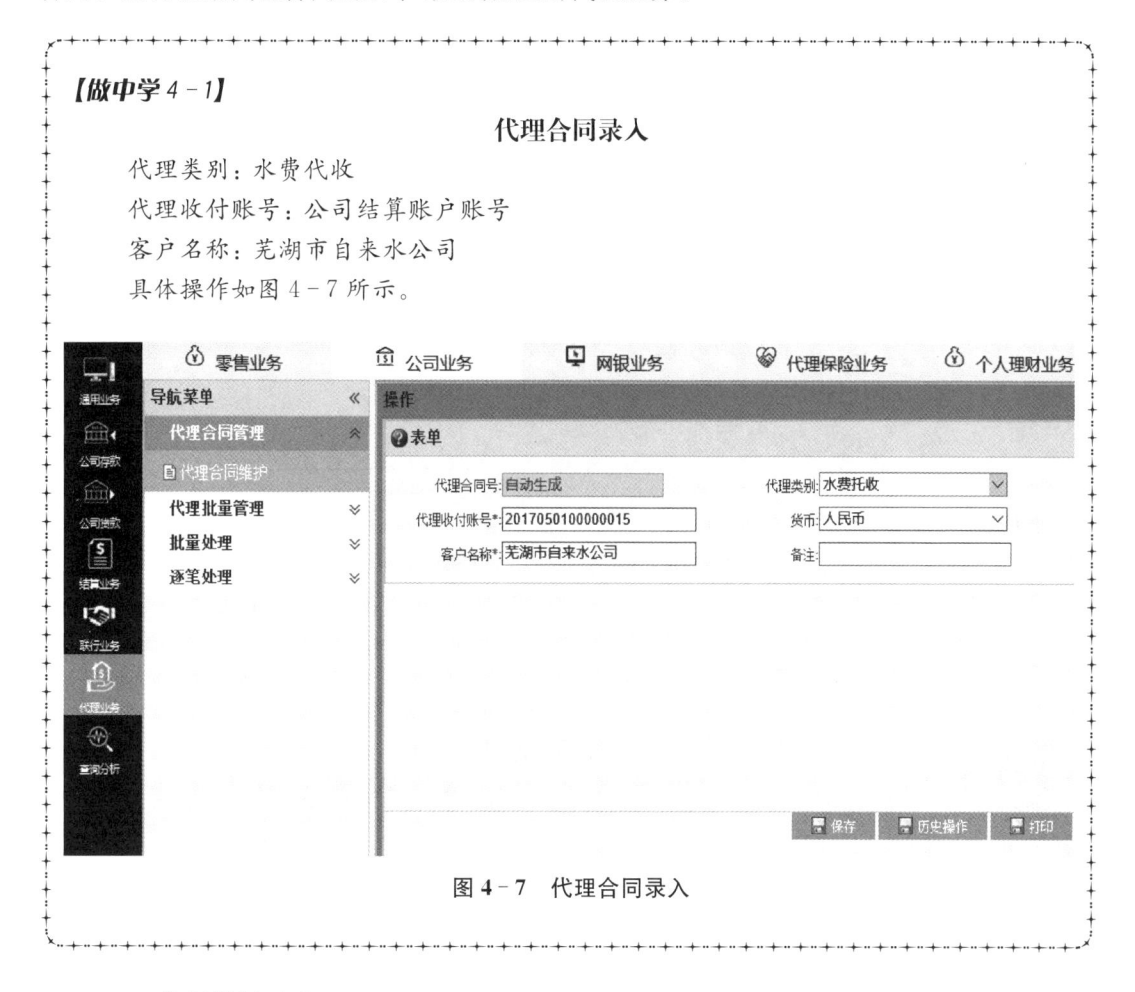

【做中学4-1】

代理合同录入

代理类别:水费代收

代理收付账号:公司结算账户账号

客户名称:芜湖市自来水公司

具体操作如图4-7所示。

图4-7 代理合同录入

(二) 代理批量录入

【做中学4-2】

代理批量录入

柜员录入系统自动生成的代理合同号,总笔数为2,总金额为200元。具体操作如图4-8所示。

图 4-8 代理批量录入

(三) 批量明细增加

【做中学 4-3】

批量明细录入及完成托收

柜员输入代理合同号及批量号(代理交易序号),涉及对象账号为客户王巍和李伟的活期存款账号,涉及对象标志为王巍和李伟,涉及金额为王巍 120 元、李伟 80 元。具体操作如图 4-9、图 4-10 和图 4-11 所示。

图 4-9 批量明细录入(一)

图 4-10 批量明细录入(二)

图 4-11 完成批量托收

(四) 逐笔代收处理

【做中学 4-4】

逐笔代收(有代理清单)

柜员按业务操作要求填入所有项目,执行后完成代收扣款操作。具体操作如图 4-12 和图 4-13 所示。

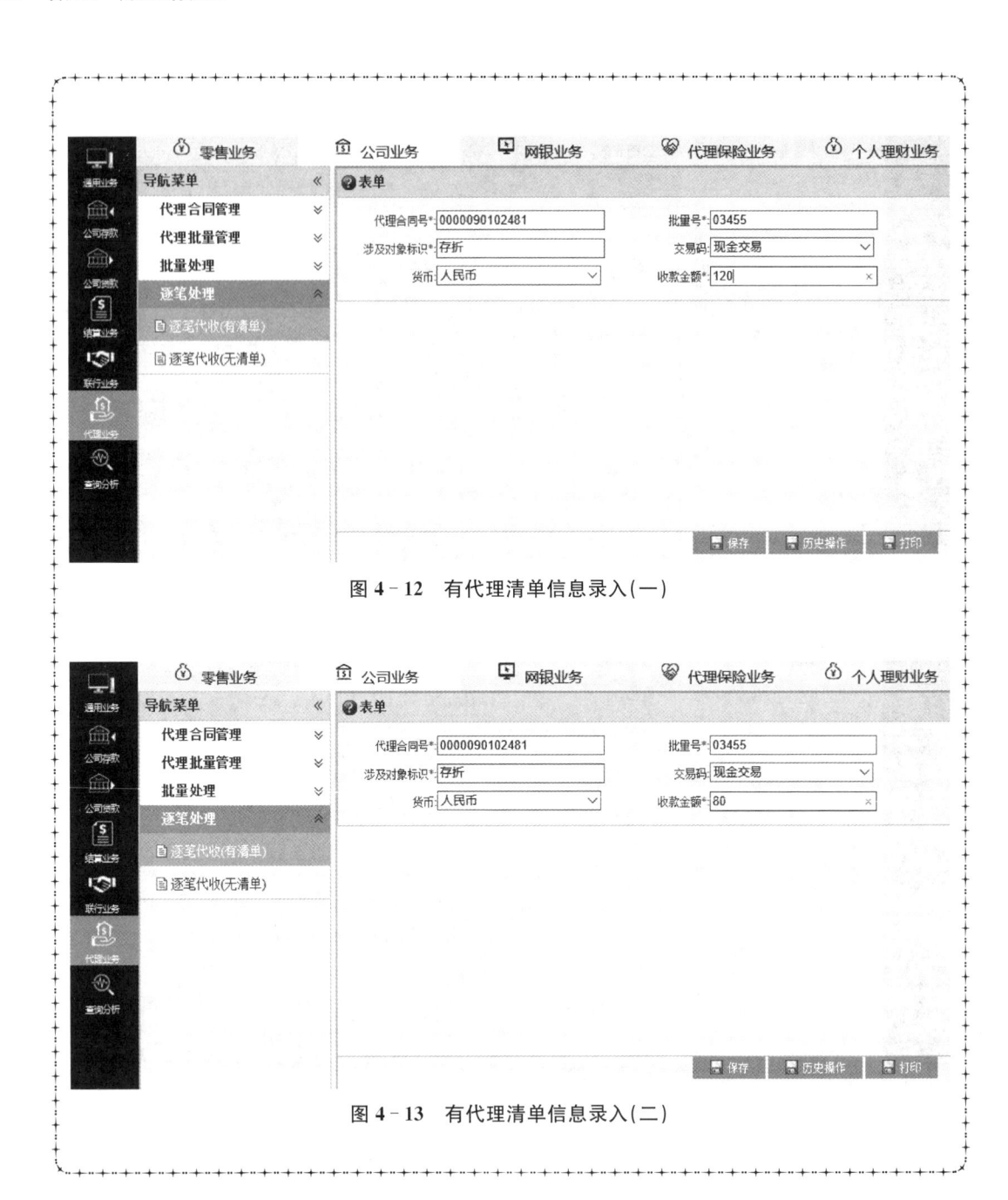

图 4-12 有代理清单信息录入（一）

图 4-13 有代理清单信息录入（二）

【做中学 4-5】

逐笔代收（无代理清单）

柜员按业务操作要求填入所有项目，执行后完成代收扣款操作。具体操作如图 4-14 和 4-15 所示。

图 4-14　无代理清单信息录入(一)

图 4-15　无代理清单信息录入(二)

二、代付业务操作

(一) 代理合同录入

【做中学 4-6】

代理合同录入

2020年4月14日,深圳市金科达科技有限公司的出纳到银行柜台签订代发工资合同,委托本行代理深圳市金科达科技有限公司每月10日代发公司员工陈婷等人的工资,具体操作如图 4-16 所示。

图 4-16 代理合同录入

（二）代理合同批量新增

【做中学 4-7】

代理合同批量新增

深圳市金科达科技有限公司财务人员到银行办理 1 笔金额为 4 580 元的代发工资业务，柜员为其办理增加批量业务，具体操作如图 4-17 所示。

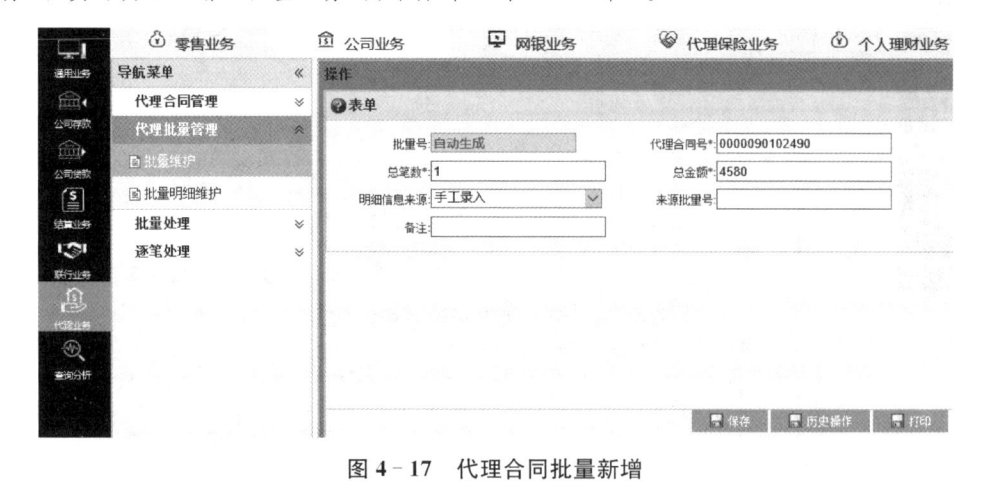

图 4-17 代理合同批量新增

（三）批量明细增加

【做中学 4-8】

批量明细增加

柜员为深圳市金科达科技有限公司办理增加批量明细业务（涉及账号为陈婷的普通

活期账号：6222022000649210），涉及金额：4 580元，具体操作如图4-18和图4-19所示。

图4-18 代理批量录入

图4-19 批量明细录入

（四）批量代付

【做中学4-9】

批 量 代 付

柜员为深圳市金科达科技有限公司代发陈婷女士的工资人民币4 580元，具体操作如图4-20所示。

图 4-20 完成批量代付

任务五　代理贵金属业务操作

一、基本知识

（一）商业银行代理贵金属业务概念

商业银行代理贵金属业务，是指商业银行通过银行与黄金交易所之间共同构建的贵金属交易系统，接受客户委托，代客户进行实物交割、现货交易等业务。在银行代理贵金属交易中，银行与客户之间是委托、代理关系，银行通过客户对其授权，对客户在黄金交易所中进行的实物交割、金属买卖、资金清算等活动全权代理，银行作为代理人既要依照黄金交易的相关规定及代理规则，又要遵守与客户委托代理协议之间的相关约定，客户在代理贵金属交易中属于主体，是商业银行的客户。

（二）商业银行代理贵金属业务的特点

1. 从面向客户类别上来看，和资产管理业务相一致

同时面向零售客户、机构客户与同业客户部分贵金属业务，也可作为资产管理业务的一部分，例如通过发行投资于贵金属或与贵金属相挂钩的理财产品，商业银行起到代理发行、代客投资的功能，既可面向零售客户，也可面向机构客户和同业客户，因此从客户类别上来看，贵金属业务和资产管理业务一致，同属大金融市场业务中可面向三类客户的业务。

2. 从业务方式上来看，贵金属业务和外汇业务相一致

其实，从某种角度而言，商业银行从事贵金属业务和外汇业务比较相像，一是二者均是主要通过买卖价差来获得利润，商业银行在其中更多地承担中间平台的功能；二是二者均属于大金融市场业务的一个类别，既可作为投资类别的交易业务，也可作为非投资类别的代理业务等；三是二者均有衍生品工具用以进行套利或保值；四是两大业务之间关联性比较大，如美元走势与黄金关联性较强，而美元走势又影响到外汇市场的变化，因此贵金属市场与外汇市场具有较强的内在关联性。

二、商业银行贵金属业务的种类

贵金属业务是大金融市场业务类别之一,从目前国内商业银行的业务类别来看,品种比较丰富,按目前市场情况来看,商业银行贵金属业务主要分为实物类、理财类、交易类和融资类等4个大类别以及贵金属买卖、账户贵金属交易业务等8个细分类别:

(一) 贵金属买卖业务

贵金属买卖业务是指商业银行推出的一种按银行挂牌价格进行贵金属实物销售或者回购的业务,目前多数银行的品牌实物金银条价格基本与上海黄金交易所的报价挂钩,且部分实物金条已进入上海黄金交易所并开展场内交易,银行通过客户的双向买卖差价获取利润。

(二) 账户贵金属交易业务

账户贵金属交易业务是指商业银行向客户提供的,根据商业银行的报价在账户上进行虚拟买卖贵金属但不进行交割的业务,目前主要的品种有"纸黄金"、"纸白银"、"纸铂金"等,客户通过买卖差价赚取投资利润,银行则通过双向买卖差价获取利润,大部分账户贵金属业务只能做多,当然部分银行账户贵金属还可以提供保证金做空交易。

(三) 代理上海黄金交易所业务

代理上海黄金交易所业务是指具有上海黄金交易所金融类会员资格的商业银行,通过自己的交易系统为个人客户提供上海黄金交易所挂牌交易品种的报价,客户可通过银行交易系统委托银行参与交易,同时银行还为客户提供清算、保证金管理和提取贵金属现货的业务。

(四) 黄金积存业务(定投)

黄金积存业务是指客户与商业银行约定每月购买一定重量或一定金额的黄金,银行根据客户约定每月自动从客户账户上扣取相应款项购买黄金并存入客户积存账户中,客户可以选择赎回卖掉获取货币资金,也可以选择按商业银行规定提取相应规格的黄金实物。

(五) 黄金理财产品

黄金理财产品是指商业银行将资金投资于贵金属黄金、白银、铂金等挂钩的金融工具,如黄金股票、黄金期权、白银期货等金融工具的理财产品,客户购买黄金理财产品,只须直接认购贵金属理财产品即可。

(六) 黄金衍生品业务

黄金衍生品业务包括黄金期权和黄金远期业务两类,黄金期权是指客户通过支付一定的费用(期权费),约定在未来依据协定价格买卖一定数量的黄金的交易,客户可以选择行权或不行权;黄金远期业务是指商业银行与客户双方约定在未来某一日以期初约定价格买卖约定数量黄金的交易,以锁定成本、对冲风险。

(七) 黄金租借(拆借)业务

黄金租借(拆借)业务是指商业银行和交易对手租入或租出黄金,承租方按约定归还黄金并以人民币支付黄金租赁费的业务,其中承租方拥有黄金的处置权。

(八) 贵金属质押业务

贵金属质押业务是指客户以商业银行认可的具有一定标准的贵金属质押给银行作为债

权担保,商业银行给以信贷融资的一种贷款方式。

三、商业银行代理贵金属业务操作

(一) 商业银行代理贵金属签约开户的基本流程

商业银行代理贵金属签约包括业务受理、资料审核、开户交易等基本流程。

1. 业务受理

柜员聆听客户口述办理贵金属开户签约业务要求,单位客户须提供营业执照原件、组织机构代码证原件、税务登记证原件、法人身份证原件、授权书、经办人身份证件、增值税一般纳税人证明,填写贵金属买卖业务协议书、贵金属买卖业务签约表、《上海黄金交易所开户登记表》、基础保证金汇款凭证。

2. 资料审核

柜员应审核客户提供的营业执照原件、组织机构代码证原件、税务登记证原件、法人身份证原件、授权书、经办人身份证件、增值税一般纳税人证明的真实性和有效性,审核其填写的贵金属买卖业务协议书、贵金属买卖业务签约表、《上海黄金交易所开户登记表》、基础保证金汇款凭证内容是否完整、正确。

3. 开户交易

柜员输入交易代码,进入代理贵金属交易界面,验证结算密码,拷屏作凭证附件,进入黄金清算客户信息管理,建立客户账号与行内佣金代码的联系,进入黄金清算客户往账交易,从客户账户向交易所账户划1万元基础保证金,打印业务受理凭证,柜员根据系统提示选择"开户"交易后系统自动生成黄金客户编码,打印黄金账户卡后,快递客户资料到资金中心,办理开户,上海黄金交易所为客户生成客户编码,开户成功后总行资金中心通知经办行开户成功。

4. 打印、签章

开户交易成功以后,打印《签约表》,柜员核对无误后请客户签名或加盖公章确认。

5. 后续处理

柜员将《签约表》第一联整理存放,将《开户登记表》原件、《协议书》第一联、《贵金属买卖业务签约表》第一联、营业执照复印件、组织机构代码证复印件、税务登记证复印件、法人身份证复印件、授权书、经办人身份证复印件、增值税一般纳税人证明复印件作为附件整理存放,并将《开户登记表》复印件、营业执照正本复印件、组织机构代码证复印件、登记证复印件、法人身份证复印件、授权书、经办人身份证复印件、增值税一般纳税人证明复印件传真至资金中心。

(二) 商业银行代理贵金属销户的基本流程

1. 业务受理

柜员聆听客户口述办理贵金属销户要求,单位客户须提供法人身份证原件、授权书、经办人身份证原件、《贵金属买卖业务签约表》、客户账户注销确认单。

2. 资料审核

柜员应审核客户提供的法人身份证原件、授权书、经办人身份证原件的真实性和有效性,《贵金属买卖业务签约表》、客户账户注销确认单凭证内容是否完整、正确。

3. 销户交易

柜员输入交易代码进入贵金属交易界面,验证单位结算密码,拷屏作凭证附件,进入贵金属交易销户准备界面(系统对客户资金进行清算),后将贵金属交易法人客户保证金划回,再进入贵金属交易账户管理界面,选择"销户"。

4. 打印、签章

销户交易成功后,打印《签约表》,柜员核对无误后的销户确认单由客户签名或加盖公章将加盖客户公章确认,且传真至总行资金营运中心。

5. 后续处理

柜员将《签约表》第一联整理存放,《签约表》第二联为客户回单,其他资料作为附件整理存放。

项 目 小 结

代理业务处理内容结构如图 4-21 所示。

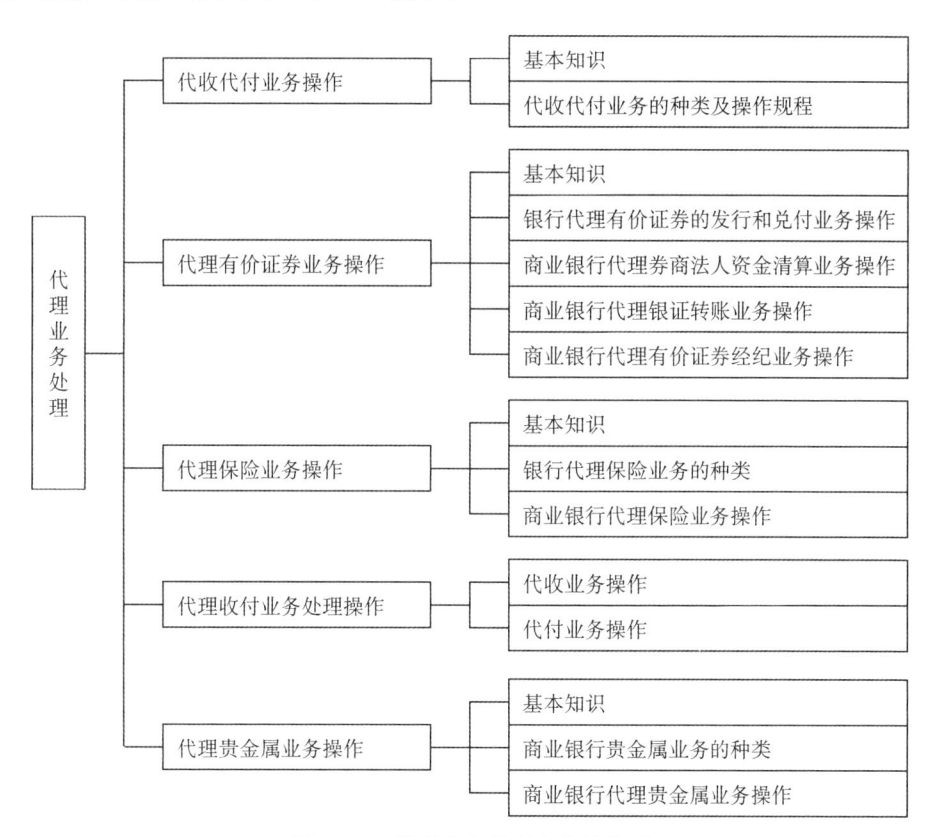

图 4-21 代理业务处理内容结构图

项目五　外汇业务处理

【职业能力目标】
1. 熟悉个人外币存款业务、个人外币兑换业务相关规定。
2. 掌握个人外币存款业务、个人外币兑换业务相关操作流程与处理手续。
3. 掌握商业银行代理外汇买卖的基本流程。
4. 理解商业银行代理套汇、套利业务的基本流程。

【典型工作任务】
1. 办理外币储蓄业务。
2. 办理外币兑换业务。
3. 办理个人外币套兑业务。
4. 代理外汇买卖业务。
5. 代理套汇交易业务。
6. 代理套利交易业务。

任务一　外汇管理业务操作

一、外汇管理

目前，我国外汇管理体制基本上属于部分外汇管制，即对经常项目的外汇交易不实行或基本不实行外汇管制，但对资本项目的外汇交易进行一定的限制。

我国外汇体制改革的目标是：在经常项目下可兑换的基础上，创造条件，逐步放开，推进资本项目下可兑换，从而最终实施人民币的完全可兑换。

我国对经常项目和资本项目下的银行结售汇管理采取以下的形式：

（1）除外商投资企业和部分符合条件的中资企业可保留一定限额的经常项目外汇收

入,居民个人、驻华机构和来华人员可保留经常项目下外汇收入,已经部分经批准可以保留外汇周转金的非贸易外汇收入之外,其他的经常项目外汇收入必须强制结汇。

(2) 境内机构可持规定的有效商业单证,到外汇指定银行办理经常项目项下的进出口和非贸易的售汇或付汇,个别售付汇实行比例或限额管理,例如,超过比例或标准的用汇,须向外汇管理局申请,经外汇管理局审核其真实性以后,持外汇管理局的核准件到银行购汇支付。

(3) 对外借债、发债或募股和外商投资企业外汇资本金等资本项目下的外汇收入可以不结汇。开立外汇专用账户或外汇资本金账户保留外汇,如果需要结汇时,须经外汇管理局审批核准。有的资本项目下的外汇收入必须结汇,如中资企业所借国际商业贷款,被明文限制结汇成人民币使用。

(4) 归还外债本息,履行对外担保义务,外商投资清盘后外方资本的撤回等资本项目下的外汇支付,实行外汇管理局事先核准的管理方式,凭外汇管理局的核准件到外汇指定银行办理售付汇。

二、结售汇管理

(一) 经常项目可兑换

经常项目可兑换是指属于经常项目下的各类交易,包括进出货物、支付运输费、保险费、劳务服务、出境旅游、投资利润、借债利息、股息、红利等,在向银行购汇或从外汇账户上支付时不受限制。

1997年,国务院通过立法形式,明确了我国实行人民币经常项目可兑换,其中增加规定,国家对经常性国际支付和转移不予限制。

(二) 银行结汇制

目前,我国对外经常项目下的外汇收入实行银行结汇制。1997年10月起,逐步允许中资企业开立外汇账户,保留一定限额的外汇收入。

外商投资企业经常项目范围的外汇收入,可以开立外汇结算账户,由国家外汇管理局及其分局,对外商投资企业的外汇结算账户核定可保留外汇的最高金额,最高金额之内的外汇可以保留,也可以卖给外汇指定银行或外汇调剂中心,超过最高金额的部分则必须卖给外汇指定银行或外汇调剂中心。

(三) 出口收汇和进口付汇核销制度

出口收汇核销是指货物出口后,对相应的收汇进行核销。

进口付汇核销是指进口货款付出后,对相应的到货进行核销。

实行这两项制度的目的是监督企业出口货物后必须及时、足额地收回货款,付出货款后必须及时、足额地收到货物,从而堵塞套汇和逃汇等非法活动。

境内机构必须对其外汇收入区分经常项目与资本项目,银行根据外汇收入不同性质按规定分别办理结汇或入账手续。凡未有规定或未经核准可以保留现汇的经常项目项下的外汇收入,必须办理结汇;凡未规定或核准结汇的资本项目项下的外汇收入,不得办理结汇。凡无法证明属于经常项目的外汇收入,均应按照资本项目外汇结汇的有关规定办理。

三、外汇账户管理

境内机构经常项目外汇账户保留外汇的限额,按上一年度经常项目外汇收入的80%与经常项目外汇支出的50%之和确定。对于上年度没有经常项目外汇收支且需要开立账户的境内机构，开立经常项目外汇账户的初始限额不超过等值50万美元。

对在同一家银行开立不同币种的账户限额，累计不得超过该企业外汇账户的总限额，超限额的外汇，10日内必须结汇。

资本项目外汇账户限额是控制账户的累计贷方发生额不能超过限额，超过的限额不能入账，并且一个币种对应一个外汇账户核准件。

任务二　外币储蓄存款业务操作

一、外币储蓄存款开户业务操作

（一）操作流程

个人外币储蓄存款开户业务的操作流程如图5-1所示。

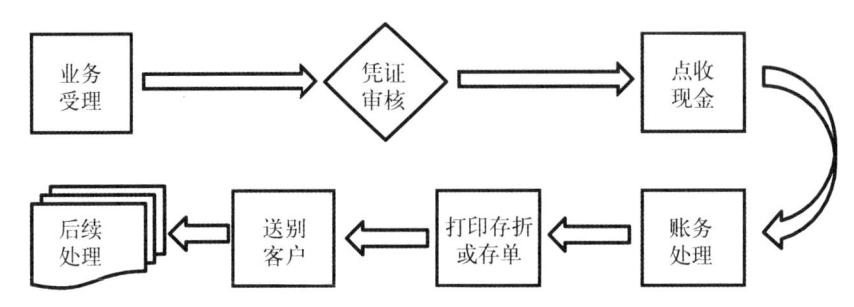

图5-1　个人外币储蓄存款开户业务的操作流程

（二）操作步骤

1. 业务受理

客户申请开立外币存款账户时，应填写存款凭条，填写内容包括：日期、户名、储种、币种、存入金额、有效身份证件名称与号码、地址等（代他人存款还需要填写代理人的姓名、有效身份证件名称与号码），可预留签字或印鉴。同时，将现金与有效身份证件一起交银行工作人员。

2. 凭证审核及点收现金

经办柜员按照规定审核客户提交的有效身份证件与存款凭条相关内容，按规定当面清点现金，核对金额，鉴别真伪。

3. 账务处理

经办柜员选择外币活期（定期）储蓄存款开户界面，按界面提示录入相关要素进行记账操作。预留密码的，由客户通过密码键盘输入密码。打印存款凭条，交给客户确认签名后，收回凭条。

个人外币存款的现钞户如办理现钞存入，可直接通过现钞办理，不必通过汇钞套算。其会计分录示例为：

借：库存现金　　　　　　　　　　　　　　　　　　　　EUR 1 000.00
　　贷：定期储蓄存款——×××　　　　　　　　　　　　EUR 1 000.00

个人外币存款的现汇户如办理现汇存入,会计分录为:

借:汇入汇款(或其他科目)　　　　　　　　　　　　　　EUR 1 000.00
　　贷:活期(定期)储蓄存款　　　　　　　　　　　　　　EUR 1 000.00

4. 打印存折或存单,送别客户

经办柜员账务记载成功后,打印存单或打印存折、写磁,核对内容无误,在存单(或存折)上加盖储蓄业务公章,连同身份证件一并交客户,并送别客户,然后登记重要空白凭证登记簿。

5. 后续处理

经办柜员在存款凭条上加盖现金收讫章或业务清讫章与柜员名章,将其作为办理业务的凭证与其他凭证一起装订保管,同时登记重要空白凭证登记簿。

付出:重要空白凭证——存单　1.00
　　　　　　　　　　——存折　1.00

(三) 世界主要国家和地区货币名称与货币符号

表 5-1　　　　　世界主要国家和地区货币名称与货币符号

国家/地区	中文	英文	标准符号
中国	人民币元	Renminbi Yuan	CNY
中国香港	港元	HongKong Dollar	HKD
日本	日元	Japanese Yen	JPY
新加坡	新加坡元	Singapore Dollar	SGD
欧元区	欧元	Euro	EUR
瑞士	瑞士法郎	Swiss Franc	CHF
英国	英镑	Pound	GBP
美国	美元	U. S. Dollar	USD
加拿大	加拿大元	Canadian Dollar	CAD
澳大利亚	澳大利亚元	Australian Dollar	AUD

二、外币储蓄存款续存业务操作

(一) 操作流程

个人外币活期储蓄存款续存业务的操作流程,如图 5-2 所示。

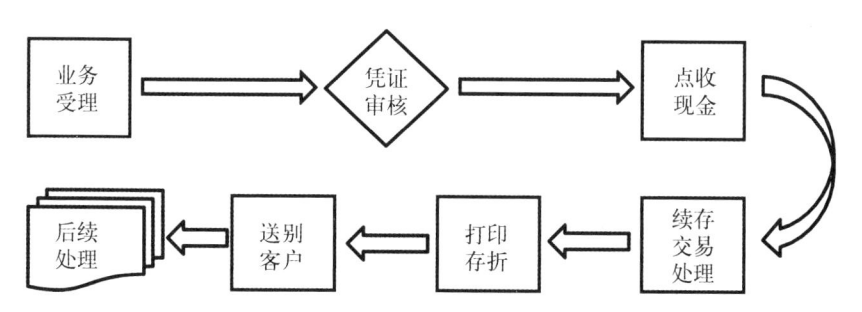

图 5-2　个人外币活期储蓄存款续存业务的操作流程

(二) 操作步骤

1. 业务受理

客户续存外币活期储蓄存款时,应将现金与存折一起交银行工作人员,口头核对存入金额。

2. 凭证审核

经办柜员刷折后,按照规定审核客户提交的存折。

3. 点收现金

经办柜员问清金额后按规定当面清点核对,并鉴别真伪。

4. 续存交易处理

经办柜员选择外币活期储蓄存款续存界面,按界面提示录入相关要素进行记账操作,打印存款凭条,交给客户确认签名,收回凭条。会计分录示例为:

借:库存现金　　　　　　　　　　　　　　　　　　USD 1 500.00
　　贷:活期储蓄存款——×××　　　　　　　　　USD 1 500.00

5. 打印存折

经办柜员账务记载成功后,打印存折,核对内容无误后,将存折连同存款凭条回单盖章后交与客户。

6. 送别客户

7. 后续处理

经办柜员在存款凭条上加盖现金收讫章或业务清讫章与柜员名章,将其作为办理业务的凭证与其他凭证一起装订保管。

(二) 换折处理

银行工作人员在办理业务过程中,若遇到存折满页需要换折时,应先刷折,再选择活期储蓄换折业务界面,按界面提示录入相关要素进行记账操作,凭密码支取的,由客户录入个人密码,然后打印存折,存折上加盖储蓄业务公章后交与客户。

原存折加盖"换折"和"附件"章,在办理存取业务换折时,原存折作储蓄存取款凭条附件;直接办理换折业务时,原存折作重要空白凭证表外付出传票附件。

三、外币储蓄存款支取业务操作

(一) 操作流程

个人外币储蓄存款支取业务的操作流程,如图5-3所示。

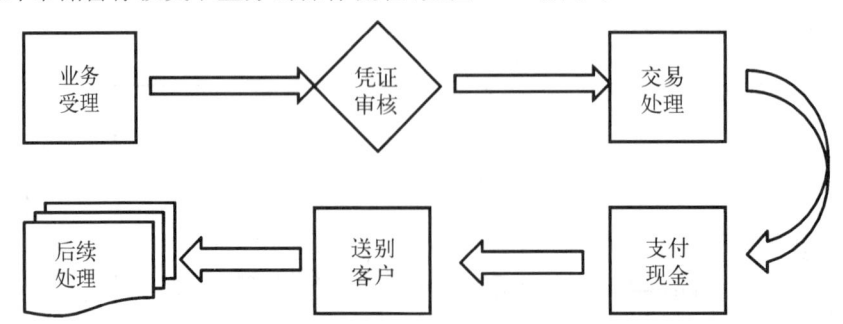

图5-3　个人外币储蓄存款支取业务的操作流程

(二) 操作步骤

1. 业务受理

客户办理存款支取时,应将存折、有效身份证件一并交给银行工作人员,口头核对支取金额。

2. 凭证审核

经办柜员按照规定审核客户提交的存折、有效身份证件。

3. 交易处理

经办柜员刷折后,选择外币活期储蓄取款界面,按界面提示录入相关要素进行记账操作,凭密码支取的,由客户录入个人密码,打印取款凭证交给客户确认签名,取回凭条。会计分录示例为:

借:活期储蓄存款——×××　　　　　　　　　　　　　　USD 1 000.00
　　贷:库存现金　　　　　　　　　　　　　　　　　　　　USD 1 000.00

4. 支付现金

经办柜员账务记载成功后,打印存折,核对内容无误后,按记账金额取款,将存折连同现金一并交给客户。

5. 送别客户

6. 后续处理

经办柜员在取款凭条上加盖现金收讫章或业务清讫章与柜员名章,将其作为办理业务的凭证与其他凭证一起装订保管。

四、外币储蓄存款销户与利息计算业务操作

(一) 操作流程

个人外币储蓄存款销户业务与利息计算的业务操作流程,如图5-4所示。

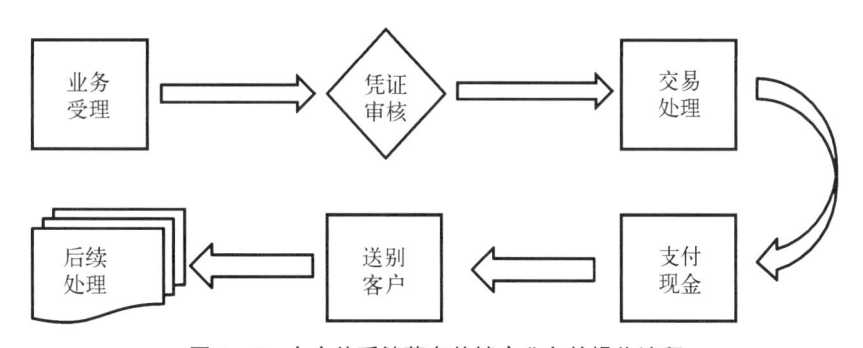

图5-4　个人外币储蓄存款销户业务的操作流程

(二) 活期储蓄存款销户

1. 业务受理

客户办理销户时应将存折交银行工作人员,若有大额支取的须提供有效身份证件,代他人取款还需提供代理人有效身份证件,口头表述要办的事项。

2. 凭证审核

经办柜员按照规定审核客户提交的存折、有效身份证件。

3. 交易处理

经办柜员刷折后，选择外币活期储蓄销户界面，按界面提示录入相关要素进行记账操作，凭密码支取的，由客户输入个人密码，打印取款凭条交给客户确认签名，收回凭条。会计分录示例为：

借：活期储蓄存款　　　　　　　　　　　　　　　　　USD 1 000.00
　　利息支出　　　　　　　　　　　　　　　　　　　USD 8.72
　贷：库存现金　　　　　　　　　　　　　　　　　　USD 1 006.98
　　　代扣代缴利息所得税　　　　　　　　　　　　　USD 1.74

4. 支付现金

经办柜员账务记载成功后，打印利息清单、存折，核对内容无误后，按记账金额配款，将利息清单一联连同现金一并交给客户。

5. 送别客户

6. 后续处理

经办柜员在取款凭条与利息清单上，加盖现金付讫章或业务清讫章与柜员名章，将其作为办理业务的凭证与其他凭证一起装订保管。存折上加盖"销户"和"附件"章后，拦腰剪断磁条，作储蓄取款凭条附件。

（三）定期储蓄存款销户

1. 业务受理

客户办理定期储蓄存款销户时应提交存单，提前支取的还须提供存款人本人有效身份证件，若有他人代理取款的，还应出示代理人有效身份证件。

2. 凭证审核

经办柜员按照规定审核客户提交的存单、有效身份证件，大额支取、提前支取或代理他人支取的，经办人员将其证件名称和号码摘录在存单背面。

3. 交易处理

经办柜员选择外币定期储蓄销户界面，按界面提示录入相关要素进行记账操作，凭密码支取的，由客户输入个人密码。会计分录示例为：

借：定期储蓄存款——×××　　　　　　　　　　　　EUR 1 000.00
　　利息支出　　　　　　　　　　　　　　　　　　　EUR 5.63
　贷：库存现金　　　　　　　　　　　　　　　　　　EUR 1 004.50
　　　代扣代缴利息所得税　　　　　　　　　　　　　EUR 1.13

4. 支付现金，送别客户

经办柜员账务记载成功后，打印存单、利息清单，核对内容无误后，按记账金额配款，将利息清单一联连同现金一并交给客户，送别客户。

5. 后续处理

经办柜员在存单与利息清单上加盖现金付讫章或业务清讫章与柜员名章，将其作为办理业务的凭证与其他凭证一起装订保管。

（四）定期储蓄存款部分提前支取

1. 业务受理

客户办理定期储蓄存款部分提前支取时应提交存单，提供存款人本人有效身份证件，若有他人代理取款的情况,还应出示代理人有效身份证件。

2. 凭证审核

经办柜员按照规定审核客户提交的存单、有效身份证件,将证件名称和号码摘录在存单背面。

3. 交易处理

经办柜员选择外币定期储蓄部分提取界面,按界面提示录入相关要素进行记账操作。凭密码支取的,由客户输入个人密码,对剩余金额进行转存处理。会计分录示例为:

借:定期储蓄存款　　　　　　　　　　　　　　　　　USD 10 000.00
　　利息支出(提前支取部分应税利息)　　　　　　　　USD 34.30
贷:库存现金(提前支取部分本金＋税后息)　　　　　　USD 5 027.44
　　定期储蓄存款(剩余本金)　　　　　　　　　　　　USD 5 000.00
　　代扣代缴利息所得税　　　　　　　　　　　　　　USD 6.86

4. 支付现金,送别客户

经办柜员在账务记载成功后,打印原存单销户记录、部分提前利息清单、转存部分存款凭条、新存单等。核对内容无误后,按部分提取金额配款,将利息清单一联连同提前支取部分现金、新存单、身份证件一并交给客户,并送别客户。

5. 后续处理

经办柜员在原存单、利息清单、转存部分存款凭条上加盖现金付讫章或业务清讫章与柜员名章,将其作为办理业务的凭证与其他凭证一起装订保管。

任务三　外币兑换业务操作

一、基本知识

(一) 外汇汇率

外汇汇率是指一国货币与另一国货币兑换的比率,是用一种货币表示另一种货币的价格,也称为外汇汇价。根据国际惯例,外汇汇价有两种表示方法:一种是直接标价法,是以一定单位的外国货币为标准来计算应付多少单位的本国货币;另一种是间接标价法,是以一定单位的本国货币为标准来计算应付多少单位的外国货币。

外汇的买卖和兑换须按一定的牌价计算,汇率就是牌价的基础。我国人民币基准汇率由中国人民银行指定,并授权中国外汇交易中心公布,经营外汇业务的银行据此调整挂牌买卖价。现行各种外汇的牌价,按规定有下列五种:外汇买入价,又称汇买价,是指银行买入外币现汇的价格;外汇卖出价,又称汇卖价,是指银行卖出外汇现汇的价格;外钞买入价,又称钞买价,是指银行买入外币现钞的价格;外钞卖出价,又称钞卖价,是指银行卖出外币现钞的价格;外汇中间价,又称中间价,是指汇买价和汇卖价的平均价格,银行相互之间外汇买卖一般按中间价。银行在外汇买卖时,需要垫付资金并承担汇率涨跌的风险,所以银行在买卖外汇时要收取一定的费用,外汇买价与卖价之间的差价,即为银行买卖外汇的收益或收取的费用。

(二)"外汇买卖"账户

"外汇买卖"是实行外汇分账制而设立的一个专用会计科目,是在办理外汇买卖、兑换等业务中外币与人民币科目之间的桥梁。"外汇买卖"科目既反映外汇兑换、外汇套汇等业务引起的外汇增减变化,又反映办理这些业务所引起的人民币增减变化。从资金性质上分类,该科目属于资产负债共同类。当买入外汇时,外币记本科目贷方,人民币记本科目借方;当卖出外汇时,外币记本科目借方,人民币记本科目贷方。"外汇买卖"科目的设立,对账务的处理起着联系和平衡的作用。

外汇买卖账簿包括分户账和总账两种。外汇买卖分户账是一种特定格式的账簿,以外币币种分别立账。该分户账由买入、卖出和结余三栏组成,把外币金额和人民币金额同时分栏填列在同一张账页上。买汇时,外币记贷方,人民币记借方,两者都记入买入栏;卖汇时,外币记借方,人民币记贷方,两者都记入卖出栏。外汇买卖总账分外币和人民币分别填列。每日营业终了,根据科目日结单登记总账发生额,根据上日余额结出本日余额。

二、个人外币兑出业务操作

(一) 操作流程

个人外币兑出业务的操作流程,如图 5-5 所示。

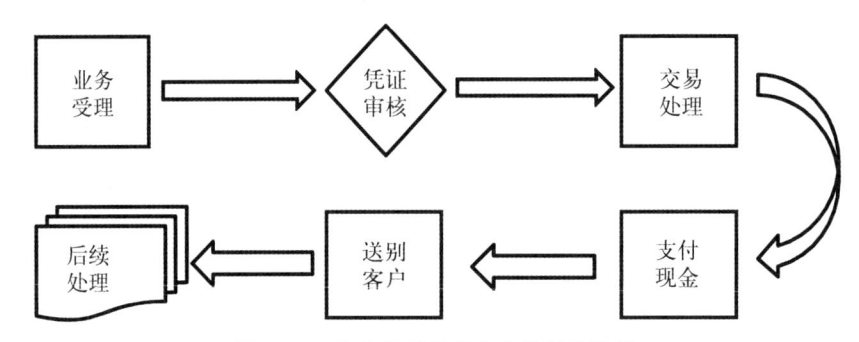

图 5-5 个人外币兑出业务的操作流程

(二) 操作步骤

1. 业务受理

客户需要兑换外币时,应持本人有效身份证件,填写个人因私购汇申请书,并交付人民币现钞。

有效身份证件包括:本人身份证(中国公民)、户口簿(16 岁以下中国公民)、军人身份证件、武装警察身份证件、港澳居民往来内地通行证(港澳居民)、台湾居民往来大陆通行证(台湾居民)、护照(外国公民或有护照的中国公民)。

2. 凭证审核

经办柜员按照规定审核客户提交的有效身份证件的相关内容。

3. 交易处理

经办柜员选择外币结售汇现钞操作界面,按界面提示录入相关要素进行记账操作。打印结售汇单,交客户确认签名后收回凭证。会计分录示例为:

借:库存现金　　　　　　　　　　　　　　　　　CNY 4 337.70
　　贷:外汇买卖(钞卖价)　　　　　　　　　　　　CNY 4 337.70
借:外汇买卖(钞卖价)　　　　　　　　　　　　　EUR 500.00
　　贷:库存现金　　　　　　　　　　　　　　　　EUR 500.00

4. 支付现钞

经办柜员在账务记载成功后,根据外汇牌价计算人民币金额,清点核对人民币现金。按照核准的外币金额配款,核对无误后,在结售汇回单上加盖业务清讫章后,连同身份证件、外币现钞、购汇申请书客户留存联一并交给客户。

5. 送别客户

6. 后续处理

经办柜员在相关凭证上加盖现金清讫章或业务清讫章与柜员名章,将其作为办理业务的凭证与其他凭证一起装订保管。

【提示】 根据国家外汇管理局发布的《个人外汇管理办法实施细则》(2007年1月)的规定,对个人结汇和境内个人购汇实行年度总额管理,年度总额为每人每年等值5万美元。个人提取外币现钞当日累计等值1万美元以上,个人向外汇储蓄账户存入外币现钞当日累计等值5 000美元以上,均需要凭有关证件和单据到银行柜台办理。

三、个人外币兑入业务操作

(一) 操作流程

个人外币兑入业务的操作流程,如图5-6所示。

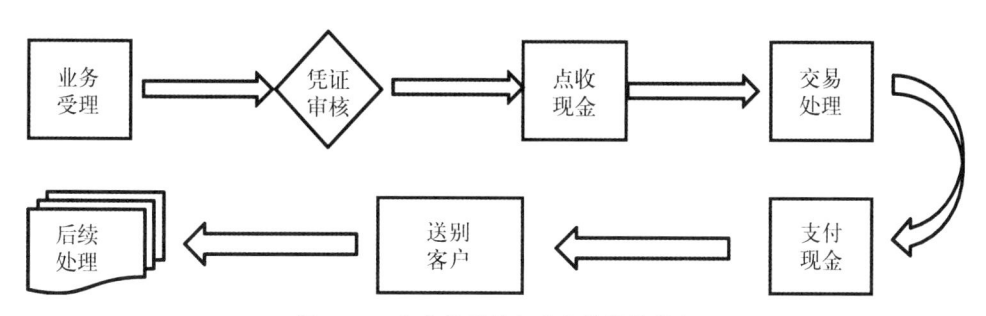

图5-6 个人外币兑入业务的操作流程

(二) 操作步骤

1. 业务受理

客户需要将外币兑换成人民币时,应持本人有效身份证件,填写个人结汇申请书并交付外币现钞。

2. 凭证审核,点收现金

经办柜员按照规定审核客户提交的有效身份证件的相关内容,清点外币现钞,并鉴别真伪。

3. 交易处理

经办柜员选择外币结汇现钞操作界面,按界面提示录入相关要素进行记账操作,打印结售汇单,交给客户确认签名,收回凭证。会计分录示例为:

借:库存现金　　　　　　　　　　　　　　　　　　EUR 100.00
　　贷:外汇买卖(钞买价)　　　　　　　　　　　　EUR 100.00
借:外汇买卖(钞买价)　　　　　　　　　　　　　　CNY 851.00
　　贷:库存现金　　　　　　　　　　　　　　　　　CNY 851.00

4. 支付现金

经办柜员在账务记载成功后,根据打印的结售汇金额配款,核对无误后,在回单上加盖业务清讫章,连同身份证件、人民币现金一并交给客户,并送别客户。

5. 送别客户

6. 后续处理

经办柜员在相关凭证上加盖现金收讫章或业务清讫章与柜员名章,将其作为办理业务的凭证,与其他凭证一起装订保管。

四、个人外币套兑业务操作

(一) 操作流程

个人外币套兑业务的操作流程,如图5-7所示。

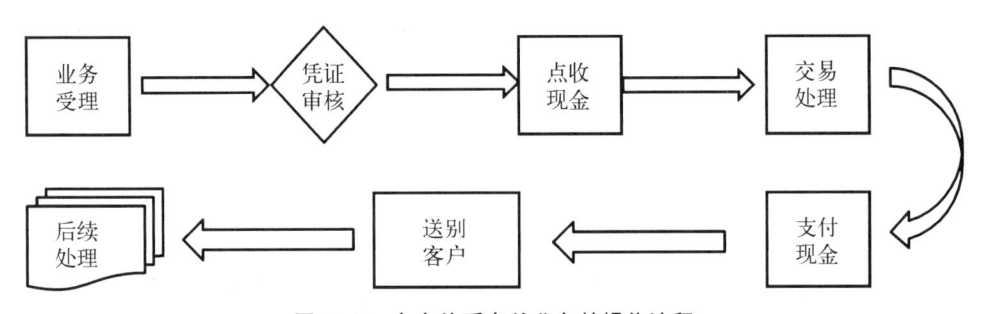

图5-7 个人外币套兑业务的操作流程

(二) 操作步骤

1. 业务受理

客户需要在两种外币之间进行套兑时,应持本人有效身份证件,填写个人套兑申请书并交付外币现钞。

2. 凭证审核,点收现金

经办柜员按照规定审核客户提交的有效身份证件的相关内容,问清金额,清点核对外币现钞,并鉴别真伪。

3. 交易处理

经办柜员选择外币套汇现钞操作界面,按界面提示录入相关要素进行记账操作,打印套兑水单,交给客户确认签名,收回凭证。会计分录示例为:

借:库存现金	EUR 100.00
贷:外汇买卖(钞买价)	EUR 100.00
借:外汇买卖	CNY 851.01
贷:外汇买卖	CNY 851.01
借:外汇买卖(钞卖价)	USD 125.00
贷:库存现金	USD 125.00

4. 支付现金

经办柜员在账务记载成功后,根据打印的套兑水单金额配款,在套兑水单回单上加盖业务清讫章后,连同身份证件、卖出的外币现钞、申请书客户留存联一并交给客户,并送别客户。

5. 送别客户
6. 后续处理

经办柜员核对内容无误后,在相关凭证上加盖现金收讫章或业务清讫章与柜员名章,将其作为办理业务的凭证一起装订保管。

五、单位购汇业务操作

(一) 操作流程

单位购汇业务操作流程如图 5-8 所示。

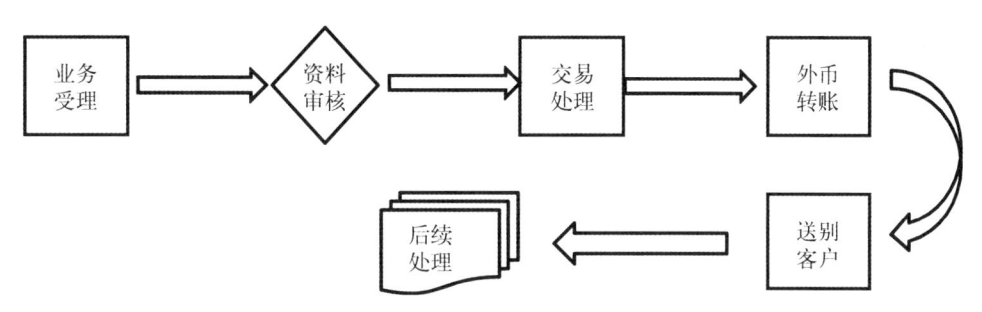

图 5-8 单位购汇业务操作流程

(二) 操作步骤

1. 业务受理

单位客户向银行提出购汇业务申请,填写购汇/付汇申请书,填明购汇用途、金额、币别等信息,加盖公章、印鉴章。

2. 资料审核

经办柜员审核单位客户提供资料,审核购汇/付汇申请书要素是否填写清楚,印章是否加盖完整。

3. 交易处理

经办柜员进入对公结售汇交易界面,系统打印外币入账通知书、外汇兑换水单,柜员须在外管局核准件上批注购汇账号,金额等必要要素。

4. 外币转账

经办柜员根据外汇牌价计算人民币金额,核准外币金额配款转账,核对无误后在相关凭证上加盖业务清讫章,将购汇申请书回单联、外币兑换水单汇单回单联、入账通知书第二联交给客户。

5. 送别客户
6. 后续处理

经办柜员核对内容无误后,在相关凭证上加盖业务清讫章,将外汇兑换水单第二、三联、外币入账通知书第一联作为凭证整理存放,购汇/付汇申请书第二、三联作为附件,外汇兑换水单统计卡与购汇/付汇申请书第四联交后台留存。(如需要外管局核准件,外管局核准银行联也作为凭证附件),外管局核准件返回外管局联返回外管局。

六、单位结汇业务操作

(一) 操作流程

单位结汇业务操作流程如图 5-9 所示。

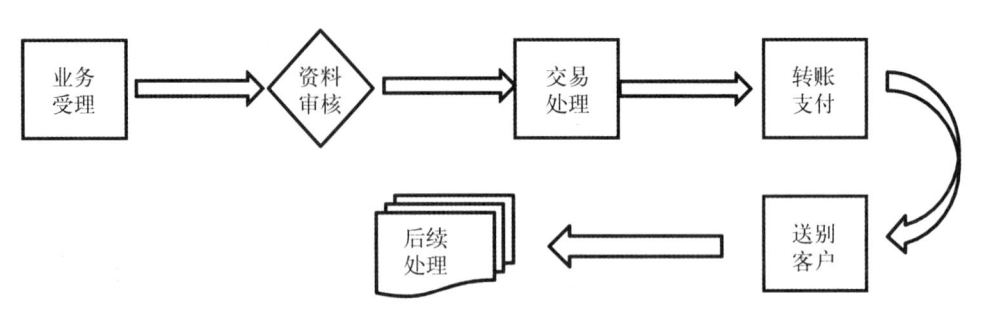

图 5-9 单位结汇业务操作流程

(二) 操作步骤

1. 业务受理

单位客户向银行提出结汇业务申请,填写结汇申请书,且加盖单位公章及印鉴章,提供外管局核准件。

2. 资料审核

经办柜员审核单位客户提供资料,其中资本项目、经常项目项下结汇,应审核结汇申请书加盖单位公章及印鉴章真实性,是否有有权人审批,外管局核准件上是否有外管局双人签字,是否加盖外管局章;待核查账户结汇,应审核出口收汇说明中金额是否与入账报文金额一致,是否有双人签字,是否加盖印章。

3. 交易处理

经办柜员进入对公结售汇交易界面,系统打印人民币入账通知书,外汇兑换证明,柜员须在外管局核准件上批注结汇账号,金额等必要要素。

4. 转账支付

经办柜员核准人民币金额配款转账,核对无误后,将外汇局核准件回单联、结汇申请书回单联、收账通知书、外汇兑换证明客户联交给客户。

5. 送别客户

6. 后续处理

经办柜员核对内容无误后,在相关凭证上加盖业务清讫章,将外币兑换证明第二、三联、人民币入账通知书第一联、外汇局核准件银行联、结汇申请书二、三联作为传票附件整理存放,外汇兑换证明统计卡与结汇申请书留底联交后台留存,外管局核准件返回外管局联返回外管局。

任务四 外汇代理业务操作

一、代理外汇买卖业务操作

(一) 代理外汇买卖业务的含义

代理外汇买卖业务是指商业银行利用自身的优势,接受客户委托,代理客户进行即期外汇买卖和远期外汇买卖的业务。

代理外汇买卖业务主要有即期外汇买卖和远期外汇买卖两种。即期外汇买卖,是指外汇买卖成交后,在2个营业日之内进行交割清算的外汇买卖业务。远期外汇买卖,是指在外汇买卖成交后,并不立即交割,而是在未来某个特定日期,按交易日约定的币种、数量和汇率进行交割清算的外汇买卖业务。

银行通过开办外汇买卖业务,为客户提供按国际金融市场的汇率报价的服务,使客户能够及时办理对外贸易相关的外汇买卖业务,或能够及时进行外汇资产的保值,从而避免由于汇率的波动而带来的风险。

(二) 代理外汇买卖的基本流程

(1) 客户向银行申请办理委托外汇买卖业务,提供相应的证明材料,并与银行签订委托代理协议。

(2) 客户向银行交纳外汇买卖资金或保证金,并存入银行专户。

(3) 银行询价,并向客户报价。

(4) 根据客户的指令,银行按一定的汇率买入或卖出一定期限、一定数量的外汇。

(5) 到期交割清算,并向客户按协议规定收取一定的手续费和其他费用。即期外汇买卖在2个营业日之内进行交割清算;远期外汇买卖在未来某个特定日期进行交割清算。

二、代理套汇交易业务操作

(一) 代理套汇交易业务的含义

代理套汇交易业务,是指利用在同一时间内不同外汇市场上的汇率差异,通过贱买贵卖为客户赚取汇率差额的外汇交易。套汇交易业务分为直接套汇交易业务和间接套汇交易业务两大类。

套汇交易业务一方面可以减少由于汇率变动带来的风险,在一定程度上起到货币保值增值,平衡汇率的作用;另一方面也可以为客户获得一定的收益。

在我国境内的机关、团体、企事业单位(包括外商投资企业)均可办理此项业务。申请单位必须以进出口贸易合同或其他对外经济协议为依据来办理。但外商投资企业可以不受此项规定限制。

(二) 代理套汇业务的基本流程

(1) 客户向银行提出交易委托,填写委托申请书,同时随附进出口贸易合同或其他有关文件。

(2) 客户交存保证金或提供履约担保。

(3) 银行询价,并向客户报价。

(4) 客户与银行成交,银行为客户出具外汇买卖证书,银行办理外汇买卖交割。

(5) 客户支付银行委托费用。银行与客户协商确定按交易本金收取一定的费用,但最高不得超过成交金额的1‰。

三、代理套利交易业务操作

(一) 代理套利交易业务的含义

代理套利交易业务,是指利用在不同国家或地区进行投资的利率差异,把资金从利率较低国家和地区转移到利率较高的国家和地区,以赚取利率差额的交易。按套利者是否承担货币头寸的汇率风险来划分,可分为抛补套利和非抛补套利两大类。抛补套利,是套利者在把资金从低利率国家调往高利率国家以获取较高利息的同时,还在外汇市场上卖出高利率国家远期货币以防止汇率风险。非抛补套利只将资金从利率低的国家调往利率高的国家,不做远期交易规避汇率风险。

(二) 代理套利交易业务的基本流程

(1) 客户向银行提出交易委托,填写委托申请书,同时随附进出口贸易合同或其他有关文件。
(2) 客户交存保证金或提供履约担保。
(3) 银行询价,并向客户报价。
(4) 客户与银行成交,银行为客户出具外汇买卖证书,银行办理外汇买卖交割。
(5) 客户支付银行委托费用。银行与客户协商确定按交易本金收取一定的费用,但最高不得超过成交金额的 1‰。

项 目 小 结

外汇业务处理内容结构如图 5-10 所示。

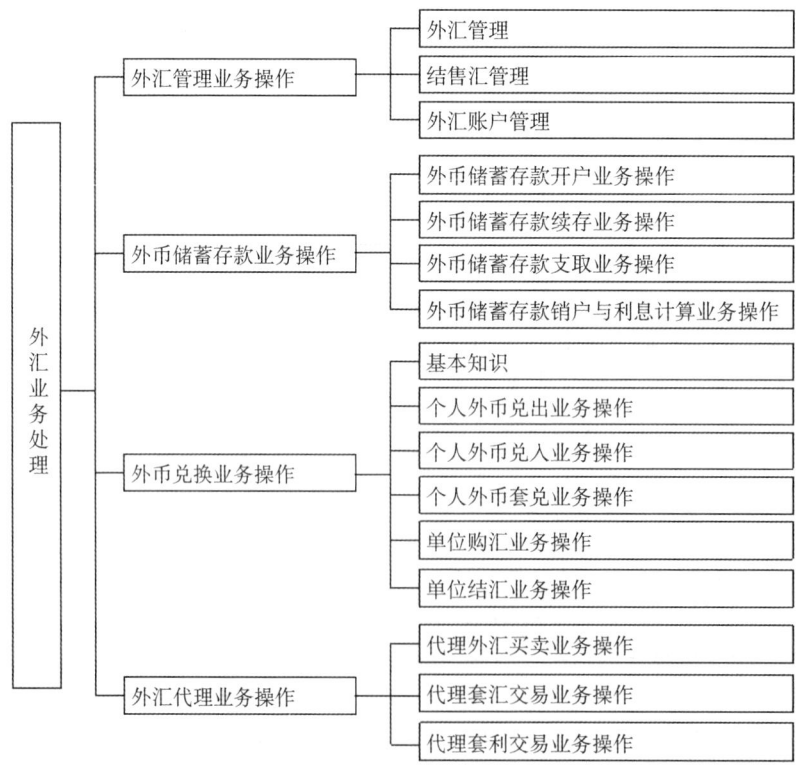

图 5-10 外汇业务处理内容结构图

项目六　单位结算账户业务处理

【职业能力目标】
1. 熟悉几种单位结算账户的开立者及开立所需文件。
2. 理解单位结算账户变更和撤销的情形。
3. 掌握单位结算账户的几种类别、用途和开立流程。

【典型工作任务】
1. 单位账户开立操作。
2. 单位结算账户使用和管理操作。
3. 单位结算账户变更与注销操作。

任务一　单位账户开户业务操作

任务引例

A公司到其基本户开户银行要求增资,银行告知客户将增资款存入基本账户并在备注栏注明投资款就可以增资了。请问该银行的做法对吗？若不对,应该如何处理？

一、结算账户分类

银行结算账户是指银行为存款人开立的办理资金收付结算的人民币活期存款账户。银行结算账户按存款人分为单位银行结算账户和个人银行结算账户。

存款人以单位名称开立的银行结算账户为单位银行结算账户。单位银行结算账户按用途分为基本存款账户、一般存款账户、专用存款账户、临时存款账户。

个体工商户凭营业执照以字号或经营者姓名开立的银行结算账户纳入单位银行结算账

户管理。

银行应依法为存款人的银行结算账户信息保密。对单位银行结算账户的存款和有关资料,除国家法律、行政法规另有规定外,银行有权拒绝任何单位或个人查询。对个人银行结算账户的存款和有关资料,除国家法律另有规定外,银行有权拒绝任何单位或个人查询。

二、基本存款账户开立

(一) 基本存款账户界定

基本存款账户是指单位存款人因办理日常转账结算和现金收付而开立的银行结算账户,是一般存款账户、专用存款账户(QFII专用存款账户除外)、临时存款账户(临时机构临时存款账户除外)开立的前提。单位存款人只能开立一个基本存款账户,可开立在注册地或经营地。

人民币银行结算账户管理系统以基本存款账户为龙头,存储存款人的所有银行账户信息,对银行结算账户的开立和使用实施有效的监控和管理。存款人日常经营活动的资金收付及工资、奖金和现金的支取,应通过存款人的主办账户。

【做中学6-1】
中国人民银行对下列单位银行结算账户中实行核准制度的有( )。
A. 基本存款账户
B. 临时存款账户(因注册验资和增资验资开立的除外)
C. 预算单位专用存款账户
D. 合格境外机构投资者在境内从事证券投资开立的人民币特殊账户和人民币结算资金账户

(二) 基本存款账户开户人

下列存款人可以申请开立基本存款账户。
(1) 企业法人。
(2) 非法人企业。
(3) 机关、事业单位。
(4) 团级(含)以上军队、武警部队及分散执勤的支(分)队。
(5) 社会团体。
(6) 民办非企业组织。
(7) 异地常设机构。
(8) 外国驻华机构。
(9) 个体工商户。
(10) 居民委员会、村民委员会、社区委员会。
(11) 单位设立的独立核算的附属机构。
(12) 其他组织。

(三) 基本存款账户开立文件

存款人申请开立基本存款账户,应向银行出具下列证明文件:
(1) 企业法人应出具企业法人营业执照正本。

(2) 非法人企业应出具企业营业执照正本。

(3) 机关和实行预算管理的事业单位，应出具政府人事部门或编制委员会的批文或登记证书和财政部门同意其开户的证明；非预算管理的事业单位，应出具政府人事部门或编制委员会的批文或登记证书。

(4) 军队、武警团级（含）以上单位以及分散执勤的支（分）队，应出具军队军级以上单位财务部门、武警总队财务部门的开户证明。

(5) 社会团体应出具社会团体登记证书，宗教组织还应出具宗教事务管理部门的批文或证明。

(6) 民办非企业组织，应出具民办非企业登记证书。

(7) 外地常设机构，应出具其所在驻地政府主管部门的批文。

(8) 外国驻华机构，应出具国家有关主管部门的批文或证明；外资企业驻华代表处、办事处应出具国家登记机关颁发的登记证。

(9) 个体工商户，应出具个体工商户营业执照正本。

(10) 居民委员会、村民委员会、社区委员会，应出具其主管部门的批文或证明。

(11) 独立核算的附属机构，应出具其主管部门的基本存款账户开户登记证明和批文。

(12) 其他组织，应出具政府主管部门的批文或证明。

三、一般存款账户开立

（一）一般存款账户界定

一般存款账户是指存款人因借款或其他结算的需要，在基本存款账户开户银行以外的银行营业机构开立的银行结算账户。

（二）一般存款账户开立所需的证明文件

存款人申请开立一般存款账户，应向银行出具其开立基本存款账户规定的证明文件、基本存款账户开户登记证明和下列证明文件：

(1) 存款人因向银行借款需要，应出具借款合同。

(2) 存款人因其他结算需要，应出具有关证明。

四、专用存款账户开立

（一）专用存款账户界定

专用存款账户是指存款人按照法律、行政法规和规章，为其特定用途资金进行专项管理和使用而开立的银行结算账户。

（二）专用存款账户管理和使用的资金类别

对下列资金的管理与使用，存款人可以申请开立专用存款账户：

(1) 基本建设资金。

(2) 更新改造资金。

(3) 财政预算外资金。

(4) 粮、棉、油收购资金。

(5) 证券交易结算资金。

(6) 期货交易保证金。

(7) 信托基金。

(8) 金融机构存放同业资金。

(9) 政策性房地产开发资金。

(10) 单位银行卡备用金。

(11) 住房基金。

(12) 社会保障基金。

(13) 收入汇缴资金和业务支出资金,是指基本存款账户存款人附属的非独立核算单位或派出机构发生的收入和支出的资金。因收入汇缴资金和业务支出资金而开立的专用存款账户,应使用隶属单位的名称。

(14) 党、团、工会设在单位的组织机构经费。

(15) 其他需要专项管理和使用的资金。

(三) 专用存款账户开立所需的证明文件

存款人申请开立专用存款账户,应向银行出具其开立基本存款账户规定的证明文件、基本存款账户开户登记证明和下列证明文件:

(1) 基本建设资金、更新改造资金、政策性房地产开发资金、住房基金、社会保障基金应出具主管部门批文。

(2) 财政预算外资金应出具财政部门的证明。

(3) 粮、棉、油收购资金应出具主管部门批文。

(4) 单位银行卡备用金应按照中国人民银行批准的银行卡章程的规定,出具有关证明和资料。

(5) 证券交易结算资金应出具证券公司或证券管理部门的证明。

(6) 期货交易保证金应出具期货公司或期货管理部门的证明。

(7) 金融机构存放同业资金应出具其证明。

(8) 收入汇缴资金和业务支出资金应出具基本存款账户存款人的有关证明。

(9) 党、团、工会设在单位的组织机构经费应出具该单位或有关部门的批文或证明。

(10) 其他按规定需要专项管理和使用的资金应出具有关法规、规章或政府部门的有关文件。

(11) 合格境外机构投资者在境内从事证券投资开立的人民币特殊账户和人民币结算资金账户,纳入专用存款账户管理。其开立人民币特殊账户时,应出具国家外汇管理部的批复文件;开立人民币结算资金账户时,应出具证券管理部门的证券投资业务许可证。

五、临时存款账户开立

(一) 临时存款账户界定

临时存款账户是指存款人因临时需要,并在规定期限内使用而开立的银行结算账户。

(二) 开立临时存款账户的几种情况

有下列情况的,存款人可以申请开立临时存款账户:

(1) 设立临时机构。

(2) 异地临时经营活动。

(3) 注册验资。

任务引例解析

该银行做法不妥。根据《人民币银行结算账户管理办法》,单位存款人若因增资验资需要开立银行结算账户,应持其基本账户开户许可证、股东会或董事会决议等证明文件,在银行开立一个临时存款账户,该账户的使用和撤销应当比照因注册验资开立的临时存款账户来管理。

(三) 临时存款账户开立所需的证明文件

存款人申请开立临时存款账户,应向银行出具下列证明文件:

(1) 临时机构,应出具其所在驻地主管部门同意设立临时机构的批文。
(2) 异地建筑施工及安装单位,应出具其营业执照正本或其隶属单位的营业执照正本。
(3) 异地从事临时经营活动的单位,应出具其营业执照正本以及临时经营地工商行政管理部门的批文。
(4) 注册验资资金,应出具工商行政管理部门核发的企业名称预先核准通知书或有关部门的批文。

人民币结算账户开户流程如图 6-1 所示,开立单位银行结算账户申请书如表 6-1 所示。

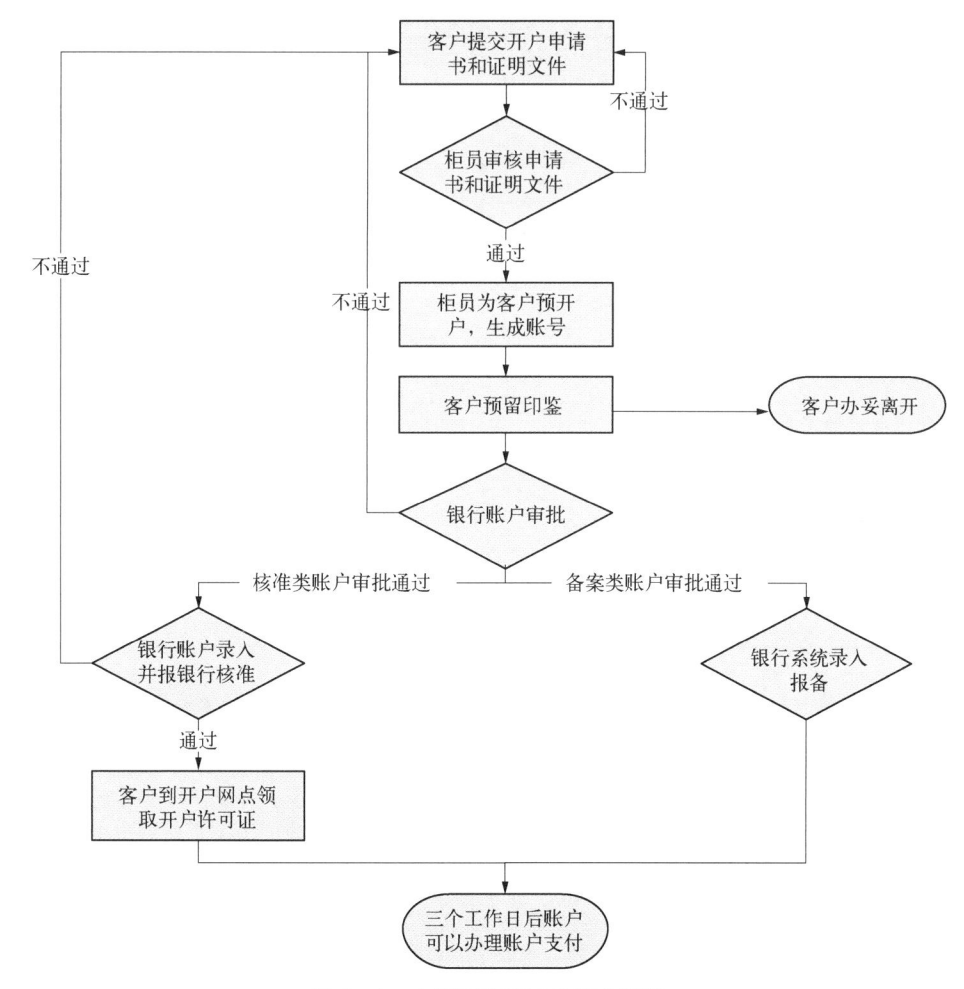

图 6-1　人民币结算账户开户流程

表 6-1　　　　　　　　　　开立单位银行结算账户申请书

存款人名称				电话	
地址				邮编	
存款人类别		组织机构代码			
法定代表人(√) 单位负责人( )	姓名				
	证件种类			证件号码	
行业分类	A( ) B( ) C( ) D( ) E( ) F( ) G( ) H( ) I( ) J( ) K( ) L( ) M( ) N( ) O( ) P( ) Q( ) R( ) S( ) T( )				
注册资金		地区代码			
经营范围					
证明文件种类		证明文件编号			
税务登记证(国税或地税)编号					
关联企业	关联企业信息填列在"关联企业登记表"上。				
账户性质	基本(√)一般( )专用( )临时( )				
资金性质		有效日期至		年　月　日	

以下为存款人上级法人或主管单位信息：

上级法人或主管单位名称			
基本存款账户开户许可证核准号		组织机构代码	
法定代表人( ) 单位负责人( )	姓名		
	证件种类		
	证件号码		

以下栏目由开户银行审核后填写：

开户银行名称		开户银行代码	
账户名称		账号	
基本存款账户开户许可证核准号		开户日期	
本存款申请开立单位银行结算账户，并承诺所提供的开户资料真实、有效。 　　　　　　存款人(公章) 　　　　　　　年　月　日	开户银行审核意见： 经办人(签章) 银行(签章) 年　月　日	人民银行审核意见： (非核准类账户除外) 经办人(签章) 人民银行(签章) 年　月　日	

填表说明：

(1) 申请开立临时存款账户，必须填列有效日期；申请开立专用存款账户，必须填列资金性质。

(2) "行业分类"中各字母代表的行业种类如下：A：农、林、牧、渔业；B：采矿业；C：制造业；D：电力、燃气及水的生产供应业；E：建筑业；F：交通运输、仓库和邮政业；G：信息传输、计算机服务及软件业；H：批发和零售业；I：住宿和餐饮业；J：金融业；K：房地产业；L：租赁和商务服务业；M：科学研究、技术服务和地质勘查业；N：水利、环境和公共设施管理；O：居民服务和其他服务业；P：教育业；Q：卫生、社会保障和社会福利业；R：文化、教育和娱乐业；S：公共管理和社会组织；T：其他行业。

(3) 带括号的选项填"√"。

(4) 申请开立核准类账户，填写本表一式三联，三联申请书由开户银行报送人民银行上海分行，加盖审核章后，一联开户单位留存，一联开户银行留存，一联中国人民银行上海分行留存；申请开立备案类账户，填写本表一式二联，一联存款人留存，一联开户银行留存。

任务二　单位结算账户使用与管理业务操作

任务引例

开源自来水公司是某市一家普通的中小企业。因为公司地理位置与本市建设银行距离较近,于是在建设银行开立了基本存款账户。本月公司因需要更新固定资产而向本市工商银行申请贷款并获得批准,于是公司在工商银行又开立了一般存款账户,而固定资产改造所用的款项又需要存入在建设银行开立的专用存款账户中。

开源自来水公司因职工工资发放、差旅费报销及其他日常收支的需要,几乎每星期都要去两三次银行。为了方便广大用户及提高公司工作效率,公司委托银行开展了代理收款业务,由银行定期向公司划付水费。

一、结算账户的使用

(一) 基本存款账户的使用

基本存款账户是存款人的主办账户。存款人日常经营活动的资金收付及其工资、奖金和现金的支取,应通过该账户办理。

(二) 一般存款账户的使用

一般存款账户用于办理存款人借款转存、借款归还和其他结算的资金收付。该账户可以办理现金缴存,但不得办理现金支取。

(三) 专用存款账户的使用

专用存款账户用于办理各项专用资金的收付。

单位银行卡账户的资金必须由其基本存款账户转账存入。该账户不得办理现金收付业务。

财政预算外资金、证券交易结算资金、期货交易保证金和信托基金专用存款账户不得支取现金。

基本建设资金、更新改造资金、政策性房地产开发资金、金融机构存放同业资金账户需要支取现金的,应在开户时报中国人民银行当地分、支行批准。中国人民银行当地分、支行应根据国家现金管理的规定审查批准。

粮、棉、油收购资金账户,社会保障基金账户,住房基金和党、团、工会经费账户等专用存款账户支取现金,应按照国家现金管理的规定办理。

收入汇缴账户除向其基本存款账户或预算外资金财政专用存款账户划缴款项之外,只收不付,不得支取现金。业务支出账户除从其基本存款账户拨入款项之外,只付不收,其现金支取必须按照国家现金管理的规定办理。

银行应按照各项规定和国家对粮、棉、油收购资金的使用加强监督,不得办理不符合规定的资金收付和现金支取,但对其他专用资金的使用不负监督责任。

(四) 临时存款账户的使用

临时存款账户用于办理临时机构以及存款人临时经营活动发生的资金收付。

临时存款账户应根据有关开户证明文件确定的期限,或根据存款人的需要确定其有效期限。若存款人在账户的使用中需要延长期限,应在有效期限内向开户银行提出申请,并由开户银行报给中国人民银行当地分支行核准后办理延期。临时存款账户的有效期最长不得超过 2 年。

从临时存款账户支取现金,应按照国家现金管理的规定办理。

注册验资的临时存款账户在验资期间只收不付,注册验资资金的汇缴人应与出资人的名称一致。

存款人开立单位银行结算账户,自正式开立之日起 3 个工作日后,方可办理付款业务,但由注册验资的临时存款账户转为的基本存款账户,和因借款转存开立的一般存款账户除外。

【做中学 6-2】

存款人申请开立一般存款账户,应向银行出具其开立基本存款账户规定的证明文件、基本存款账户开户登记证和(　　)。

A. 存款人因向银行借款需要,应出具借款合同
B. 存款人因其他结算需要,应出具有关证明
C. 存款人在异地从事商业经营的证明
D. 应存款人自身需要可以自由开设管理

二、结算账户的管理

(一) 中国人民银行的管理职责

中国人民银行负责监督、检查银行结算账户的开立和使用,对存款人、银行违反银行结算账户管理规定的行为予以处罚。

中国人民银行负责基本存款账户、临时存款账户和预算单位专用存款账户开户登记证的管理。任何单位及个人不得伪造、变造及私自印制开户登记证。

(二) 商业银行的管理职责

商业银行负责所属营业机构银行结算账户开立和使用的管理,监督和检查其执行情况,纠正违规开立和使用银行结算账户的行为。

商业银行应明确专人负责银行结算账户的开立、使用和撤销的审查和管理,负责对存款人开户申请资料的审查,并按照规定及时报送存款人开销户信息资料,建立健全的开销户登记制度,建立银行结算账户管理档案,按会计档案进行管理。

商业银行结算账户管理档案的保管期限为银行结算账户撤销后 10 年。

商业银行应对已开立的单位银行结算账户实行年检制度,检查开立的银行结算账户的合规性,核实开户资料的真实性;对不符合规定开立的单位银行结算账户应予以撤销。对经核实的各类银行结算账户的资料变动情况,应及时报告中国人民银行当地分支行。

商业银行应对存款人使用银行结算账户的情况进行监督,对存款人的可疑支付应按照中国人民银行规定的程序及时报告。

> **任务引例解析**

从案例中我们可以看到,单位在银行开立结算账户的目的不仅仅是为了资金的安全和获得利息,更重要的是利用银行管理资金的优势,把自己的资金用好、用活,从而提高经济效益。

任务三 单位结算账户变更与注销业务操作

> **任务引例**

分行运行督导员对网点进行专项检查,检查该网点变更单位结算账户业务时发现:一单位账户户名由"××汽车贸易责任公司"变更为"××汽车销售有限公司",单位法定代表人由"黄×"变更为"陈×",而且,单位填写的变更申请表上营业场所地址、联系电话等均发生变动,但客户提供变更资料只有变更申请书、税务登记证,没有变更单位提供相关部门的证明文件,如工商行政管理部门的《变更登记表》及工商营业执照,也无对单位的尽职调查记录,网点却直接为其办理了变更手续。

文本:人民币单位存款管理办法

文本:人民币银行结算账户管理办法

一、结算账户变更

(一)变更开户资料

单位的法定代表人或主要负责人及其住址等其他开户资料发生变更时,应于5个工作日内,书面通知开户银行并提供有关证明。

(二)变更存款人名称

存款人更改名称,但不改变开户银行及账号时,应于5个工作日内向开户银行提出银行结算账户的变更申请,并出具有关部门的证明文件。

银行接到存款人的变更通知后,应及时办理变更手续,并于2个工作日内向中国人民银行报告。

(三)变更基本存款开户行

原已开立基本存款账户的客户,因业务需要,更换基本存款账户开户行,应与原开户行结清债权债务关系,对账完毕后,持原开户行签发的销户证明、销户结息单、企事业单位代码证正本(或代码卡)及原基本存款账户许可证正本和副本,到当地人民银行办理基本存款账户变更手续,原开户银行应积极提供以上有关资料。

如果当地人民银行与各商业银行可以联网办理基本存款账户许可证,则可直接到基本存款账户开户行办理。

基本存款账户以外其他账户的变更由经办行审查办理。

变更银行结算账户申请书如表6-2所示。

表 6-2　　　　　　　　　　　　　变更银行结算账户申请书

账户名称			
开户银行机构代码		账　号	
账户性质	基本(√) 专用( ) 一般( ) 临时( ) 个人( )		
开户许可证核准号			
变更事项及变更后内容如下：			
账户名称			
地址			
邮政编码			
电话			
注册资金金额			
证明文件种类			
证明文件编号			
经营范围			
法定代表人或单位负责人	姓名		
	证件种类		
	证件号码		
关联企业	变更后的关联企业信息填列在"关联企业登记表"中。		
上级法人或主管单位的基本存款账户核准号			
上级法人或主管单位的名称			
上级法人或主管单位法定代表人或单位负责人	姓名		
	证件种类		
	证件号码		
本存款人申请变更上述银行账户内容,并承诺所提供的资料真实、有效。 存款人(签章) 年　月　日	开户银行审核意见： 经办人(签章) 开户银行(签章) 年　月　日		人民银行审核意见： 经办人(签名) 人民银行(签章) 年　月　日

填表说明：
　　1. 存款人申请变更核准类银行结算账户的存款人名称、法定代表人或单位负责人的,中国人民银行当地分支行应当对存款人的变更申请进行审核并签署意见,并重新核发开户许可证。
　　2. 带括号的选项填"√"。
　　3. 本申请书一式三联,一联存款人留存,一联开户银行留存,一联中国人民银行当地分支行留存。

二、结算账户注销

(一) 撤销银行结算账户的几种情形

　　撤销银行结算账户是指存款人因开户资格或其他原因终止银行结算账户使用的行为。存款人尚未清偿其开户银行债务的,不得申请撤销该账户。有下列情形之一的,存款人应向开户银行提出撤销银行结算账户的申请：

(1) 被撤并、解散、宣告破产或关闭。

(2) 注销或被吊销营业执照。

在以上两种情况下，存款人基本存款账户的开户银行应自撤销银行结算账户之日起 2 个工作日内，将撤销该基本存款账户的情况，书面通知该存款人其他银行结算账户的开户银行。存款人其他银行结算账户的开户银行应自收到通知之日起 2 个工作日内，通知存款人撤销有关银行结算账户。

存款人应自收到通知之日起 3 个工作日内，办理其他银行结算账户的撤销。银行得知存款人存在以上两种情况，存款人超过规定期限未主动办理撤销银行结算账户手续的，银行有权停止其银行结算账户的对外支付。

(3) 因迁址需要变更开户银行。

(4) 其他原因需要撤销银行结算账户。

(二) 撤销临时存款账户

未获得工商行政管理部门核准登记的单位，在验资期满后，应向银行申请撤销注册验资临时存款账户，其账户资金应退还给原汇款人账户。

注册验资资金以现金方式存入，出资人需提取现金的，应出具缴存现金时的现金缴款单原件及其有效身份证件。

撤销银行结算账户申请书如表 6-3 所示。

表 6-3　　　　　　　　　　撤销银行结算账户申请书

账户名称				
开户银行名称				
开户银行代码			账号	
账户性质	基本(　) 专用(　) 一般(　) 临时(　) 个人(　)			
开户许可证核准号				
销户原因				
我公司申请撤销上述账户，承诺所提供的证明文件真实、有效。并承诺已交回或销毁在贵行购买但未使用的重要空白票据和结算凭证，若有遗失上述重要空白票据和结算凭证，损失自负。我公司将被要求赔偿银行所遭受的由于银行执行由客户签发的，或声称由客户或者代表客户签发的支付票据和结算凭证引起或者相关的任何损失。 存款人（签章） 年　月　日		开户银行审核意见： 经办人（签章） 开户银行（签章） 年　月　日		

填表说明：

1. 带括号选项填"√"。

2. 撤销基本存款账户、临时存款账户和预算单位专用存款账户，填写本表一式三联，一联存款人留存，一联开户银行留存，一联由开户银行报送中国人民银行。

3. 撤销一般存款账户、非预算单位专用存款账户、个人银行结算账户，填写本表一式两联，一联存款人留存，一联开户银行留存。

(三)撤销账户的注意事项

存款人撤销银行结算账户,必须与开户银行核对银行结算账户存款余额,交回各种重要空白票据及结算凭证和开户登记证,银行核对无误后方可办理销户手续。若存款人未按规定交回各种重要空白票据及结算凭证,应出具有关证明,造成的损失,由其自行承担。

银行撤销单位银行结算账户时,应在其基本存款账户开户登记证上注明销户日期并签章,同时于撤销银行结算账户之日起2个工作日内,向中国人民银行报告。

银行对1年未发生收付活动且未欠开户银行债务的单位银行结算账户,应通知单位自发出通知之日起30日内办理销户手续,逾期视同自愿销户,未划转款项列入久悬未取专户管理。

【知识链接6-1】

单位银行结算账户管理工作流程介绍

《中国人民银行令》([2019]第1号发布)关于取消企业银行账户许可政策的解读。

企业开立基本存款账户、临时存款账户业务由核准制改为备案制,人民银行不再核发开户许可证,原基本存款账户核准号以基本存款账户编号替代。开户银行开户后无须报人民银行核准,由开户银行直接在账户管理系统备案。其开户、变更、撤销业务处理流程分别如图6-2、图6-3和图6-4所示。

本次取消账户许可的范围为在境内依法设立的企业法人、非法人企业、个体工商户办理基本存款账户、临时存款。账户业务(含企业在取消账户许可前已开立基本存款账户、临时存款账户的变更和撤销业务)。银行、机关事业单位、社会团体等其他单位暂不取消。企业附属独立核算的食堂、幼儿园、招待所,以及具有社团法人资格的工会组织开立基本存款账户需要人民银行核准。开户许可证补(换)发业务处理流程如图6-5所示。

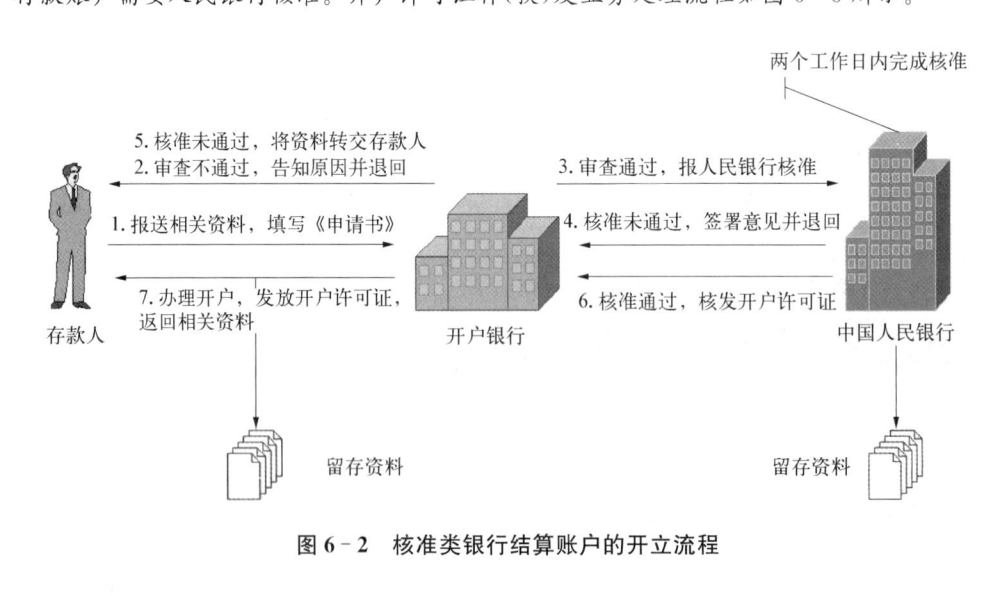

图6-2 核准类银行结算账户的开立流程

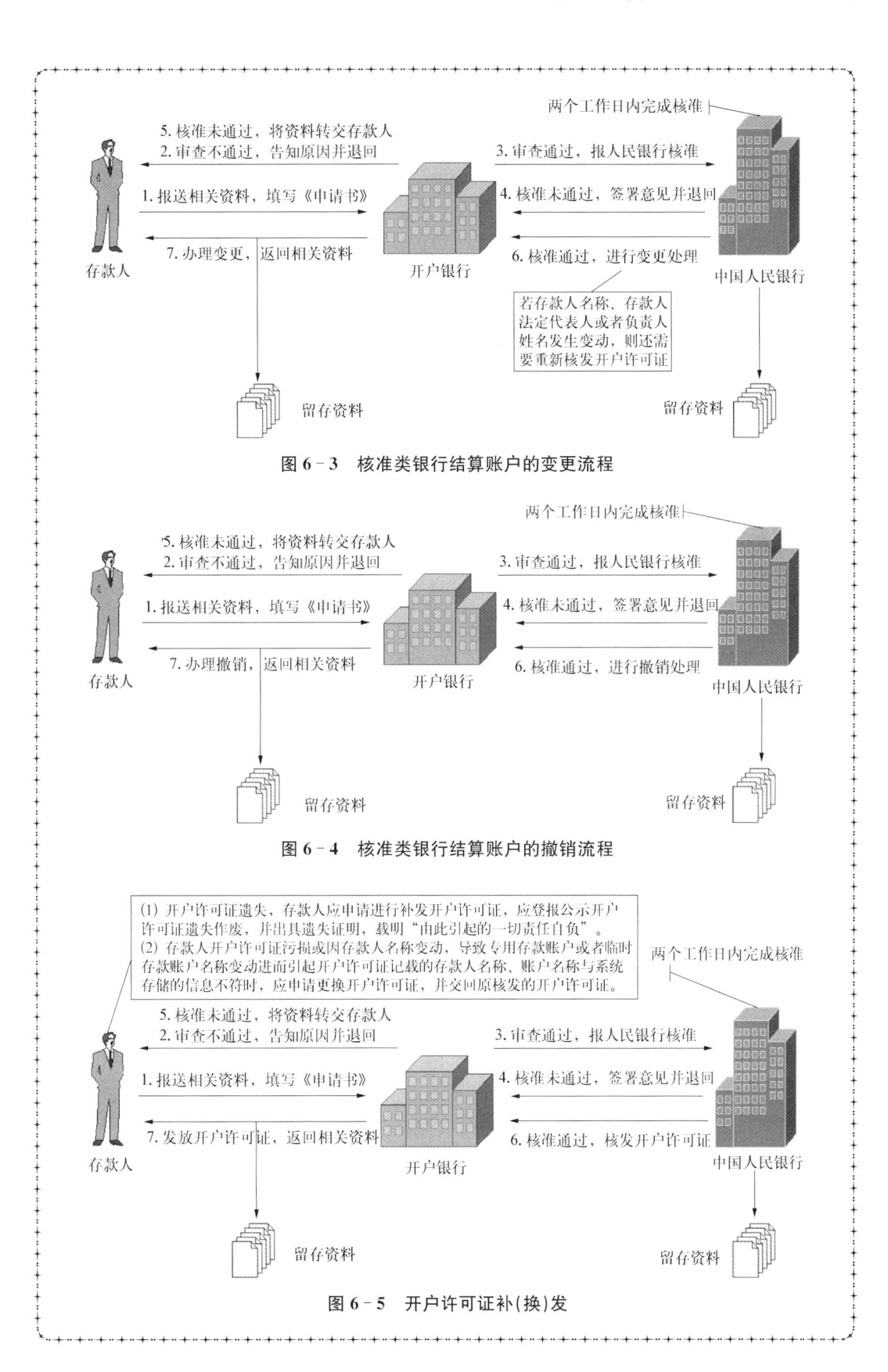

图 6-3 核准类银行结算账户的变更流程

图 6-4 核准类银行结算账户的撤销流程

图 6-5 开户许可证补(换)发

> **特别提示**
>
> 根据《关于加强人民币单位银行结算账户管理的通知》要求：对客户账户名称、法定代表人发生变化的账户变更业务，银行要严格按照新开户的审核标准及相关规定办理。而《人民币单位结算账户管理办法》也明确规定：对单位客户账户名称、法人代表人发生变化的账户变更，但不改变开户行及账号的业务，单位客户的法定代表人或主要负责人、住址以及其他开户资料发生变更时，单位应于5个工作日内向开户行提交正式公函通知，并出具有关部门的证明文件，开户行对单位客户的变更通知和证明文件审核无误后，才能为单位客户办理变更手续。
>
> 本案例中，该网点柜员明显违反规定未要求单位客户提供完整的相关重要资料，就直接为其办理了账户变更手续，而现场管理人员也没有按照相关规定对相关证明文件的真实性、合规性、完整性进行现场审核。尽职调查不到位，是导致业务风险发生的主要原因，极易给不法分子提供可乘之机，引发经济案件。

项 目 小 结

单位结算账户业务处理内容结构如图6-6所示。

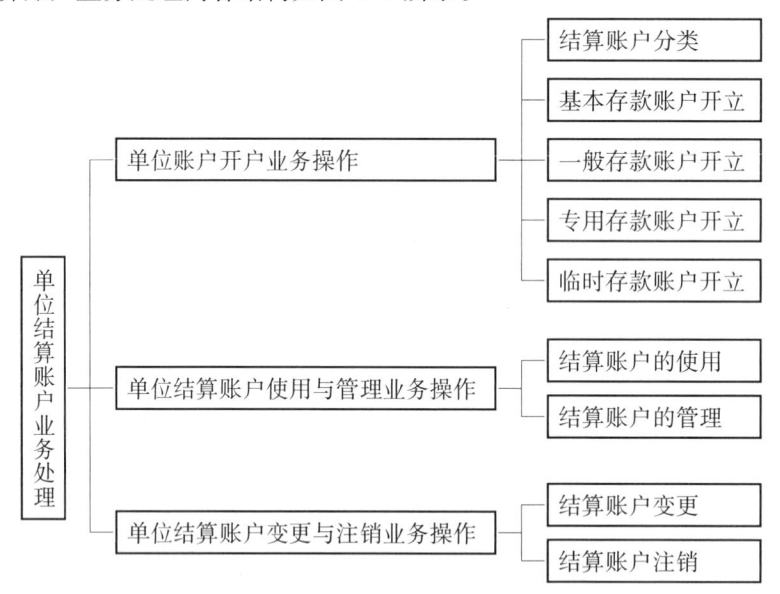

```
                                              ┌── 结算账户分类
                                              ├── 基本存款账户开立
                      ┌── 单位账户开户业务操作 ──┼── 一般存款账户开立
                      │                       ├── 专用存款账户开立
                      │                       └── 临时存款账户开立
单位结算账户业务处理 ──┤
                      │                              ┌── 结算账户的使用
                      ├── 单位结算账户使用与管理业务操作 ┤
                      │                              └── 结算账户的管理
                      │
                      │                                ┌── 结算账户变更
                      └── 单位结算账户变更与注销业务操作 ┤
                                                      └── 结算账户注销
```

图 6-6 单位结算账户业务处理内容结构图

项目七　单位存贷款业务处理

【职业能力目标】
1. 熟悉单位各类存款业务的含义及特点。
2. 理解单位活期存款账户的类型以及各种账户的用途和相关业务规定。
3. 掌握单位各类存款的开户、存取、撤销等业务。

【典型工作任务】
1. 单位活期存款业务操作。
2. 单位定期存款业务操作。
3. 其他单位存款业务操作。
4. 单位贷款类业务操作。

任务一　单位活期存款业务操作

任务引例

某机关事业单位客户前往某银行要求撤销其基本账户,销户理由是单位实体已注销。银行业务人员审核其相关资料及申请书上加盖齐全的印鉴后,为其办理了销户手续,并报批人民银行注销开户许可证。可令该行意外的是,中国人民银行不予注销并且将资料全部退回,理由是该销户单位在他行还有其他一般账户及专用账户没有销户,必须待其他账户撤销后才能撤销其基本账户。于是该行电话通知单位速将在他行的其他账户销户,但客户表示他行账户已无法销户了,原因是在他行开立的账户预留印鉴为公章,而公章已上交工商局注销了。

讨论:请分析该客户不能正常销户的原因。

一、基本知识

单位活期存款是指可以随时存取、按季结息的一种单位存款。单位活期存款账户,是指银行为单位存款人开立的用于办理现金存取、转账结算等资金收付活动的银行结算账户,它是存款人办理存、贷款和资金收付活动的基础。

单位活期存款账户按用途不同可分为基本存款账户、一般存款账户、专用存款账户和临时存款账户四种类型。

二、单位活期存款开户、现金存入等业务操作

(一) 开户

单位活期存款开户是指商业银行根据客户的要求,为其在账户管理系统中开设一个独立账户的业务,该账户是今后客户办理现金存取及各类转账结算业务的唯一识别代码。

1. 受理

客户申请开立单位银行结算账户时,应按《人民币银行结算账户管理办法》的相关规定,填写开立单位银行结算账户申请书,并提供相应的开户资料,具体包括:

(1) 由当地工商行政机关核发的"企业法人执照"或"营业执照"正本。

(2) "中华人民共和国法人代码证(副本)"或代码卡。

(3) 税务登记证。

(4) 法人身份证。

以上材料均须提供原件及复印件。经开户行审核符合开户条件的单位客户填写的单位银行结算账户开户申请书一式三联,并加盖单位公章,连同有关证明文件原件及复印件提交给开户银行。

2. 审核

开户银行对存款人填写的开户申请书内容,提供的开户材料以及证明文件的真实性、完整性、合规性进行审查。审核无误后,由主管在开户申请书上签署意见,并加盖业务公章,连同客户提交的证明文件上报所属支行审批。对于开户时客户提交的证明、证件,开户网点应留存复印件,随开立银行结算申请书一并作为重要的会计档案保管,保存期限为银行结算账户撤销后10年。

开户行为单位开立的单位银行结算账户的名称,应与单位出具申请开户的证明文件的名称全称一致。开户行应建立健全开销户登记制度,对结算账户的开立与撤销及时予以反应。

申请人开立有基本存款账户、临时存款账户和预算单位专用存款账户的,开户行审核后,应将存款人的开户申请书、相关的证明文件和银行审核意见等开户资料,报送给人民银行当地分支行,经其核准后办理开户手续。符合开立一般存款账户、其他专用存款账户条件的,开户行审核后即可办理开户手续。

3. 办理

经办柜员审核相关证明文件和开户资料符合要求后,发给开户单位空白印鉴卡,开户单位应在印鉴卡正面加盖预留印鉴,在印鉴卡背面加盖单位公章。经办柜员审核客户预留印鉴无误后,在印鉴卡上登记启用日期,并在印鉴卡(客户留存联)背面加盖业务用公章退还客户。

经办柜员在系统中录入客户信息提交系统成功后,打印两份"开户通知书",一份提交客户,另一份留存。柜员将系统生成的账号填写在印鉴卡上。

4. 报送中国人民银行核准(只要机关事业单位客户需要,企业自账户开立之日即可办理收付款业务。)

机关事业单位基本存款账户属于中国人民银行核准类账户。经办柜员在中国人民银行结算账户管理系统录入待核准开户信息,并在信息录入的当日迟至次日,将开户资料(开户申请书三联,证明文件原件及复印件一份)报送至中国人民银行当地分支行。中国人民银行在2个工作日之内,对银行报送的相关资料予以审核,符合开户条件的予以核准,并颁发开户许可证。开户单位证明文件复印件及第三联开户申请书由中国人民银行留存归档,开户许可证连同证明文件原件以及第一、二联开户申请书返回给开户银行;不符合开户条件的,中国人民银行应在开户申请书上签署意见,连同有关证明文件一并退回给开户行。

5. 后续处理(只有机关事业单位客户需要)

开户行登录中国人民银行结算账户管理系统,查询中国人民银行审核情况,中国人民银行核准后允许开立基本存款账户后,开户行从中国人民银行取回相关材料,将开户申请书第一联留存归档,将开户申请书第二联、开户许可证以及证明文件原件全部一并交还给客户。该基本存款账户自中国人民银行核准之日次日起生效,3个工作日内不能办理付款业务;若中国人民银行未批准开户,则由开户行向客户说明情况后对该账户办理销户处理。

【做中学 7-1】

2020年1月5日,现将"单位定期存款开户证实书"10张及"现金支票""转账支票"各两本出库到柜员个人钱箱。具体操作如图7-1、图7-2和图7-3所示。

重要提示:支票购买只能按本购买,支票每本共25张。

图 7-1 单位定期存款开户证实书出库

图 7-2 现金支票出库

图 7-3 转账支票出库

【做中学 7-2】

对公柜员为第一次到银行办理开户业务的对公客户(客户名称及证件号码可由柜员自行设定)开立客户号一个。为便于后续实验操作,每位学生应开立两个以上不同的客户,由系统产生不同的客户号。学生应记录相关信息。

深圳市随身网科技有限公司,合伙企业,营业执照号码:109462975856951;董事长及法人代表:赵小龙;法人身份证号码:44130119××××××2651;法人电话:0755-8681

××××;注册资金550万元;注册日期:2020年2月3日,联系人:何建伟;联系电话:0755-8688××××;公司位于深圳市南山区科技园科苑大道×××号,邮编:518002;行业类别:信息技术服务业;税务登记证号(国税地税相同):440300584064692;组织机构代码证号:51889569-6。柜员于2020年3月16日为其登记开立客户号,如图7-4所示。

图7-4 开立客户号

特别提示

一个证件号码只能在本支行开立一个对公客户号。客户号由系统自动生成,并记录下来,开立对公基本账户或结算账户时,需要填写系统生成的对公客户号。

未在银行开立账户的对公客户,必须首先开立客户号。所开客户号全行唯一。对于已经在银行开有客户号的客户,要进行存贷业务,必须先预开立一个账户。

一个对公客户对应一个客户号,通过客户号可以查询该客户在银行发生的所有业务,极大地方便了银行对客户的全面管理。系统生成的客户号必须要记住,以免影响后面的操作。

【做中学7-3】

2020年3月20日,深圳市随身网科技有限公司的出纳谢美兰小姐携身份证及公司相关证件到银行办理支票申购业务,购买一本现金支票,收取手续费现金每本10元。具体操作如图7-5所示。

重要提示:支票购买只能按本购买,支票每本共25张。谢美兰身份证号:44160519×××××0322。

图7-5 出售现金支票

【做中学7-4】

2020年1月5日,现将"单位定期存款开户证实书"10张及现金支票、转账支票各2本,出库到柜员个人钱箱。如图7-6、图7-7和图7-8所示。

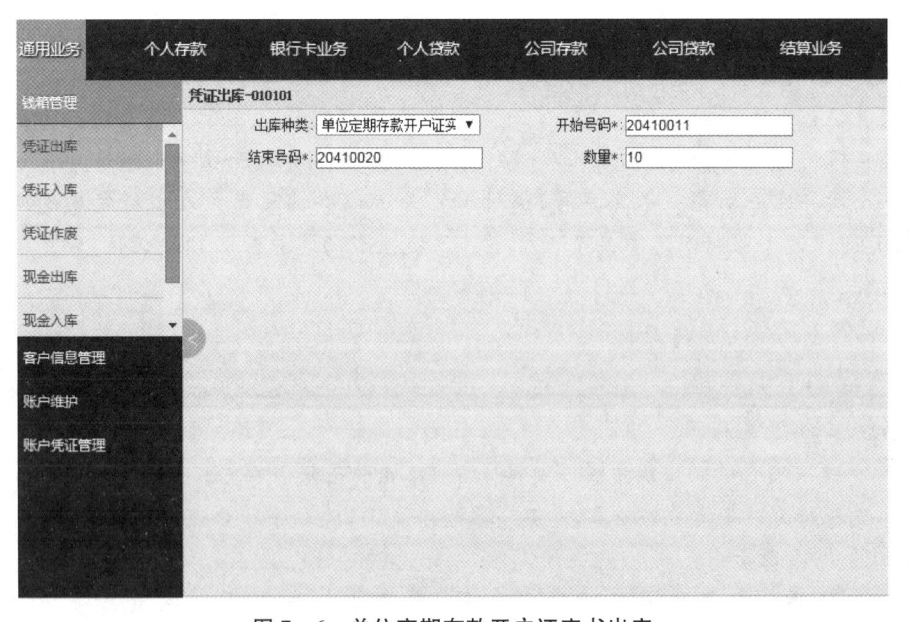

图7-6 单位定期存款开户证实书出库

图 7-7 现金支票出库

图 7-8 转账支票出库

【做中学 7-5】

(1) 深圳鹏利达房产有限公司。企业性质：有限责任；营业执照号码：109223855659125；董事长及法人代表：李达豪；法人身份证号码：44264819××××××1151；法人电话：0755-8689××××；注册资金450万元；注册日期：2020年1月5日；联系人：黄大炜；联系电话：0755-8689××××；公司位于深圳市龙岗区龙城大道×××号（注册地址）；行业类别：房地产业；税务登记证号（国税地税相同）：440300584652369；组织机构代码证号:51881565-3;邮编:518056。公司联系人黄先生于2020年1月23日携营业执照去银行办理开户,柜员为其登记开立客户号。具体操作如图7-9所示。

图7-9 开立客户号

(二) 现金存入

1. 业务受理与凭证审核

开户单位存入现金时,应填制一式两联现金缴款单,连同现金一并提交给银行。应认真审查以下内容:缴款单日期是否正确;单位名称、账号、开户行名称、款项来源、券别登记是否完全清楚;大小写金额填写是否准确相符;凭证联次有无缺少、是否套写(对于一式多联的凭证,可以用复写纸套写)。

2. 清点现金

根据券别明细先点大数,无误后,清点细数;先点主币,后点辅币;先点整把,后点尾零。将清点后的现金总额与缴款单所填现金总额核对相符。

3. 收款交易处理

现金清点无误后,经办柜员进行业务数据录入,将现金缴款单第一联作为现金收入传票,贷记存款人账户,系统自动结计余额,现金收入日记簿自动生成相关记载。

4. 签章并交付回单、后续处理

账务记载完毕后,经办柜员在第二联现金缴款单上加盖业务清讫章后,作为回单交付给客户。现金缴款单第一联加盖业务清讫章、经办及复核人员个人名章后,放入记账凭证保管箱内。

【做中学7-6】

2020年3月22日,综合柜员为深圳市随身网科技有限公司出纳谢美兰女士办理现金存款业务,往公司基本账户存入人民币18.5万元。具体操作如图7-10所示。

图 7-10　现金存款(一)

【做中学 7-7】
　　2020 年 2 月 6 日,综合柜员为深圳鹏利达房产有限公司出纳王晶玲女士办理现金存款业务,往公司基本账户存入人民币 125.3 万元。具体操作如图 7-11 所示。

图 7-11　现金存款(二)

(三) 现金支取

1. 受理

存款单位向开户银行签发现金支票,并在支票正面及背面加盖预留印鉴后送交银行。

2. 审核

柜员应认真审核现金支票票面要素是否齐全、准确,具体要求如下:①支票是否是按统一规定印制的凭证,支票是否真实,提示是否超过付款期限。②支票填明的收款人名称是否为该收款人,收款人是否在支票背面"收款人签章"处签章,其签章是否与收款人名称一致。③出票人的签章是否符合规定,其签章与预留银行签章是否相符;使用支付密码的,其密码是否正确。④支票的大小写金额是否一致。⑤支票必须记载的事项是否齐全,出票金额、出票日期、收款人名称是否更改,其他记载事项的更改是否由原记载人签章证明。⑥出票人是否有足够支付的款项。⑦支取的现金是否符合国家现金管理的规定。⑧收款人为个人的,还应审查其身份证件,是否在支票背面"收款人签章"处注明身份证件名称、号码及发证机关。

3. 付款交易处理

现金支票审核无误后,以支票作现金付出传票,进行业务数据录入,借记出票人账户,系统自动结计余额,并自动生成现金付出日记簿相关账务记载。

【做中学 7-8】

2020年3月22日,综合柜员为深圳市随身网科技有限公司出纳谢美兰女士办理现金支票取现业务,现金取款28 700元,用途:备用金。具体操作如图7-12所示。

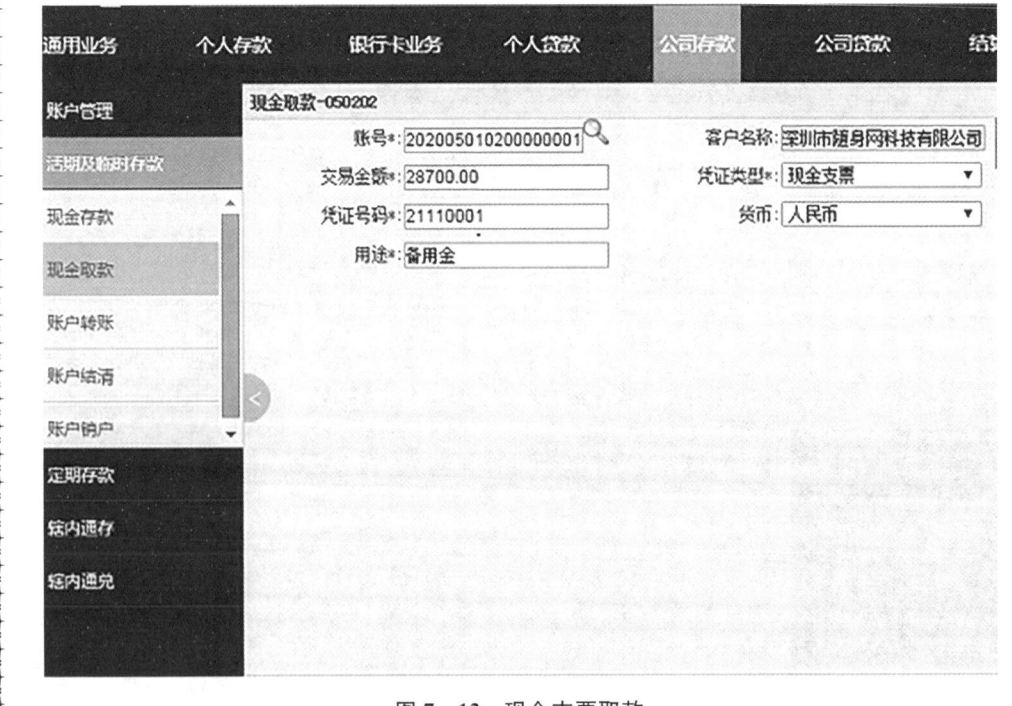

图 7-12 现金支票取款

4. 配款

账务记载完毕后,以支票为依据配款,搭配主辅币。在配款时,先点辅币,后点主币。

5. 签章并付现、后续处理

将配好的款项再次复点无误,在支票上加盖业务清讫章和经办、复核人员个人名章,然后将复点无误的款项支付给客户,付出的款项应与客户当面点清。已办理付款手续的支票放入记账凭证保管箱内。

(四) 转账存取

单位活期存款的转账业务按转账收、付款单位开户行是否相同,一般可分为:收、付款单位在同一行处开户的转账;收、付款单位一方在计算机联网通存通兑的不同行处开户的转账;收、付款单位一方在计算机联网以外不同行处开户的转账三种类型。前两种情况柜面业务处理方式相同,而第三种情况的转账需要通过同城交换处理。这里只介绍前者。

1. 受理

客户(既可以是收款单位,也可以是付款单位)向开户银行提交转账支票和进账单。

2. 审核

柜员认真审查凭证要素是否齐全、准确,具体要求如下:① 支票是否是按统一规定印制的凭证,支票是否真实、是否超过提示付款期限。② 支票填明的持票人是否在本行开户,持票人的名称是否为该持票人,与进账单上的名称是否一致。③ 出票人是否有足够支付的款项。④ 出票人的签章是否符合规定,与预留银行的印鉴是否相符;使用支付密码的,其密码是否正确。⑤ 支票大小写金额是否一致,与进账单的金额是否相符。⑥ 支票必须记载的事项是否齐全,出票金额、出票日期、收款人名称是否更改,其他记载事项的更改是否由原记载人签章证明。⑦ 持票人是否在支票的背面作委托收款背书。

3. 办理

柜员审核无误后,进入计算机系统中的单位活期存款转账交易界面,按要求输入相关内容,提交主机,完成账务的记录。

柜员记账后在支票和进账单上加盖业务清讫章和柜员名章,进账单回单联或收账通知分别交出票人或持票人。支票和进账单第二联分别作开户银行的借、贷方记账凭证。

【做中学7-9】

(1) 深圳新星科技有限公司是本行其他网点开户的客户(账号:867547002801018),该公司出纳陈宇拿着深圳锦明经济信息咨询有限公司开出的转账支票到本行来进行转账,转入金额35 600元,用途:支付货款,综合柜员为其办理辖内通存业务,如图7-13所示。

(2) 柜员对该笔业务进行复核,复核通过,如图7-14所示。

(3) 深圳新星科技有限公司是本行其他网点开户的客户(账号:867547002801018),该公司开出的转账支票(号码:21120256)给深圳锦明经济信息咨询有限公司用于支付货款,深圳锦明经济信息咨询有限公司出纳拿着支票来进行进账操作,转入金额60 200元,综合柜员为其办理辖内通兑存款业务,如图7-15所示。

(4) 柜员对该笔业务进行复核,复核通过,如图7-16所示。

图 7‑13　转账交易录入

图 7‑14　转账交易复核

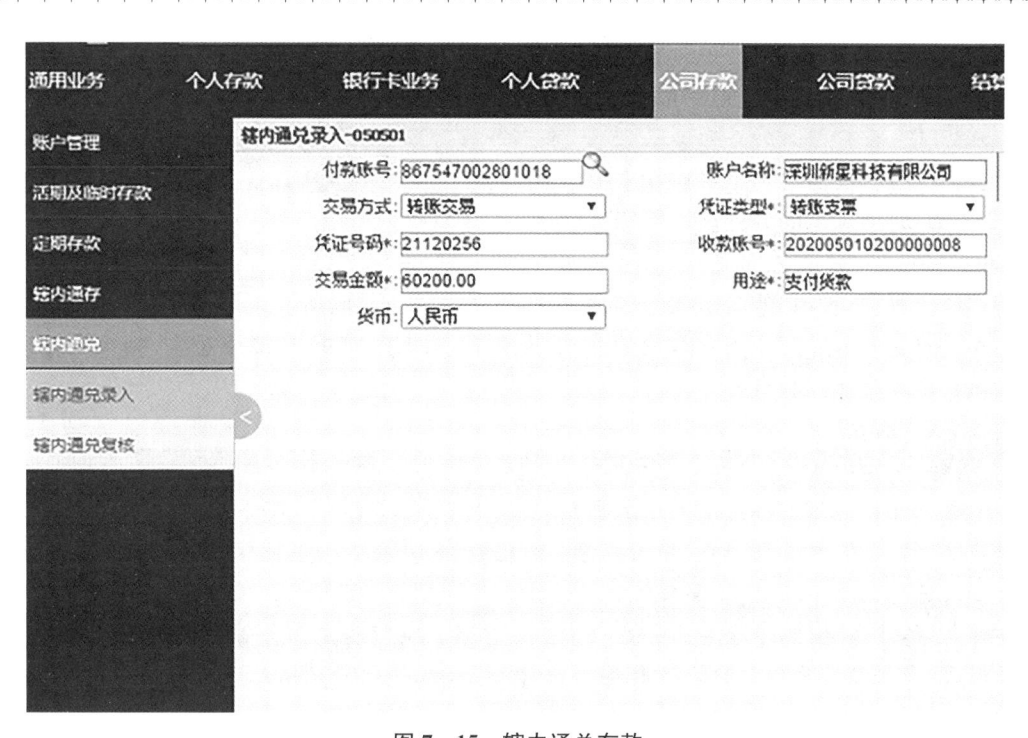

图 7-15　辖内通兑存款

图 7-16　辖内通兑复核

(五)单位活期存款账户的撤销

1. 受理

单位填写《撤销银行结算账户申请书》,并注明销户原因。

2. 审核

开户行应确认该账户是否存在未达账款和未归还的记账费用,是否存在未归还的贷款、欠息等,若存在,则不能办理销户手续。

3. 办理

确认该账户没有其他遗留问题后,开户行应要求单位交回所有未用完的重要空白凭证,经办柜员对交回的凭证应当着客户的面切角或打孔作废。银行与单位对账,相符后签字并结清该账户的余额和利息。

> **任务引例解析**
>
> 银行在受理机关事业单位基本户销户时,应先通过中国人民银行查询其在他行是否有其他辅助账户没有销户,确定其他账户已销户,并在中国人民银行注销通过后才能在本行进行销户,但该网点操作流程的方向反了。因此,柜员须加强开销户业务制度的学习,熟悉业务操作,才能在业务处理中少走弯路。实行客户业务首办提示制。客户开户时,就应告诫客户销户时必须具备的条件和要求,以免客户销户盲目操作,影响正常销户,引起客户对银行的抱怨。

任务二 单位定期存款业务操作

> **任务引例**
>
> 某企业的出纳人员持单位介绍信和财政性存款 30 万元来银行办理单位定期存款,银行经办人员审查了介绍信后,即给该企业开具了单位定期存款证实书。在此存款到期后,银行经办人员按照出纳人员的要求将款项转入了另外一家单位。请分析银行经办人员的操作手续是否正确?如不正确,请指出违反了哪些制度规定。

一、基本知识

单位定期存款是单位将款项一次性存入,约定存期,到期支取本息的一种存款业务。单位定期存款 1 万元起存,多存不限,但如果单笔金额超过 1 000 万元(含 1 000 万元)或同一存款单位累计超过 2 000 万元(含 2 000 万元)时,经办银行将实行报告制度,各分支机构必须报其省分行备案,并由其省分行报当地人民银行省分行备案。单位定期存款存期有 3 个月、半年、1 年三个档次。

单位定期存款款项一般从本单位基本存款账户转入,支取时也只能以转账方式转入其基本存款账户,不得将定期存款用于结算或从定期存款中提取现金。

单位定期存款的利息计算采取利随本清的办法,即在存款到期日支取本金的同时,一并计付利息。利息只能转账,不支付现金。提前支取部分按支取日挂牌公告的活期存款利率计息;逾期支取的,逾期部分按支取日挂牌公告的活期存款利率计息。

二、单位定期存款开户及存入等业务操作

(一) 开户及存入

1. 业务受理与凭证审核

单位存入定期存款时,应填写单位定期存款开户申请书一联,同时签发转账支票、填写一式三联进账单提交银行,并在开户申请书及转账支票上加盖单位预留印鉴。

经办人员受理单位提交的定期存款开户申请书、转账支票及三联进账单时应认真审查:开户申请书、支票内容是否正确、完整;进账单填写的内容是否与支票相符;支票的付款期限是否有效;支票印鉴是否与预留印鉴相符;大小写金额是否一致;付款人账户是否有足够支付的余额。

2. 转存交易处理

经办人员依据存款人提交的转账支票、进账单及定期存款开户申请书,为其开立单位定期存款账户。转账支票作借方传票、进账单第二联作贷方传票,将相关信息录入业务操作系统进行转账交易。开户申请书用专夹保管,作日后支取时核对印鉴用。

3. 出具开户证实书

办理转账手续后,为存款人开具一式三联的"单位定期存款开户证实书",第二联证实书作为开户凭证,第一联证实书为正联,加盖业务公章后交给存款人作为存款依据。进账单第一联加盖业务受理章和第三联加盖业务清讫章一起退还给客户。

【做中学 7-10】

2020年5月22日,深圳市随身网科技有限公司出纳谢美兰前来我行办理存期为一年期的"单位定期存款"开户业务,账号标志为其他,自动转存,支取方式:密码,非通存通兑,综合柜员为其办理该业务。具体操作如图7-17所示。

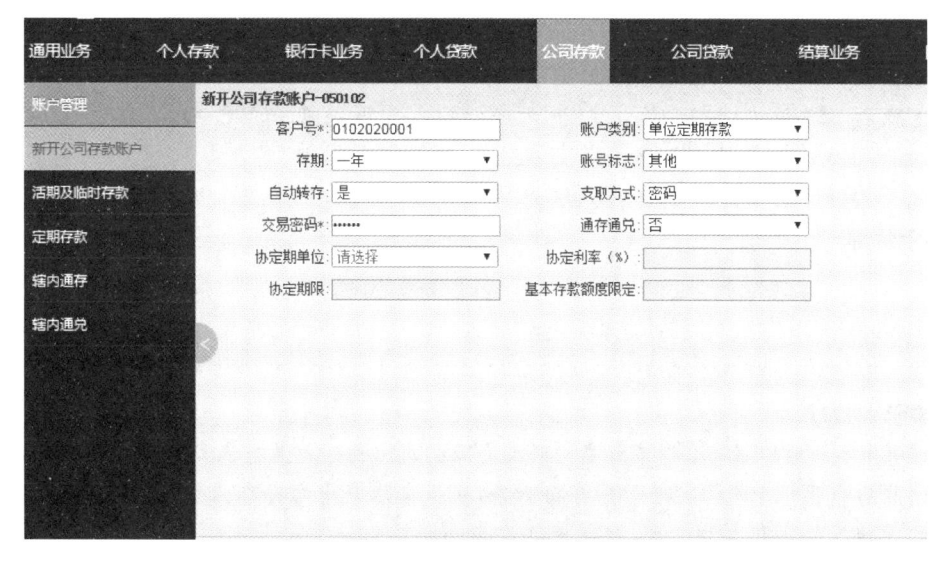

图 7-17 单位定期存款开户

4. 后续处理

将第三联开户证实书用专夹保管,转账支票和进账单第二联加盖业务清讫章、经办及复核人员名章后与其他记账凭证一并保管。

(二) 支取和销户

存款单位支取定期存款只能以转账方式将存款转入其基本存款账户。单位定期存款允许提前支取,但只能提前支取一次,如未支取部分大于定期存款起存金额,则按原账号、原利率、原起息日、原定期限重新签发证实书,并在新证实书上注明原证实书编号。如未支取部分小于定期存款起存金额,则应办理定期存款销户手续。

1. 受理

存款单位填写单位定期存款支取凭证一式三联,第二联加盖预留银行印鉴,并持"单位定期存款开户证实书"到开户银行办理支取。

2. 审核

柜员抽出原专夹保管的证实书底卡联与单位交回的证实书通知联进行核对,应重点审核证实书是否属本行签发、内容是否齐全且无涂改、存款是否已到期、凭证是否填写正确、金额是否相符,并审核加盖的印鉴是否与预留银行印鉴一致。

3. 办理

柜员审核无误后,按规定利率计算利息,开具利息清单。在计息后,柜员通过输入单位定期存款转账取款销户交易代码,进入转账取款销户交易界面进行转账处理。

单位定期存款支取凭证借方传票作付款的记账凭证,贷方传票作收款的记账凭证,回单联签章后与利息清单一并退回存款单位。证实书收回后,两联证实书注明"结清"字样,一并作借方传票的附件。

任务引例解析

不正确。

(1) 财政性存款不能办理单位定期存款。

(2) 存款单位办理定期存款应在开户行领取并填写开户申请书,并提交工商行政管理机关核发的企业法人执照或营业执照正本。

(3) 存款单位支取定期存款只能以转账方式转入其基本存款账户,不得将定期存款用于结算。

【做中学 7-11】

2020年5月22日,深圳市随身网科技有限公司出纳谢美兰前来我行先购买一本转账支票,然后办理新开单位定期账户存款业务,从基本账户中向存期为一年的"单位定期存款账户"转入人民币80 000元,综合柜员为其办理该业务。购买支票手续费收取现金10元。具体操作如图7-18和图7-19所示。

图 7‐18　出售转账支票

图 7‐19　账户转账

任务三　其他单位存款业务操作

任务引例

某单位2020年2月1日在银行存入通知存款(七天)一笔,金额90万元。5月10日,企业通知银行要提前支取50万元。5月17日,客户到银行办理提取51万元,余下的款项继续按通知存款续存。银行经办员受理了该笔业务,提取款项全部按通知存款利率计付了利息。请分析该行上述操作是否违规,为什么?

一、单位通知存款业务操作

(一) 基本知识

单位通知存款,是指存款人在存入款项时不约定存期,支取时须提前通知开户行、约定支取日期和金额后方能支取的存款。单位通知存款的起存金额为人民币50万元,最低支取金额为10万元,不得支取现金。存款单位必须一次存入,可一次或分次支取,但留存金额低于起存金额的应予以销户。

单位通知存款为记名式存款,按存款人提前通知的期限长短划分为一天通知存款和七天通知存款两个品种。当单位通知存款存入时,存款人自由选择通知存款品种,开户银行出具"通知存款开户证实书"。"通知存款开户证实书"上不注明存期和利率,金融机构按支取日挂牌公告的相应利率水平和实际存期计息。通知存款部分支取时不"利随本清",而是待该笔通知存款最后全部结清时一并计付利息。

(二) 单位通知存款开户及存入等业务操作

1. 开户及存入

单位通知存款账户资金必须一次性存入,存入方式一般采取转账方式。

(1) 受理。开户单位提交开户申请书和营业执照正、副本,并预留印鉴。印鉴应包括单位财务专用章、单位法定代表人章(或主要负责人章)、财务人员章。同时,提交填写好的转账支票和三联进账单。

(2) 审核。柜员认真审核相关资料及支票和进账单(这里只讨论不需要进行同城交换的情况)。进账单的收款单位名称必须与转账支票的签发单位名称一致。转账支票"用途"栏必须注明开立通知存款账户的期限及"开立通知存款"字样。

(3) 办理。柜员审查无误后,在银行系统中进行通知存款转账开户操作。柜员在支票上加盖业务清讫章和名章,各联进账单全部加盖业务清讫章。转账支票作借方凭证,第二联进账单作贷方凭证。

打印"单位通知存款证实书"。"单位通知存款证实书"一式两联,一联作银行留底,用专夹保管,另一联与签章后的进账单回单联一并退存款人。

存款证实书仅为存款单位开户进行证实,不得作为质押权利凭证。证实书如果遗失,银行不予办理挂失,不再补发新的证实书。在支取存款时,客户应向银行出具证实书遗失公函,银行按约定的支取方式办理取款手续。

【做中学 7-12】
　　2020年5月22日,深圳鹏利达房产有限公司出纳陈秋菊女士到银行办理七天通知存款账户开户业务,账号标志为"其他",自动转存,支取方式:密码,非通存通兑,综合柜员为其办理该业务。具体操作如图7-20所示。

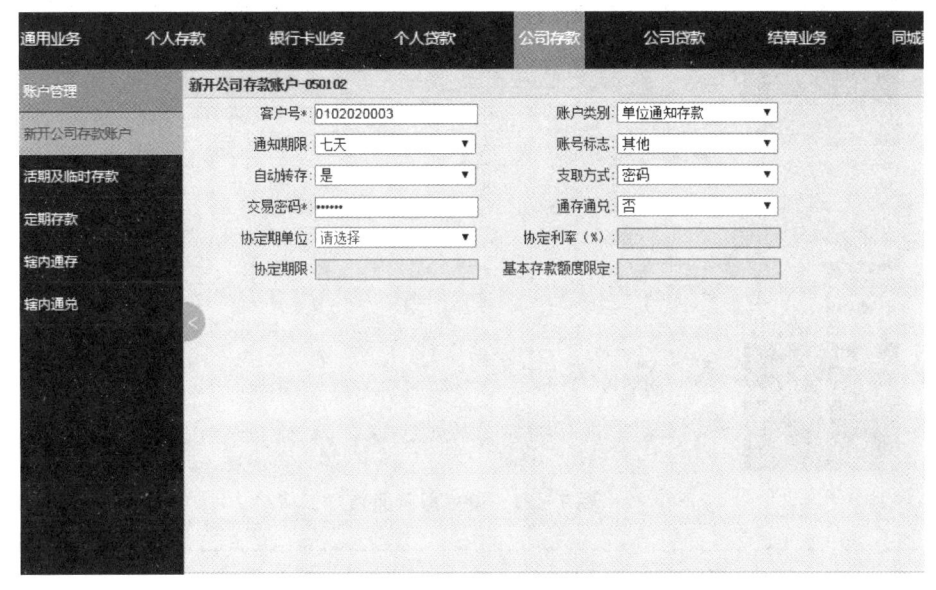

图7-20　通知存款账户开户

2. 通知

　　单位客户应在约定支取的前一天或七天,填写"单位通知存款取款通知书",加盖单位公章后,以来人送交的方式通知银行约定的取款日期和金额,并于约定日到银行办理支取手续。如约定支取日不到银行取款,此次支取通知自动失效。

　　如单位客户不能提前将支取通知单送达银行,可采用传真、信函的方式通知银行,并于约定日到银行将支取通知单正本提交银行,办理支取手续。

　　柜员审核通知书无误后,记录通知登记簿,登记存款人账号、证实书编号、实际金额、通知支取金额、通知支取日期等。

3. 支取

　　单位通知存款的支取必须到通知时约定支取的网点办理。支取可分为全额支取和部分支取两种情况,但无论哪种情况,都需要提前通知后才能办理。单位通知存款部分支取留存部分高于最低起存金额的,按留存金额、原起存日期、原约定通知存款品种出具新的证实书,原证实书收回。留存部分低于最低起存金额的应予以清户,按清户日挂牌公告的活期存款计息或根据存款人意愿转为其他存款。

　　(1) 受理。存款人填写一式三联单位通知存款支取凭证,加盖预留银行印鉴,并持"单位通知存款证实书"、经办人有效身份证件到开户银行办理支取。

　　(2) 审核。柜员审核存款证实书确属本行签发、内容齐全、填写无误、预留银行印鉴无误后,在系统中使用"单位通知存款转账支取"交易办理转账手续。

【做中学 7-13】

2020年6月5日,深圳鹏利达房产有限公司因需用钱,出纳陈秋菊到银行设立提款通知,7天后要提款500 000元现金,如图7-21所示。

图7-21 设立提款通知

【做中学 7-14】

2020年6月8日,深圳鹏利达房产有限公司由于有一笔应收款项到账,到银行办理取消提款通知,如图7-22所示。

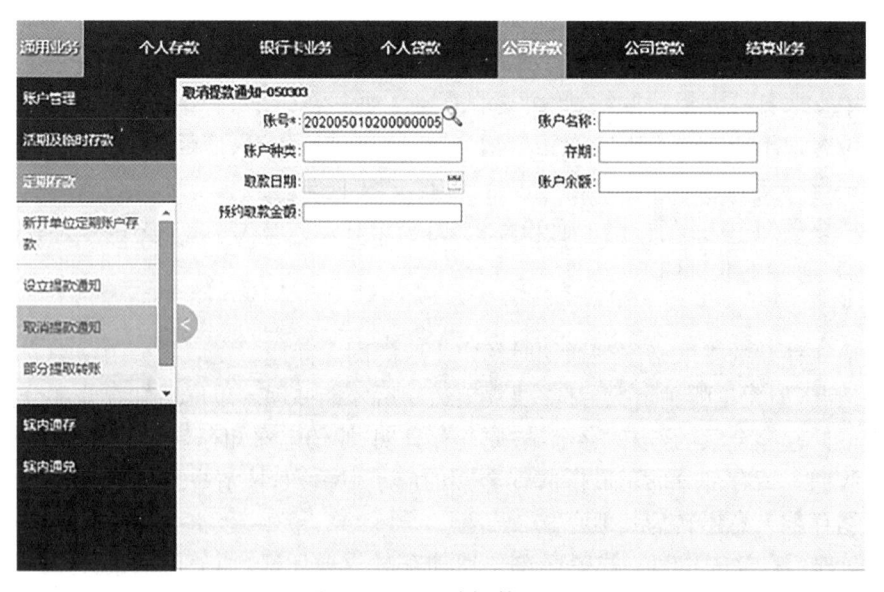

图7-22 取消提款通知

柜员打印利息清单、银行利息支出凭证、单位利息收入凭证以及通知存款支取凭证。同时将利息清单、单位利息收入凭证交给取款单位。将证实书收回,在两联证实书上注明"结清"字样,一并作为单位通知存款支取凭证借方传票的附件。如果是部分支取,则还要打印新的证实书交给存款人。

> **任务引例解析**
>
> 违规。违规之处在于:多提取的1万元应按活期利率计息,余下款项由于低于通知存款起存金额,应予以清户,并按清户日挂牌公告的活期存款利率计息或根据存款人意愿转为其他存款。

二、单位保证金存款业务操作

(一)基本知识

单位保证金存款是指银行为客户办理银行卡、承兑、担保、出具保函、开立信用证、代客外汇买卖、代客债券买卖等业务时,为降低风险而按客户信用等级和信贷管理规定收取的业务保证金。

保证金账户实行封闭管理,严禁发生保证金账户与客户结算户串用、各保证金子账户之间相互挪用等行为。在保证期间,保证金存款只能用于保证项下的支付,一般不得支取现金。

单位保证金存款账户开立时,要经相关业务部门的书面通知方可办理。单位保证金存款存入时,可以约定存款期限,也可以不约定存款期限。对于约定期限的单位保证金存款实际存款期限不满约定存款期限的,按照活期存款利率计息;实际存款期限满约定存款期限的,按照约定存款期限相应档次的定期存款利率计息。如果没有相应档次的定期存款,则按短于存款期限最近档次的定期存款利率计息;实际存款期限超过约定存款期限的部分,按活期存款利率计息。未约定期限的单位保证金存款按活期存款计息。

(二)单位保证金存款开户及存入等业务操作

1. 开户及存入

(1)受理。存款单位将填写好的转账支票及两联进账单一并提交开户银行。

(2)审核及办理。柜员审核支票及进账单无误后,在银行系统中调用单位保证金存款转账开户交易进行记账处理。打印两联开户通知单并加盖业务公章,一联作回单交给客户,另一联银行留存。进账单、转账支票上加盖"转讫章"。转账支票作借方凭证,第二联进账单作贷方凭证。第一、三联进账单分别作回单和收账通知。

2. 保留

在银行承兑汇票、保函等出票时,系统根据"承兑汇票/保函/信用证开票"交易录入保证金账户、保证金金额、协议编号等要素,对该保证金账户作相应金额的保留,保留种类为保证金保留,保留期限为票据到期日。

3. 解除保留

票据到期日时,保证金自动解除保留。柜员通过"保证金划回"交易,将保证金划回出票人账户。如果发生退票或保函支付,需要在票据到期日之前动用保证金,柜员应通过系统操作解除保证金的保留。

三、单位协定存款业务操作

(一) 基本知识

单位协定存款是指开户单位与银行签订协定存款合同,约定期限、商定其结算账户需要保留的基本存款额度,由银行对基本存款额度内的存款,按结息日或支取日活期存款利率计息,超过基本存款额度部分的存款,按结息日或支取日中国人民银行公布的高于活期存款、低于6个月定期存款利率的协定存款利率给付利息的一种存款。

开户单位可以在基本存款账户或一般存款账户基础上办理协定存款账户。协定存款合同中的约定期限最长为1年,到期双方未提出终止或修改,则自动延期。单位协定存款账户月均余额2年或2年以上不足基本存款额度的,将利息结清后,作为基本存款账户或一般存款账户处理,不再享受人民币单位协定存款利率,并按活期存款利率计息。

人民币单位协定存款账户连续使用2年后,仍须继续使用的,须与银行续签单位协定存款合同。

(二) 业务操作

单位客户若须将其某种结算账户设定为协定存款账户,须与开户银行签订单位协定存款合同。双方确认后,银行将其中一份合同文本退交给单位客户。柜员在银行电脑系统为单位客户建立结算户与人民币单位协定存款户之间的相互对应关系。

单位协定存款的存取及其他操作与单位活期存款相同。

单位活期存款账户,是指银行为单位存款人开立的用于办理现金存取、转账结算等资金收付活动的银行结算账户,它是存款人办理存、贷款和资金收付活动的基础。单位活期存款账户按用途不同分为基本存款账户、一般存款账户、专用存款账户和临时存款账户四种类型。

任务四　单位贷款类业务操作

任务引例

2020年9月20日,某商贸公司持其一张单位定期存款证实书到银行申请质押贷款,信贷部门审核后与该单位签订了质押合同,会计部门根据信贷部门的借款借据办理发放贷款手续。该做法是否正确?为什么?

一、基本知识

贷款是商业银行最重要的资产业务,是指商业银行作为贷款人按照一定的贷款原则和政策,以还本付息为条件,将一定数量的货币资金提供给借款人使用的一种借贷行为。这种借贷行为由贷款的对象、条件、用途、期限、利率和方式等因素构成。商业银行通过贷款可以满足社会经济对资金的需求,从而促进社会经济发展并为商业银行带来利润。

(一) 贷款种类

从商业银行经营管理的需要出发,贷款可以按照不同的标准进行分类。

1. 按期限分类

按照贷款期限的长短,商业银行贷款可分为短期贷款、中期贷款和长期贷款。短期贷款是指贷款期限在1年以内(含1年)的贷款。短期贷款又称为流动资金贷款,主要用于满足企业的流动资金需求,在商业银行整个贷款业务中所占比重较大。中期贷款是指贷款期限在1年以上至5年以下(不含1年、含5年)的贷款。长期贷款是指贷款期限在5年以上(不含5年)的贷款。在我国,中长期贷款主要以固定资产贷款为主,包括基本建设贷款、技术改造贷款和房地产贷款。

2. 按保障条件分类

按照贷款发放时的保障条件,商业银行贷款可分为信用贷款、担保贷款和票据贴现。

(1) 信用贷款是指依据借款人的信用状况向借款人发放的贷款,这类贷款没有人的担保(保证人),也没有物的担保(抵押和质押),仅凭借款人的信誉。从理论上讲,这类贷款风险较大,商业银行一般只向熟悉的、信誉良好的、确保能偿还的借款人发放,目前商业银行极少发放此类贷款。

(2) 担保贷款是指由借款人或第三方依法提供担保而发放的贷款。担保贷款包括保证贷款、抵押贷款、质押贷款。

保证贷款指贷款人按照《中华人民共和国担保法》的规定,保证人以第三方承诺在借款人不能偿还贷款本息时,按规定承担连带责任而发放的贷款。保证人为借款提供的贷款担保为不可撤销的全额连带责任保证,即指贷款合同内规定的贷款本息和由贷款合同引起的相关费用。保证人还必须承担由贷款合同引发的所有连带民事责任。

抵押贷款是指贷款人按照《中华人民共和国担保法》规定的抵押方式,以借款人或第三人的财产作为抵押物发放的贷款。当债务人不能履行债务时,债权人有权依法按照合同以抵押财产折价或者拍卖、变卖该抵押财产的价款优先得到受偿。可以用以抵押的财产主要有房屋、机器、土地等。

质押贷款是指贷款人按照《中华人民共和国担保法》规定的质押方式,以借款人或第三人的动产或权利为质押物发放的贷款。质押又可分为权利质押和动产质押。可作为质押的质物包括:国库券(国家有特殊规定的除外),国家重点建设债券,金融债券,AAA级企业债券,储蓄存单等有价证券,仓单、提单、应收账款权、收费权等。作为质物的动产或权利必须符合《中华人民共和国担保法》的有关规定,出质人必须依法享有对质物的所有权或处分权,并向商业银行书面承诺为借款人提供质押担保。

(3) 票据贴现是指商业银行以购买借款人未到期商业票据的方式发放的贷款。借款人以未到期的票据(期票、汇票等)向商业银行融通资金,申请贴现,商业银行扣取一定的利息后,发放相应的贷款。票据贴现是一种风险比较小的贷款方式。

3. 按对象和用途分类

商业银行贷款的用途非常复杂,它涉及再生产的各个环节、各行业各企业,与多种生产要素有关。贷款用途本身也可以按不同的标准进行划分,各商业银行根据自身的市场定位,也可以进行不同的分类。通常有以下两种分类方法:

(1) 按贷款对象分为:工商贷款、农业贷款、科技开发贷款、消费贷款。

工商贷款是指金融机构发放给工商企业的一种贷款。商业银行放出的款项一般以这类贷款居多,其偿还期有长有短,视企业的需要而定。凡经市场监督行政管理机关(或主管机关)核准登记的企(事)业法人、个人合伙、个体工商户或具有中华人民共和国国籍的具有完全民事行为能力的自然人,均可申请建立信贷关系和申请贷款。持有市场监督行政管理部门颁发的《企业法人营业执照》的借款人,必须向其注册地的中国人民银行分支机构申领贷款卡,一个企业只能领取一张贷款卡,并每年年检一次。

农业贷款是指金融机构针对农业生产的需要,提供给从事农业生产的企业和个人的贷款。在现代农业中,随着农工一体化的发展,许多国家把为农业生产前生产资料供应、生产后农产品加工和运销等提供的贷款也归入农业贷款。

科技开发贷款是指用于新技术和新产品的研制开发,科技成果向生产领域转化或应用而发放的贷款。这类贷款主要用于支持国家科技开发计划(星火、火炬、成果推广等)的实施以及攻关等科技计划的成果转化。科技开发贷款对象包括:工业、农业、商业企业和科研生产联合体或实行企业化管理的科研事业单位。

消费贷款也称消费者贷款是指商业银行以消费者信用为基础,对消费者个人发放的用于购置耐用消费品或支付其他费用的贷款。个人消费信贷近年来在我国发展迅猛,已成为一项重要的贷款业务。

(2)按贷款用途分为:流动资金贷款、固定资产贷款。

流动资金贷款是指为满足企业在生产经营过程中短期资金需求,确保生产经营活动的正常进行而发放的贷款。按贷款期限,可以分为一年期以内的短期流动资金贷款和一年至三年期的中期流动资金贷款。流动资金贷款作为一种高效实用的融资手段,具有贷款期限短、手续简便、周转性较强、融资成本较低的特点。

固定资产贷款是指商业银行以企业的固定资产购置、技术改造、技术引进和技术开发等的不同资金需要为对象而发放的贷款。商业银行发放固定资产贷款,为企业提供固定资产更新改造过程中的资金需求,可充分发挥商业银行促进经济发展和高科技开发的杠杆作用,对推动国民经济发展和加速现代化建设也具有重大的作用。

4. 按偿还方式分类

按照贷款偿还方式的不同,商业银行贷款可以分为一次性偿还、分期偿还两种方式。

(1)一次性偿还是指借款人在贷款到期日时一次性还清贷款本金的贷款,其利息可以分期支付,也可以在归还本金时一次性付清。通常,短期的临时性、周转性贷款都是采取一次性偿还方式。

(2)分期偿还贷款是指借款人按规定的期限,分次偿还本金和支付利息的贷款,这种贷款的期限通常按月、季、年确定,中长期贷款大都采取这种方式,其利息的计算方法通常为等额付息法。

5. 按风险程度分类

按照贷款的风险程度划分,商业银行贷款可以分为正常贷款、关注贷款、次级贷款、可疑贷款、损失贷款。

(1)正常贷款是指借款人能够履行合同,没有足够理由怀疑贷款本息不能按时足额偿还,且能够正常还本付息。

(2)关注贷款是指尽管借款人目前有能力偿还贷款本息,但存在一些可能对偿还产生不利影响的因素,损失概率不高于5%,贷款逾期在90天以内。

（3）次级贷款是指借款人的还款能力出现明显问题，完全依靠其正常营业收入无法足额偿还贷款本息，即使执行担保，也可能会造成一定损失，损失概率为20%~30%，贷款逾期在90~180天。

（4）可疑贷款是指借款人无法足额偿还贷款本息，即使执行担保，也肯定要造成较大损失，损失概率为40%~60%，贷款逾期在180天以上。

（5）损失贷款是指在采取所有可能的措施或一切必要的法律程序之后，本息仍然无法收回，或只能收回极少部分。

次级贷款以下的三类贷款通常划为不良资产。

6. 按发放的自主程度分类

按照发放贷款时银行的自主程度，以及是否承担本息收回的责任与责任划分的大小，商业银行贷款可分为自营贷款、委托贷款、特定贷款。

（1）自营贷款是指贷款人以合法方式筹集的资金自主发放的贷款，其风险由贷款人承担，并由贷款人收回本金和利息。

（2）委托贷款是指由政府部门、企事业单位及个人等委托人提供资金，由贷款人（即受托人）根据委托人确定的贷款对象、用途、金额期限、利率等代为发放、监督、使用并协助收回的贷款。贷款人（受托人）只收取手续费，不承担贷款风险。

（3）特定贷款是指经国务院批准，并对贷款可能造成的损失采取相应补救措施后，责成国有独资商业银行发放的贷款。

（二）贷款程序

1. 贷款申请

凡符合借款条件的借款人，在银行开立结算账户、与银行建立信贷关系之后，如果出现资金需求，都可以向银行申请贷款。

借款人申请贷款必须填写借款申请书。借款申请书的基本内容包括：借款人名称、性质、经营范围、申请贷款的种类、期限、金额、方式、用途、用款计划以及有关的经济技术指标。

为便于贷款人审查贷款，借款人在递交借款申请书的同时，还必须提供以下资料：

（1）借款人及保证人的基本情况及有关法律文件，如营业执照、组织机构代码证、地税局和国税局的税务登记证、法人代表有效身份证明以及对经办人的授权委托书等文件。

（2）财政部门或会计（审计）事务所核准的上年度会计报表及申请贷款前3个月的财务报表（包括资产负债表、利润表和现金流量表）。

（3）自有资本和自有流动资金的情况。

（4）担保物及拟同意担保的有关证明文件。

2. 对借款人的信用等级评估

银行在对借款人的贷款申请进行深入细致调查研究的基础上，还要利用掌握的资料，对借款人的领导者素质、经济实力、资金结构、履约情况、经营效益和发展前景等因素，进行信用评估，划分信用等级。信用评估可以由贷款银行独立进行，评估结果由商业银行内部掌握使用；也可以由有资质的专门信用评估机构对借款人进行统一评估，评估结果供各家银行使用。

3. 贷前调查

银行受理借款人的申请后，指派专业的信贷人员进行调查，这就是贷款"三查"制度之一——贷前调查。信贷人员应履行和享有职能、责任和权利做好调查分析前的准备工作，调查分析方法可采用直接座谈调查、全面调查、抽样调查、实地调查等多种方法,调查内容主要是了解借款人的概况、生产经营情况、市场分析、技术优势。即:

(1) 借款人的品行,主要了解与借款人的资料有关的证明文件、批准文件和法律文件。

(2) 借款的合法性,主要了解借款的用途是否符合国家的产业、区域、技术以及环保政策和经济、金融法规。

(3) 借款的安全性,主要调查借款人信用记录及贷款风险,可登录央行的信贷网站,在借款人的授权下查询借款人的过往信用记录。

(4) 借款的营利性,主要调查测算借款人使用贷款的盈利情况及归还本息的资金来源,可根据企业提供资料的资产负债表、利润表、现金流量表以及提供的保证人、抵押物、质押物等情况作出必要的财务分析和非财务分析。

4. 贷中审查

商业银行根据已建立的审贷分离、分级审批的贷款管理制度进行贷款审批,即贷款"三查"制度之二——贷中审查。各级审批人员及审贷委员会成员着重审查贷款原因、审查贷款额度、审查贷款期限和审查贷款用途,并根据信贷人员贷前调查报告中提供的有关资料,进行核实、评定,复测贷款风险度,提出意见。

主要的审查机构是商业银行信贷审查委员会,审查的具体内容如下:

(1) 借款单位、担保单位的各类证照及有效期。

(2) 借款单位、担保单位法人代表证明书及授权委托书。

(3) 借款单位贷款卡及有效期。

(4) 借款单位、担保单位董事会决议。

(5) 股份有限公司为其股东或其他人提供担保情况。

(6) 借款单位的贷款申请书。

(7) 保证人、抵押物或质押物产权所属的法律手续资料。

(8) 保证、抵押或质押担保合同,借款合同。

(9) 企业信用登记评定表、资产风险度评审表的真实性。

5. 签订合同与落实担保措施

借款申请经审查批准后,必须按《合同法》和《借款合同条例》,由商业银行与借款人签订借款合同。借款合同应当约定借款种类、借款用途、金额、利率、借款期限、还款方式、借贷双方的权利和义务,违约责任和双方认为需要约定的其他事项,并送当地公证机关进行公证。

同时,还应对贷款实施必要的担保措施:保证贷款应当由保证人与贷款人签订保证合同,或保证人在借款合同上载明与贷款人协商一致的保证条款。抵押贷款、质押贷款应当由抵押人、出质人与贷款人签订抵押合同、质押合同,并依法办理登记手续。

6. 贷款发放

借款合同生效后,银行应按照合同规定的条款发放贷款。在发放贷款时,借款人应先填写好借据,经办人员审核无误,并由信贷部门负责人或主管行长签字盖章,送银行会计部门出具放款通知书,将贷款足额划入借款人账户,供借款人使用。

7. 贷后检查

贷款发放后,贷款人应当对借款人履行借款合同的情况,和借款人的经营状况进行追踪调查和检查,即贷款"三查"制度之三——贷后检查。贷后检查的主要内容包括以下内容:

(1) 借款人的基本情况有无变更。

(2) 贷款是否按规定用途使用。
(3) 借款人的产品适销程度及市场变化。
(4) 保证人、抵押物或质押物的保证性,测定贷款风险程度。
(5) 借款人资产负债结构的变化。
(6) 借款人还款资金来源的落实情况等。

贷后检查可采取跟踪调查和定期调查等方式。

8. 贷款回收

贷款人应当按照借款合同规定,按时足额收回贷款本金和利息,并将贷款过程的相关资料归档。贷款人在短期贷款到期一个星期之前、中长期贷款到期一个月之前,应向借款人发出还本付息通知单,贷款人对逾期的贷款要及时发出催收通知单,做好逾期贷款本息的催收工作。贷款人对不能按借款合同约定期限归还的贷款,应当按规定加收罚息。

9. 贷款展期

借款人在贷款期间发生暂时的资金周转困难,致使不能按期偿还贷款本金的,应提前30个工作日向贷款银行申请展期,但每笔贷款只能展期一次。贷款展期,是指借款人在向贷款银行申请并获得批准的情况下,延偿还贷款的行为。短期贷款展期期限不得超过原贷款期限;中期贷款展期期限不得超过原贷款期限的一半;长期贷款展期期限不得超过3年。借款人未申请展期,或申请未获批准的,或展期到期仍不能归还的,该贷款从到期日次日起,转入逾期贷款账户。

(三) 贷款监控和诉讼

1. 贷款的五级分类

商业银行对已放贷的贷款需要实时监控,定期分类,以评估信贷风险。根据中国人民银行《贷款五级分类指导原则》,信贷资产分类采用以风险为基础的分类方法,把信贷资产分为"正常、关注、次级、可疑、损失"五类,后三类合称为不良资产。五类资产(含本外币)的定义分别为:

(1) 正常类资产:借款人(或主要债务人)各方面情况正常,不存在任何影响银行债权本息及时全额偿还的消极因素,且能够一直正常还本付息,银行对借款人(或主要债务人)按时履约有充分把握,没有任何理由怀疑债权本息不能按时足额偿还。

(2) 关注类资产:借款人(或主要债务人)目前偿还银行债务没有问题,包括借款人(或主要债务人)还款能力、还款意愿、担保能力、非财务因素等方面存在一些可能对偿还产生不利影响的因素,这些因素继续存在下去将会影响债务的清偿。

(3) 次级类资产:借款人(或主要债务人)的还款能力出现明显问题,完全依靠其正常经营收入无法足额偿还贷款本息,即使执行担保,也可能会造成一定损失。

(4) 可疑类资产:借款人(或主要债务人)无法足额偿还债务,即使执行担保,也肯定要造成较大损失,只是由于存在借款人(或主要债务人)重组、兼并、合并、押(质)物处理或未决诉讼等待定因素,使得损失金额还不能确定。

(5) 损失类资产:在采取所有可能的措施或经过一切必要的法律程序之后,贷款本息仍然无法收回,或只能收回极少部分。

2. 呆账认定

当借款人出现以下情况时,可以认定为呆账:

(1) 借款人和担保人被依法宣告破产、关闭、解散并终止法人资格,银行对借款人和担保人进行追偿后,未能收回的贷款。

(2) 借款人死亡或者依照《中华人民共和国民法典》的规定,宣告失踪或死亡,银行依法对其财产或遗产进行清偿后,未能收回的贷款。

(3) 借款人和担保人虽未依法宣告破产、关闭、解散,但经有关部门认定已完全停止经营活动,被县或县以上工商行政管理部门依法注销或吊销营业执照,终止法人资格,银行对借款人和担保人进行追偿后,未能收回的贷款。

(4) 借款人和担保人虽不符合上述第3项规定的条件,但经有关部门认定借款人和担保人事实上已经破产、被撤销或解散,已完全停止经营活动在2年以上,银行对借款人和担保人进行追偿后,未能收回的贷款。

(5) 借款人和担保人不能偿还到期贷款,银行诉诸于法律,经法院对借款人和担保人强制执行,借款人和担保人所属财产不足以执行或无财产可供执行,法院裁定终结执行后,仍无法收回的贷款。

(6) 借款人触犯刑律,依法受到法律制裁,处理的财产不足以归还所欠贷款,又无另外债务承担者,确认无法收回的贷款。

(7) 由于第(1)~(6)项规定的原因,借款人和担保人不能偿还到期贷款,银行依法取得抵债资产,其抵债资产的价值小于贷款本金的差额,经追偿后仍无法收回的部分。

(8) 银行因开立信用证、办理承兑汇票、开具保函、信用卡透支等原因发生垫款时,凡开证申请人、持卡人和保证人由于第(1)~(7)项规定的原因,无法偿还垫款,银行经依法追偿后仍无法收回的垫款。

(9) 其他经国家税务总局允许核销的贷款。

3. 贷款诉讼

当贷款逾期后,经商业银行多次催收,未能收回本息。在诉讼时效内,商业银行应将借款人(或主要债务人)和担保人起诉到当地人民法院,要求借款人履行债务及担保人承担连带责任,以保全商业银行资产免受或少受损失。

根据《最高人民法院关于审理民事案件适用诉讼时效制度若干问题的规定》,有关民商事诉讼时效制度的司法解释:当事人约定同一债务分期履行的,诉讼时效期间从最后一期履行期限届满之日起计算,贷款的诉讼时效为3年。有抵押物担保的情况下,主债权诉讼时效丧失后,抵押担保的诉讼时效还要延续2年(另有约定除外)。借款人破产终结后,对没有在破产程序中得到清偿的债权,应在破产程序终结后6个月内向保证人主张权利。

> **任务引例解析**
>
> 不正确。办理单位定期存单质押贷款时,应由存款行开具单位定期存单和确认书。贷款行收到单位定期存单和确认书,经审核无误后,方可与其签订质押合同,并办理相关贷款手续。

二、贷款业务处理规定

(一) 单位贷款的发放

1. 业务受理

借款单位向银行申请信用贷款,必须填写包含借款用途、偿还能力、还款方式等主要内容的借款申请书,并向银行信贷部门提供有关资料。信贷部门按照审贷分离、分级审批的要求进行贷款的审批。所有贷款应由信贷部门与借款人签订借款合同。借款合同应当约定贷款用途、金额、利率、还款期限、还款方式、违约责任和双方认为需要约定的其他事项。信贷部门要按借款合同规定按期发放贷款。

按借款合同规定发放贷款,借款人应填写一式五联的借款凭证。第一联为备查联,有银行信贷部门留存;第二联为贷款正本;第三联为贷方传票,代存款科目转账贷方传票;第四联为到期检查卡,银行作放款到期检查卡;第五联是回单,给借款单位的收账通知。在第一、二联上加盖借款人预留银行印鉴后,送交信贷部门审查。信贷部门审查签章后,在信贷操作系统中录入贷款发放的相关信息,第一联借据留存,其余四联送会计部门。

2. 凭证审核

会计经办人员接到借款单位凭证后,应认真审查以下内容:借款凭证有无信贷部门审批意见;各项内容填写是否正确完整;大小写金额是否一致;借款凭证上加盖的印鉴与预留银行印鉴是否一致。

3. 贷款发放交易处理

审查凭证无误后,经办人员以借款凭证第二联代转账借方传票,第三联代转账贷方传票,将相关业务信息录入操作系统办理转账。

4. 回单交付

第五联凭证上加盖业务清讫章交给借款人,通知客户贷款已入账。

5. 后续处理

会计经办人员在借款凭证第二联和第三联上分别加盖业务清讫章和经办人员名章后,作为办理业务的凭证与其他凭证一并保管。借款凭证第四联按贷款到期日与其他贷款业务凭证按先后顺序排列,专门保管。会计部门对保管的凭证,应每月与各科目分户账进行核对,查看到期日期,并保证账据相符。

(二) 单位贷款的收回

1. 业务受理

借款人归还贷款时应填写一式四联还贷凭证(或填写支票和进账单)。还款凭证第一联为回单,第二联是借方传票,第三联是贷方传票,第四联是卡片。借款单位应在第二联还贷凭证上加盖预留银行印鉴,然后提交银行。

2. 凭证审核

银行会计经办人员收到一式四联还款凭证后,应抽出原专夹保管的贷款借据第四联到期卡进行核对,核对无误后,还应认真审查:贷款归还是否经信贷部门审查同意;还贷凭证各项内容填写是否完整、正确;凭证上加盖的印鉴与预留银行印鉴是否一致;存款账户款项是否足够支付等。

3. 收回贷款交易处理

经审查无误,如借款人全额归还贷款,会计经办人员以还贷凭证第二联作借方传票,第三联还贷凭证作贷方传票,原专夹保管的第四联借据到期卡作贷方传票附件,将相关信息录入操作系统办理转账。

若是分次归还,除按上述处理手续办理外,还应在原第四联借款凭证的"分次偿还记录"

栏登记本次偿还金额,解除尚欠贷款余额,并继续留存保管,待最后贷款还清时再作贷方传票的附件。

4. 回单交付

上述手续处理完成后,经办人员在还贷凭证第一联上加盖业务清讫章,作为回单交给还贷人。

5. 后续处理

还贷凭证第二联和第三联上加盖业务清讫章和经办人员名章后,作为办理业务的凭证与其他凭证一并装订保管。第四联还贷凭证则交由信贷部门保管。

三、贷款业务操作

(一) 客户管理

【做中学 7-15】

(1) 2020 年 2 月 12 日,重庆六合设备有限责任公司计划向银行申请贷款,先来办理开户业务,柜员以营业执照为其新建客户信息,如图 7-23 所示。

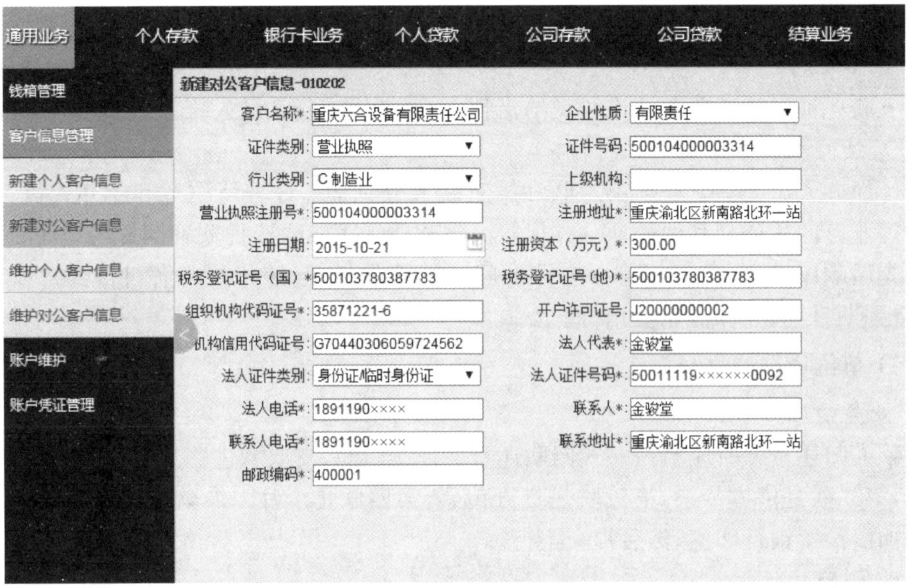

图 7-23 新建对公客户

企业资料:如下注册名称:重庆六合设备有限责任公司;企业性质:有限责任公司;注册地址(同联系地址):重庆渝北区新南路北环一站龙湖2栋A;邮编:400001;行业类别:制造业;法定代表人:金骏堂;注册资本:300万元;注册日期:2015年10月21日;法人身份证号码:50011119××××0092;联系人为法人本人;联系人手机号:1891190××××;营业执照注册号:500104000003314;基本户开户许可证号:J20000000002;国税登记证号(同地税):500103780387783;组织机构代码证号:35871221-6;机构信用代码证号:G70440306059724562。

(2) 柜员为该公司开立一个单位结算账户,账号标志：一般户,支取方式凭密码,通存通兑,如图7-24所示。

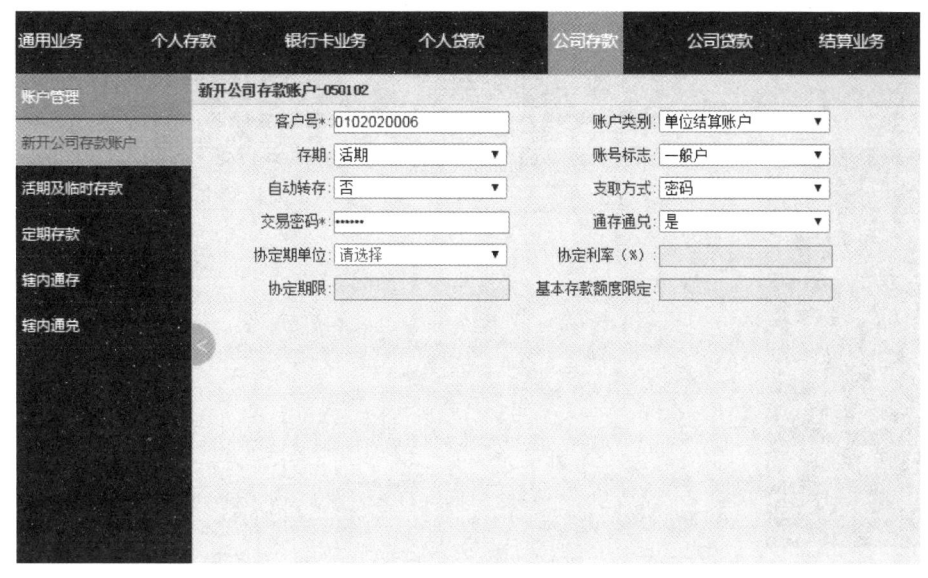

图7-24 开立单位结算账户

(二) 贷款申请与发放

【做中学7-16】
(1) 2018年3月1日,重庆六合设备有限责任公司以生产暖通设备所需流动资金为由,向银行申请一笔200万元的中期流动资金保证贷款,期限两年,由中南企业集团公司提供连带责任保证担保,如图7-25所示。
(2) 经2018年第一次贷审会审议通过,同意按申请贷款金额的全额发放,银行于2018年4月8日向重庆六合设备有限责任公司发放了流动资金贷款,贷款利率按央行基准利率上浮20%计息,罚息月利率约定为15‰,如图7-26所示。

重要提示：
① 贷款借据号为15位数字,格式为：当期年份+2001+贷款类别号(对个为01/公司为02)+5位数字贷款合同顺序号,它是合同的标志,贷款发放、还贷等业务都是围绕贷款借据号开展。
② 贷款年利率=基准月利率×12×(1+利率上浮率)。
③ 当期央行基准年利率为：6个月内5.6%,6个月至一年6%,一年至三年6.15%,三年至五年6.4%,五年以上6.55%。
④ 题中所有计算得数均四舍五入,保留小数点后两位。
⑤ 贷款关联存款账号应为在银行开立的一般户账号。

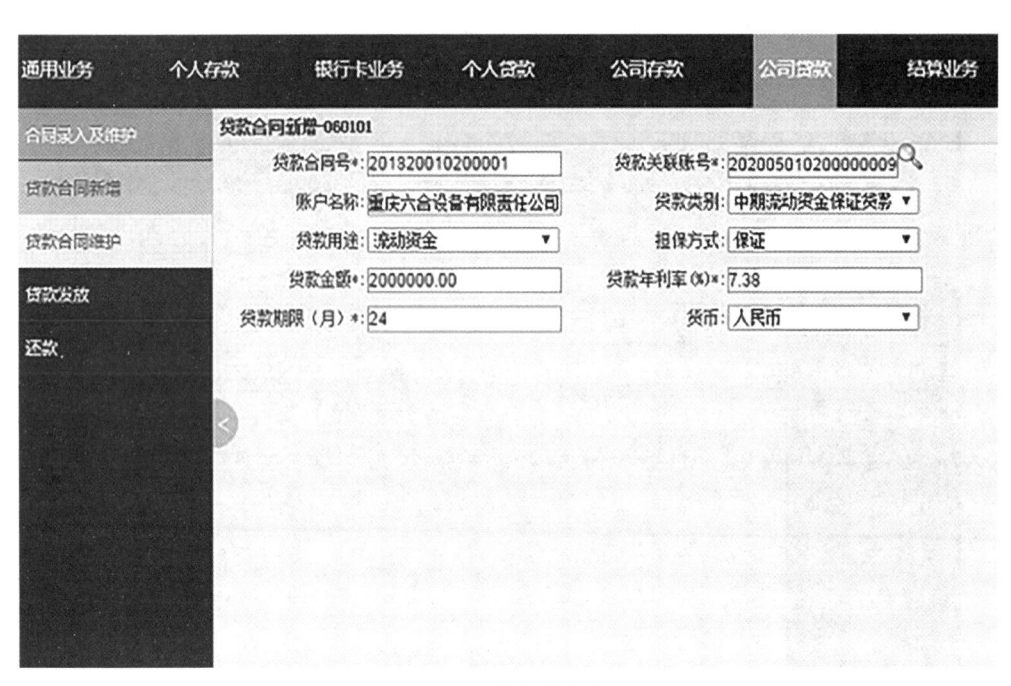

图 7 - 25　新增贷款合同

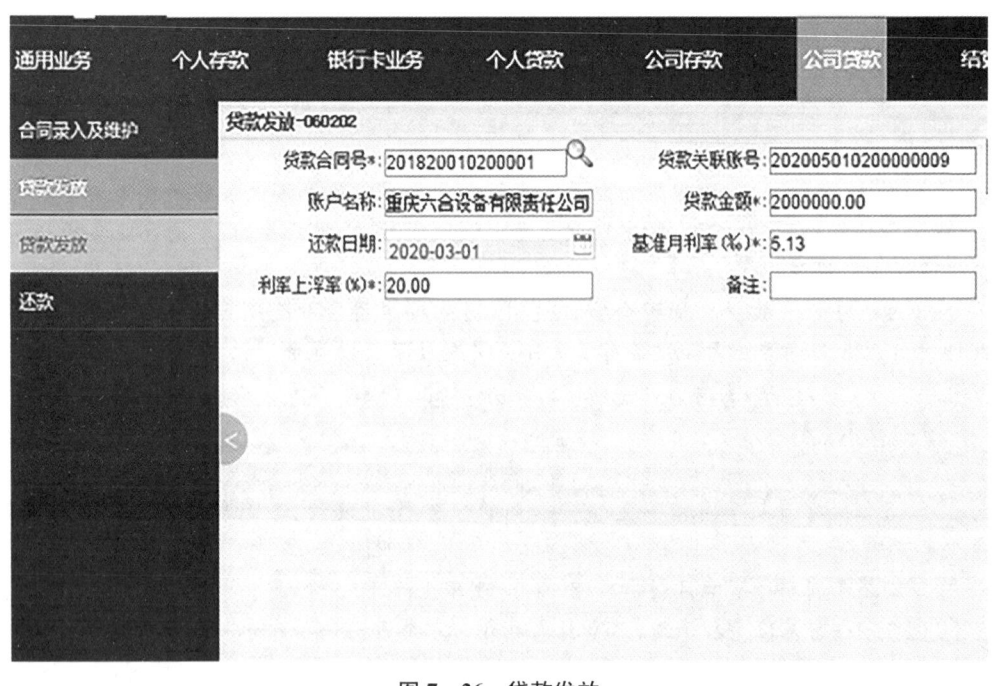

图 7 - 26　贷款发放

(三) 贷款展期业务

【做中学 7-17】

2020年4月8日,贷款到期后,重庆六合设备有限责任公司由于资金周转困难无法按约定还款,向银行申请展期还款。银行经审核决定,同意展期到2020年8月8日归还该笔贷款,同时利率在原贷款利率基础上上浮30%,当前无欠息,如图7-27所示。

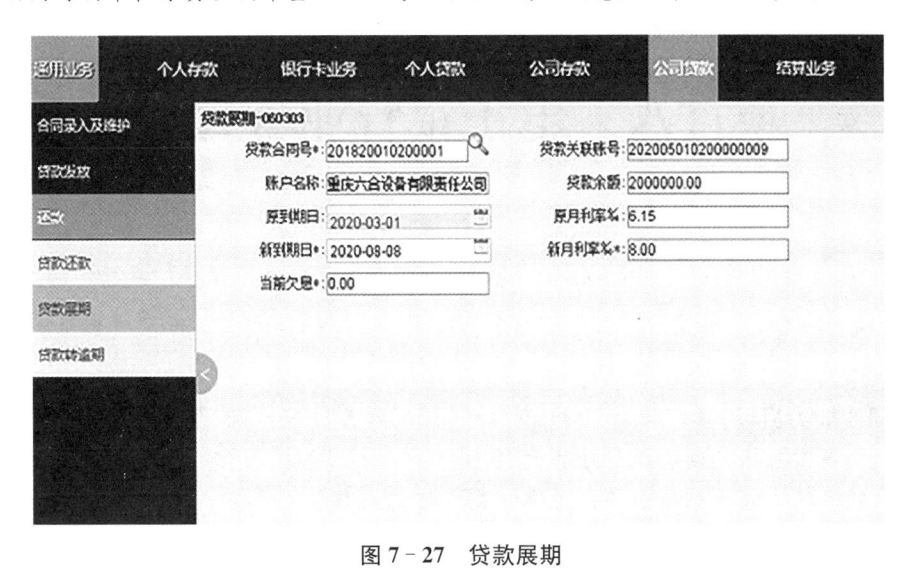

图7-27 贷款展期

项目小结

单位存贷款业务处理内容结构如图7-28所示。

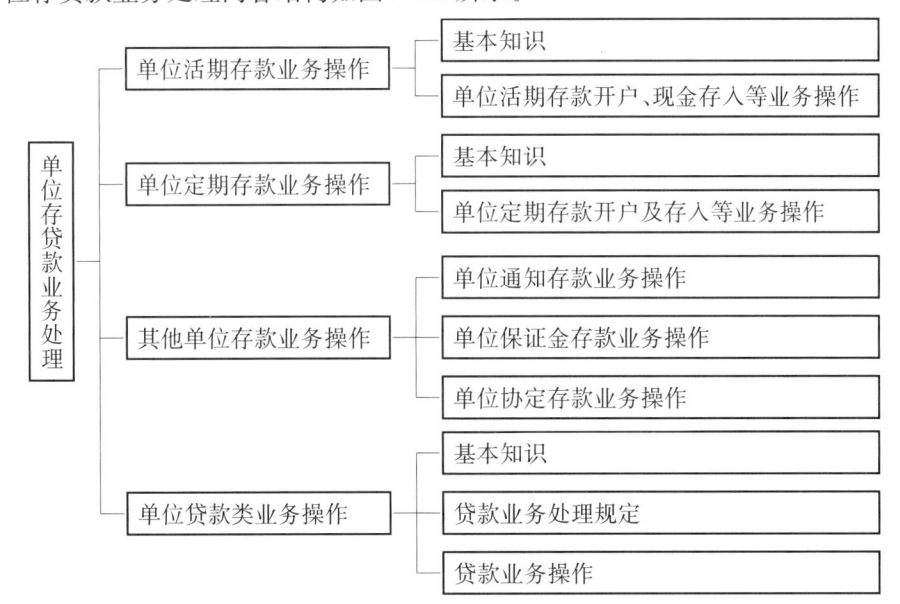

图7-28 单位存贷款业务处理内容结构图

项目八　电子银行业务处理

【职业能力目标】
1. 熟悉商业银行电子银行业务的种类。
2. 理解各项电子银行业务的基本规定与操作流程。
3. 掌握办理商业银行各项电子银行业务的能力。

【典型工作任务】
1. 自助银行业务操作。
2. 网上银行业务操作。
3. 电话银行业务操作。
4. 手机银行业务操作。

任务一　自助银行业务操作

任务引例

对于银行排队问题,有人经常抱怨说:"每次到银行办理业务,都要排队等很长时间,真急人。"但是,在每个家庭都有电话和电脑的条件下,为什么不注册电话银行或网上银行呢?只要注册了电话银行或网上银行,就再也不用去银行排队了,坐在家里就可以轻松办理银行业务。思考:电子银行有哪些种类?

电子银行业务包括以下内容:利用计算机和互联网开展的银行业务;利用电话等声讯设备和电信网络开展的银行业务;利用移动电话和无线网络开展的银行业务;以及利用其他电子服务设备和网络,由客户通过自助服务方式完成金融交易的银行业务。

一、基本知识

自助银行是近年来商业银行为满足客户的理财需求而进行金融创新的成果,它借助现代化的自助服务设备,为客户提供方便、高效的多种金融服务,属于银行柜台业务处理电子化与自动化的一部分。

目前,自助银行主要有两种形式:一种是混合式自助银行,另一种是隔离式自助银行。

混合式自助银行是指在现有银行分支机构的营业大厅内划分出一个区域,置放各种自助式电子设备,提供24小时的自助银行服务。该区域在日常营业时间内与营业大厅相连通,能够分担网点的部分银行业务,缓解柜台压力。在柜台营业时间外,营业大厅关门时,该区域被人为地与营业大厅隔离,又变成了独立的自助银行。

隔离式自助银行又称全自动自助银行,这种形式的自助银行与银行分支机构和营业网点完全独立。隔离式自助银行一般设立在商业中心、人口密集区或高级住宅区内,全天候开放。

二、自助银行模式

(一) 社区模式

社区模式是指在居民区、厂矿企业、办公楼及其附近提供银行服务的分行模式,强化中间业务服务及营销,是一种类型的"自助银行增强型"设计,即以自助设备为主,并不定时地配合必要的人工服务,以期同时达到高效率服务和业务推广的双重业务目标。

(二) 商业区模式

商业区模式是指在商业区、闹市区提供快速现金服务的自助银行,强化快速取现服务和银行卡发行,以自助银行或自助银行增强型为主。

(三) 校园模式

校园模式是指在校园及其附近提供简单存取款服务,其交易特征为"频度高、单次交易额小",以特殊形式自助银行为主,如网吧银行、书吧银行等。

(四) 店中行模式

店中行模式是指在便利店、机场、加油站、商场、酒店等其他行业的营业厅内提供银行服务。这些营业场所也是银行客户最常光顾的场所,在这些场所提供银行服务,显然给银行储户提供了最大的方便。可以结合所在营业场所的具体情况设计成咖啡吧银行、超市银行、专卖店银行等。

(五) 顾问银行模式

顾问银行模式,又称VIP分行,是指一种专门为其附近的VIP客户提供专业理财服务的一种模式。

【做中学8-1】
电子银行的成本优势主要体现在(　　)方面。
A. 降低营业网点的设立成本　　　B. 降低业务经营成本
C. 降低管理维护成本　　　　　　D. 电子银行的低成本运营
E. 营销发展客户

三、智慧柜员机

近年来,随着银行业务的快速发展和客户的不断增长,柜面业务量剧增,临柜业务效率低下已成为制约业务扩张的瓶颈,临柜业务流程改造势在必行。

智慧柜员机具备远程预约排号、预填单、自助业务办理、发卡与U-key、存折打印等功能,覆盖几乎全部个人非现金业务和部分对公业务,如图8-1所示。超级柜员机具有智能、高效、精准的特点,能够有效优化网点业务流程、分流人工柜台业务、降低网点运营成本、提升客户体验、促进网点营销,满足大、中、微型等不同规模形态网点需求,如图8-2所示。

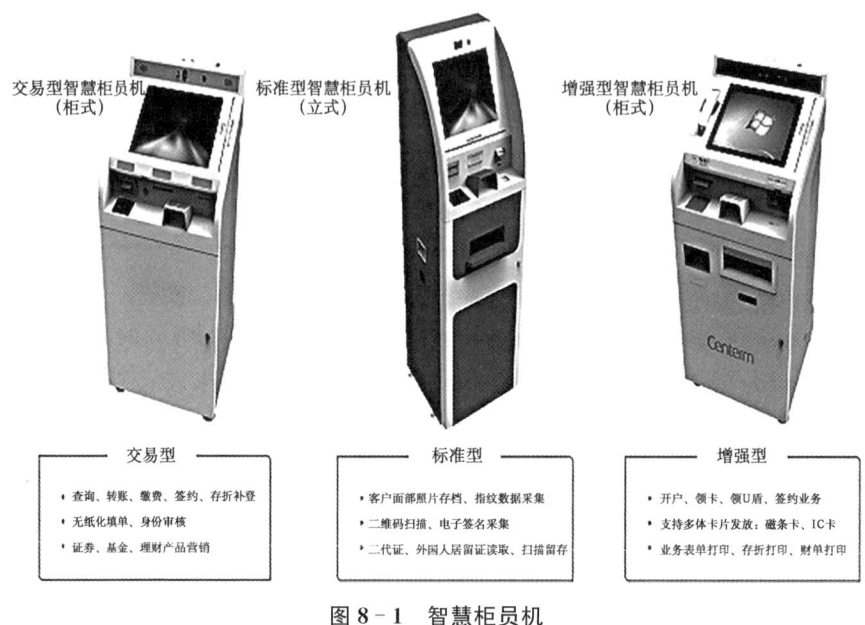

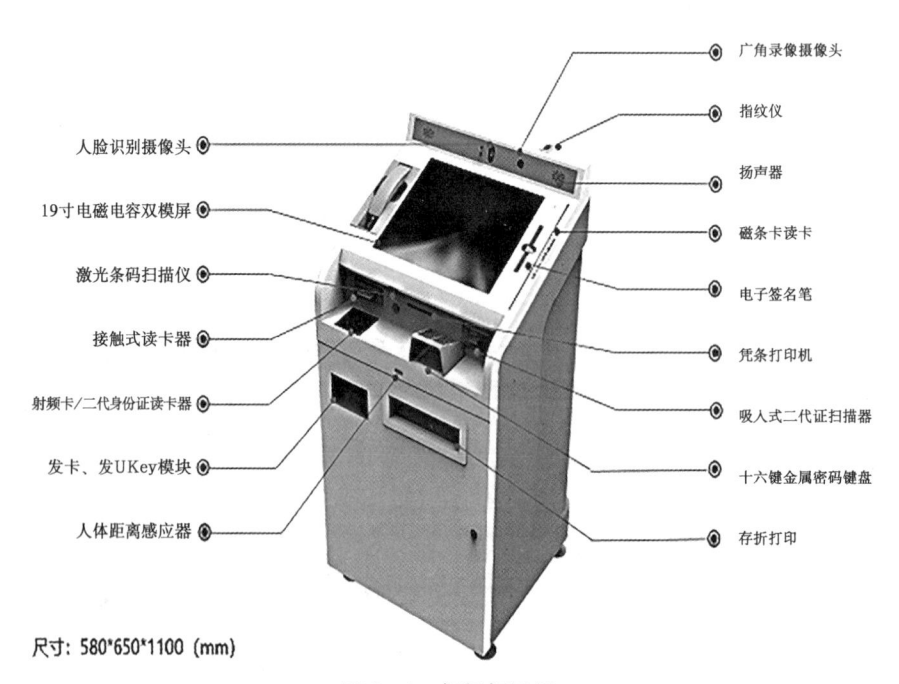

交易型	标准型	增强型
• 查询、转账、缴费、签约、存折补登 • 无纸化填单、身份审核 • 证券、基金、理财产品营销	• 客户面部照片存档、指纹数据采集 • 二维码扫描、电子签名采集 • 二代证、外国人居留证读取、扫描留存	• 开户、领卡、领U盾、签约业务 • 支持多体卡片发放:磁条卡、IC卡 • 业务表单打印、存折打印、财单打印

图8-1 智慧柜员机

尺寸:580*650*1100 (mm)

图8-2 超级柜员机

(一) 流程简捷

智慧柜员机将过去柜台多个岗位员工逐项操作多个交易环节的业务办理流程,改变为交易自动串接、客户自助完成,实现无复印、无客户填单、无传票、无手工盖章,客户识别、营销挽留智能化,产品推荐自动化,人工服务和自助服务互为补充,提升业务办理效率。缩短客户业务办理时间4~7倍!彻底改变银行柜面业务流程填单多、签名多、流程较繁琐的现状,实现一站式、一体化自主服务。

(二) 替代柜员

过去银行网点以"柜员操作为主",推广智慧柜员机后,业务办理模式为"客户自主、自助办理"。智慧柜员机界面设计简单明了,客户可以在网点自主办理传统柜面业务,有利于释放柜员,专注客户交流与营销。通过硬件设备的集成和业务流程、交易凭证的整合,借助视频、影像、人脸识别等技术手段,实现了柜面非现金业务的客户自主办理,极大地提高了业务处理效率。

(三) 防范风险

智慧柜员机既具备线上渠道无纸化等便捷特性,又具备线下柜面渠道人工干预引导特性,将客户身份识别"三亲见"、外汇限额、支票防伪及有效期等合规控制嵌入业务流程,风险控制由"人控"变为"机控",为客户提供复杂业务快速办理的同时,减少了人工办理差错。智慧柜员机运用了支票自动防伪、电子签名、远程审核等多项新技术,属银行业首创。

(四) 有效集成

智慧柜员机整合多种柜面常见设备与常见业务功能,有效集成了银行卡识别、身份证鉴别、支票鉴伪、加盖印章、票据扫描、自助发卡和填单等多项柜内、柜外硬件功能。涵盖了80%以上个人非现金业务。实现个人开卡、电子银行产品签约、账户挂失、转账汇款、理财签约购买、基金购买赎回等个人业务的自主办理。

四、自助银行设备和功能

自助银行设备一般包括自动存取款机、自动存款机、自动取款机、多媒体信息查询系统、全自动保管箱和夜间金库等。此外,还有外币自动兑换机、存折自动打印机、IC卡圈存机、电话银行自助理财服务设备、点钞机、验钞机等。

(1) 自动存取款机集现金存取款于一身,并且可以办理缴纳费用业务。

(2) 自动存款机提供存款服务。

(3) 自动取款机提供取款、缴纳费用、查询余额和修改密码服务。

(4) 多媒体自动终端可以全方位介绍金融知识和银行业务信息,并可查询、打印所有账户的历史交易明细,缴纳各种费用、办理卡间转账、卡内转账、外汇买卖、银证转账、质押贷款、国债买卖、提醒服务、打印发票、口头挂失等业务。

(5) 全自动保管箱则提供自助式保管服务,客户存取物品不受时间限制,也无须银行人员陪同,也能确保客户隐私。

(6) 夜间金库业务,经过申请,提供24小时自由存放现金或物品的服务。

任务引例解析

电子银行,是指借助电脑、电话和手机等工具自助办理银行业务的一种金融服务模式。具体是指银行的存款、贷款、转账、支付、查询等全部或绝大部分业务采用计算机、通讯、网络等现代技术处理。电子银行完全改变了银行传统的手工业务处理模式,实现了银行业务处理自动化、银行服务电子化和银行管理信息化的新兴银行体系。目前电子银行包括网上银行、电话银行和手机银行。

五、自助银行基本业务操作

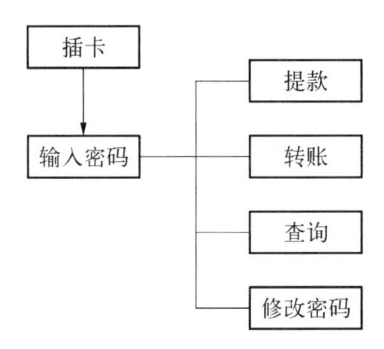

(一)自助柜员机操作流程

自助柜员机操作流程如图 8-3 所示。

图 8-3 自助柜员机操作流程

(1) 首先,个人要到银行的柜台办理一张银行卡,持此卡可在全国有银联标识的自动提款机进行存、取款。目前的银行卡有磁条卡和芯片卡两种,芯片卡具有更强的防盗性能。

(2) 在自助柜员机进行业务处理时,第一要观察自助柜员机的插卡口和密码输入区有无异常,防止不法分子采用技术手段盗取银行卡的信息和密码。

(3) 在确认环境安全后,将卡插到自助柜员机的插卡口,自助柜员机自动进行读卡操作。插卡时须卡面向上。

(4) 根据自助柜员机的系统提示进行提款、转账、查询、修改密码等业务的处理。

(二)自动存款机操作流程

自动存款机操作流程如图 8-4 所示。

(1) 进入银行,找到自动存取款一体机(英文字样:CRS),请不要在自动取款机(英文字样:ATM)上进行,因为 ATM 机上是没有存款功能的。

(2) 在插卡口正确插入银行卡。

(3) 输入密码,注意周围环境,不要让别人靠得太近看到你输入的密码。

(4) 点击屏幕上的"存款",待存取款口打开之后,将钱整齐地放入存款口,然后点击确定。

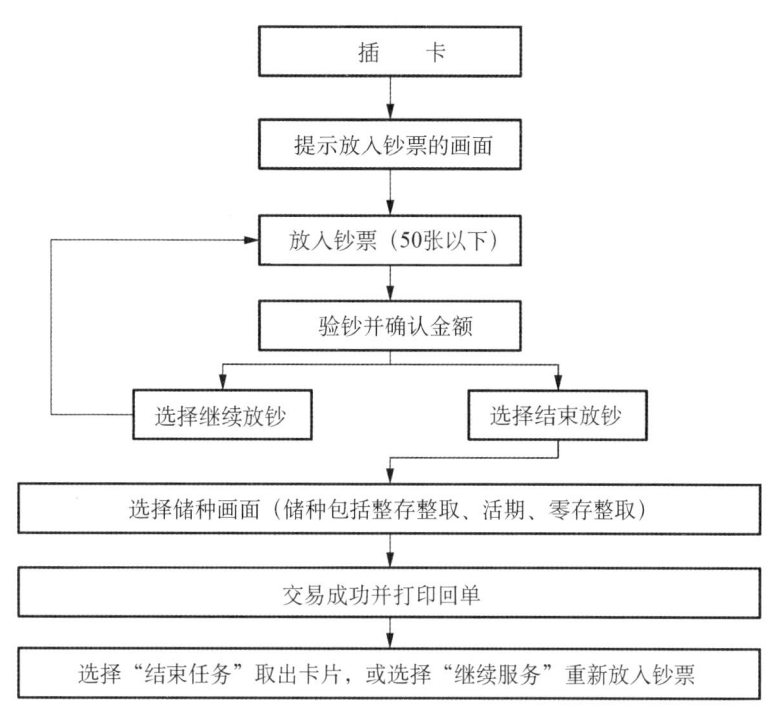

```
                    ┌─────────┐
                    │  插  卡  │
                    └────┬────┘
                         ↓
                ┌─────────────────┐
                │ 提示放入钞票的画面 │
                └────────┬────────┘
                         ↓
         ┌──────→┌─────────────────┐
         │       │ 放入钞票（50张以下）│
         │       └────────┬────────┘
         │                ↓
         │       ┌─────────────────┐
         │       │  验钞并确认金额   │
         │       └────────┬────────┘
         │         ↓              ↓
         │  ┌──────────┐    ┌──────────┐
         └──│选择继续放钞│    │选择结束放钞│
            └──────────┘    └─────┬────┘
                                  ↓
            ┌────────────────────────────────────────┐
            │ 选择储种画面（储种包括整存整取、活期、零存整取）│
            └────────────────────┬───────────────────┘
                                 ↓
            ┌────────────────────────────┐
            │     交易成功并打印回单       │
            └────────────────┬───────────┘
                             ↓
            ┌──────────────────────────────────────────────┐
            │ 选择"结束任务"取出卡片，或选择"继续服务"重新放入钞票│
            └──────────────────────────────────────────────┘
```

注：只接纳人民币50元或100元面值的存款。

图 8-4 自动存款机操作流程

（5）CRS 机开始清点钞票，此时有可能会出现部分钞票不能识别的情况，可以将钱拿出查看情况，将钱折角处抚平再次放入。

（6）清点完毕后，机器会提示您"结束放钞"或者"继续放钞"。一次性不能放入超过100张钞票（各家银行规定略有不同）。

（7）打印回单，结束交易后取出银行卡，交易结束。

（三）自助查询终端操作流程

自助查询终端操作流程如图 8-5 所示。

选择银行自助服务终端，可访问银行网站了解丰富多彩的金融资讯，并可以自助注册和登录银行个人网上银行，享受个人网上银行为您带来的轻松便利，具体操作如下：

（1）选择"个人业务"，或直接插入您的银行，输入卡密码。

（2）客户可办理账户查询、转账、补登对账簿、缴费、第三方存管、基金、修改密码等业务。

（3）查询业务：包括子账户序号查询、账户余额查询、当日明细查询、历史明细查询、通知登记簿查询等业务。

（4）转账业务：包括卡内转账、向活期储蓄账户转账等业务。

（5）缴费业务：包括缴纳市话费、手机费或自助购电等业务。

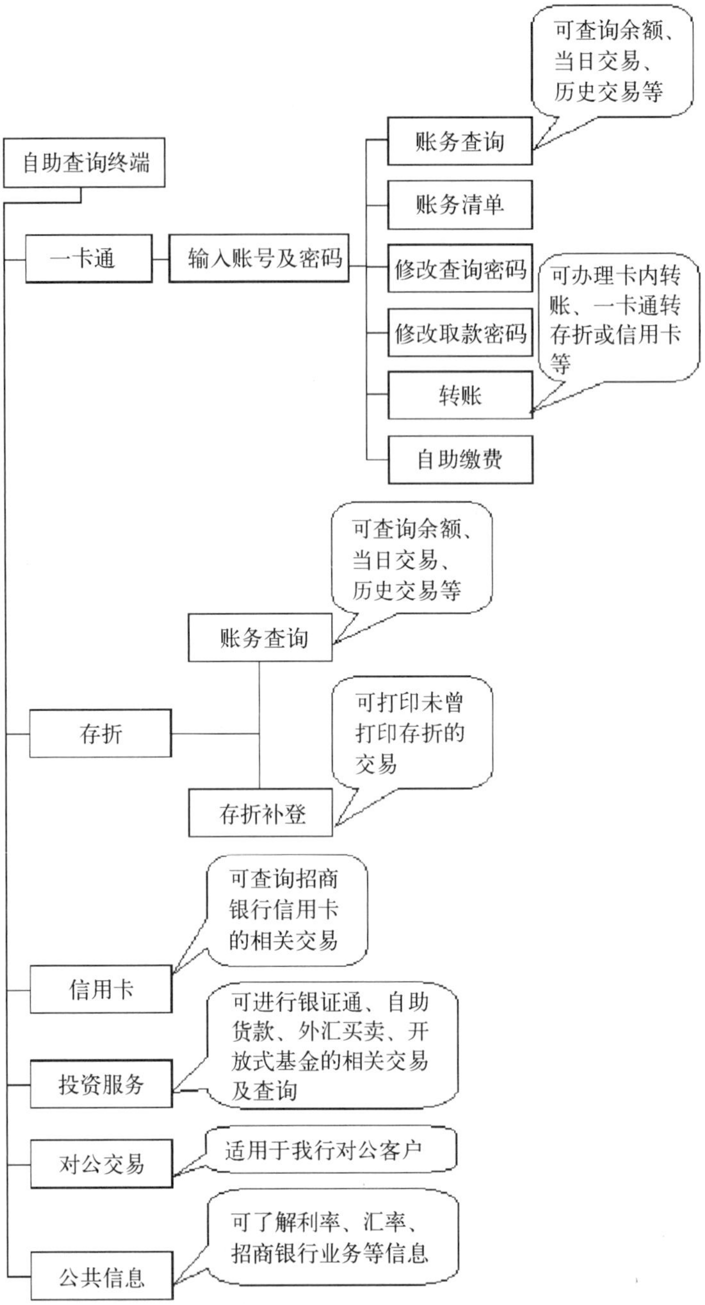

自助查询终端
一卡通
输入账号及密码
账务查询
可查询余额、当日交易、历史交易等
账务清单
修改查询密码
修改取款密码
转账
可办理卡内转账、一卡通转存折或信用卡等
自助缴费
存折
账务查询
可查询余额、当日交易、历史交易等
存折补登
可打印未曾打印存折的交易
信用卡
可查询招商银行信用卡的相关交易
投资服务
可进行银证通、自助货款、外汇买卖、开放式基金的相关交易及查询
对公交易
适用于我行对公客户
公共信息
可了解利率、汇率、招商银行业务等信息

图 8－5 自助查询终端操作流程

8

任务二 网上银行业务操作

任务引例

2020 年 1 月 16 日，市民余先生的手机突然接到某银行发来的消费服务提示，称他当天消费金额为 5 000 元。余先生当天并没有使用该银行卡消费，满腹疑惑的他赶到银

行,查询得知储蓄卡当天被人透支了5 000元。经过调查,警方发现了该银行的两个网上银行网页,其中一个是假的。余先生就是在这个假网上银行网页上使用查询系统时,输入了自己的账号和密码。藏在网后的黑手轻松窃取这一信息后,通过转账方式,窃取了5 000元现金。

一、个人网上银行业务操作

个人网上银行服务是指利用互联网技术,通过互联网站点向个人客户提供全面、高效、安全服务的一种综合性的银行服务。

(一)业务特点

(1)申办简便。只要登录相应银行网站,进入个人网上银行页面,填写几项要素,即可成为个人网上银行客户,享受查询、缴费、投资理财等服务。亲临营业网点进行签约认证后,即可享受全面的网上银行服务。

(2)方便快捷。不用跑网点排长队,不再发愁错过网点营业时间,享受7×24小时全天候个人金融服务。

(3)功能丰富。账户统一管理,摆脱地域限制束缚,集中管理资金,客户足不出户即可享受各项个人金融服务。

(4)友好易用。站内邮件、信息通知服务、常见问题解答、导航条、操作提示、功能介绍、相关问题链接等操作简洁明了,无须学习即会使用。页面设计人性化、个性化,使用时给予客户舒适的感受。

(5)节约成本。申请免费,省去了办理业务的奔波成本,还可享受办理业务的手续费打折等优惠。

(6)安全可靠。采用USBKEY存储证书、动态口令等多种安全技术,为客户提供短信通知、身份认证、预留防伪信息验证、私密问题设置、多个密码验证、各项限额控制等特色安全措施,重重保护,保障客户的资金安全。

(二)开通和终止

1. 开通条件

在商业银行开设有银行账户,或持有银行卡,具备使用互联网的网络条件,使用微软公司IE6.0以上版本的浏览器,就可申请开通网上银行业务。

2. 开通方式

(1)自助开通。登录银行网站,通过"网上银行注册向导"功能,输入客户账户和身份信息后,通过网上银行申请,成为普通客户,享受网上银行部分功能。

(2)柜台开通。先通过网上银行申请,然后持有效证件到网点办理签约手续,签约指定账户,或直接持本人有效证件到银行网点签约指定账户。

3. 终止

(1)第一种方法:在网上银行登录界面点击"网上银行终止向导",输入客户的姓名、证件号码、账号或卡号、账户密码等信息,校验成功后,即可进入销户页面,办理销户。

(2) 第二种方法：登录网上银行后，进入"我的账户"菜单中"其他账户服务"，选择"账户终止"。

(3) 第三种方法：携带客户的有效证件，到银行网点办理终止网上银行服务。

(三) 基本业务

(1) 账户管理。为客户提供所有网上银行登记账户的查询、管理及设置等综合类服务功能。

(2) 转账汇款。实现多种账户之间的转账汇款，包括活期、定期和全国各地各大银行之间的以及国内外汇款。

(3) 信用卡服务。为个人网上银行客户提供在线办理信用卡开卡、余额查询、消费积分查询、账单查询、信用卡还款、购汇还款、账户挂失等服务。

(4) 个人贷款。为客户提供贷前试算、贷款信息查询、归还贷款、贷款维护等服务。

(5) 缴费支付。缴费支付功能是商业银行向个人网上银行客户提供的网上缴费支付服务，可以缴纳包括水费、电费、煤气费、手机话费、市话费、学费等多种费用，并可在缴费完成后，通过短信通知缴费结果。

(6) 投资理财。投资理财服务包括基金业务、外汇买卖、黄金业务、债券业务、银证业务、银行存管、证券管理、理财产品等。

(7) 客户服务。网上银行为客户提供了体现个性化的设置、日志查询、邮件帮助服务、安全管理服务、软件下载等服务功能，主要包括用户昵称设置、日志查询、个人资料修改、网页定制、邮件服务、定制快速通道、网银积分查询等。

任务引例解析

目前，电子金融逐渐成为各大银行重要业务办理渠道。网上银行可以大幅度降低交易成本。据统计，完成一次网上银行交易的成本是1分钱，完成一次传统银行交易的成本超过1元钱。因此，发展网上银行业务是大势所趋。但是，网上银行交易就像一把双刃剑，在便捷的同时也存在一系列的安全问题，日益猖獗的木马、形形色色的钓鱼网站以及网络犯罪的规模化、集团化，使得普通用户更迫切需要了解其基本原理，掌握一些必要的安全防范措施。

二、企业网上银行业务操作

企业网上银行是指以互联网为基础，以银行资金清算系统和核心系统为依托，使用相应技术认证的商业银行网络服务系统。企业网上银行为企业客户提供账户信息查询、资金划转、全国代扣代发等服务，充分满足了企业客户提高财务操作效率、加强财务管理、集中资金运作的需求。

(一) 业务特点

(1) 功能强大。企业网上银行提供查询、转账、代发代扣、网上支付、公积金、集团理财、客户端、外联平台等丰富的服务功能，适合各类型的企业客户，能够减少企业财务现金使用，实时查询、实时划转,彻底解决企业与个人之间的资金划付瓶颈。

(2) 多人操作。可设置制单、复核、制单/复核、副主管、主管等五种角色,角色不同,操作权限不同,就形成了相互制约的机制。

(3) 流程灵活。按照不同账户、不同限额自行设定最少1级、最多可达10级的转账流程,也可设置一人操作的单一授权流程,根据转账金额和人员分配,自行灵活设置转账的流程,增强操作灵活性与安全监管度。

(4) 友好易用。以互联网为载体,操作简单,提供了友好提示、常见问题解答以及在线客户留言辅助功能,实现了银企之间良好的在线互动。

(5) 方便快捷。企业网上银行流程管理、账户查询、行内转账支持及系统辅助功能支持全天候24小时服务。

(6) 节约成本。节省客户来回网点的时间和成本,提高资金运转速度,同时,通过企业网上银行办理业务的,还可享受手续费打折等优惠。

(7) 安全可靠。使用中国金融认证中心颁发的证书并且必须采用USBKEY或IC卡作为证书介质、限额设置、流程定制等特色安全措施,保障客户操作和资金安全。

(二) 开通和终止

企业客户经办人与银行客户经理联系,获取并填写申请表、签署服务协议,然后携带申请表、服务协议、企业证件、经办人有效身份证件及企业授权书,到银行开户网点申请开通企业网上银行。

企业客户经办人与银行客户经理联系,获取并填写客户服务终止申请书,然后携带申请书、企业证件、经办人有效身份证件及企业授权书,到银行开户网点申请注销企业网上银行服务。

【做中学8-2】
企业客户申请开通企业网银,不需要的证件是(　　)。
A. 营业执照　　　　　　B. 组织机构代码证
C. 税务登记证　　　　　D. 授权委托书

(三) 基本业务

(1) 查询。为客户提供账户信息查询、交易流水查询、不确定交易查询、定时批量查询、异步查询等服务。

(2) 转账。为客户提供快速制单、自由制单、批量付款、主动收款、倒进账、封闭转账等服务。

(3) 网上支付。企业的采购人员可在商户网站上购买企业所需的货物后,填写企业的客户识别号,然后再通知企业的财务人员登录网银系统进行转账支付。

(4) 电子对账。以现有网上银行企业客户服务系统和证书验证体系为依托,架设网银电子对账平台,为客户提供对账单下载、副本账查询和下载、对账结果回签、错账申诉等网上服务。

(5) 流程管理,主要包括操作员管理、授权管理、转账流程管理等。

操作员管理：企业客户开通网上银行后由主管首先登录，设置操作员，分配账户和操作权限，然后，一般操作人员才能根据设置的角色和操作权限进行操作。

授权管理：对拥有多家下属子公司的集团企业客户或关联性比较紧密的企业群体，通过授权管理，企业可实现公司集团内部资金的最有效利用。接受授权后，授权账户转账功能只能转至接受授权企业客户的签约账户中，从而保证企业资金安全。

转账流程管理：转账流程管理，是指由企业主管对本企业网上银行交易流程进行设置，将制单、复核、审批等不同的操作员角色安排在每一个转账流程中，使网上交易均严格按照指定的流程进行，从而达到企业安全控管的目的。

(6) 服务管理。为客户提供日志查询、修改密码、账户管理、首页定制、留言建议等服务。

(7) 信息通知。通过短信或邮件等方式，将客户订阅的信息内容或业务交易即时发送到客户的手机或邮箱，使客户能在第一时间了解其操作员在网上银行的各项操作，从而在最大程度上保证客户网上交易的安全性。

任务三　电话银行业务操作

任务引例

招商银行电话银行中心是招商银行全国大集中式的呼叫中心，为招商银行客户提供7×24小时的业务咨询、投诉受理及各种在线交易理财服务。经过30年的建设和发展，已经从一个区域服务中心发展成为全国性服务中心，从一个以简单咨询服务为主的客户服务部门，逐步发展为一个集服务、交易、营销于一体的综合型客户联络中心。而且在交易品种、营销业绩以及在业界的影响力等方面都取得了不俗的成绩，成为招商银行对外提供远程服务的窗口，同时也是全行的信息汇集交流中心和开展客户关系管理的重要渠道。

一、电话银行业务特点

电话银行是指商业银行凭借电话网络和计算机语音处理系统，为客户提供的银行服务。客户通过电话银行可以查询账户、利率、汇率等各种金融信息，从而办理转账、汇款、缴费、支付等业务。电话银行具有以下特点：

(1) 最大众化的电子渠道。电话银行以电信服务商的电话网络为依托，是遍布城乡的最大众化的电子渠道。

(2) 最低成本的交易平台。电话银行的客户端设备是普通电话机，客户投入成本少，通信成本低廉。

(3) 最稳定的系统网络。电话银行是依托于电信服务商传统的电话网络，是最稳定、最可靠的银行服务渠道。

(4) 最具亲和力的人工服务。在电话银行的各层次菜单中都提供了转人工的服务，客户在任何时候都能享受到最具亲和力的人工服务。

二、电话银行业务开通

（一）个人电话银行的开通

普通客户只要具备在商业银行开立账户的条件，即可通过电话自助开通个人电话银行。

第一次使用电话银行系统时须进行身份验证，在根据语音提示输入账号或身份证号后，系统会提示输入账户取款密码，取款密码验证通过后，客户可自行根据语音提示，在电话中设置电话银行查询密码，以后再使用电话银行时直接输入账号（或证件号）和电话银行查询密码即可。

客户如须使用高级客户功能，须本人持身份证和开户时使用的有效证件，到银行柜台办理电话银行签约。

（二）企业电话银行的开通

如果是企业客户，则须在银行开立结算账户，并且账户状态正常。企业客户经办人与银行客户经理联系，获取并填写申请表、签署服务协议，然后携带申请表、服务协议、企业证件、经办人有效身份证件到银行开户网点申请使用企业电话银行。企业客户签约电话银行服务必须到账户的开户网点办理签约。

三、电话银行基本业务

（一）查询

查询功能中包括余额查询、明细查询、开户行信息查询、公积金查询、个人综合积分查询及其他查询等查询服务。

（二）缴费

缴费项目划分为5种：通讯费、电费、燃气费、水费、其他缴费，客户进线选择缴费功能后输入缴费种类、缴费地区区号办理缴费，但具体缴费类别以缴费账号开户行所在分行设置的缴费菜单为准。

（三）挂失

账户临时挂失和永久挂失功能。

（四）理财

理财功能中包含第三方保证金存管（CTS）、外汇交易、账户贵金属、基金、国债、银期直通车、结算通等理财功能。

（五）转账

转账功能包含转账汇款、预约转账和信用卡还款功能。

（六）信用卡

信用卡功能包括信用卡还款、转接信用卡中心的功能。

(七) 我的电话银行

"我的电话功能"是指电话银行客户提供 IVR 系统个性化菜单服务。

(八) 其他业务

其他业务功能包括密码服务、电话支付、短信签约、商旅服务、手机进线绑定、银行 ATM 自助转账功能维护和银医服务。

(九) foreign language（外语服务）

外语服务功能是指客户可根据自身需要选择服务语言的功能。

任务四　手机银行业务操作

任务引例

足不出户，手机帮你办业务

当你无法上网或遭遇银行座机占线时，你就能真正感受到开通手机银行后的方便与快捷。家住郑州市英协路的许琳是一位都市白领，平时经常出差，所以特地将母亲接到郑州帮她带孩子。一天晚上，出差在外的许琳接到母亲的电话，说家里停电了。许琳这才想起电卡里的电已经用完了，而自己和丈夫都在外地。母亲刚到郑州，路都认不全，无法去银行网点买电。就在她急得一筹莫展的时候，突然想起自己手机上装了手机银行。很快，她手指点击几下电费就充上了，前后几分钟内就完成了操作过程。从此以后，许琳越来越关注手机银行。她缴纳电话费、水费、电费、煤气费等费用，再也不必去银行，在手机上就能立马搞定。

一、手机银行业务特点

（一）贴身服务

手机银行实现了即需即用，是客户随身携带的银行，客户只须掏出手机，即可随时随地使用银行的贴身金融服务。

（二）功能丰富

手机银行提供丰富实用的服务功能，不但提供查询、转账、缴费、支付等基础金融服务；还提供手机到手机转账、跨行转账等特色服务；除此之外，还提供基金、股市、外汇、银行存管等投资理财服务，实时交易，方便快捷。

（三）安全可靠

手机银行具有独特的安全性，即建立了手机号码与客户信息之间唯一绑定的关系，并采用国际最先进的加密手段，时刻保障客户的信息安全，确保交易的安全可靠。

（四）申办快捷

手机银行的开通渠道多、手续简便，客户只须选择任一渠道一次办理，即可成为手机银行客户。

知识链接 8-1

微信银行

除了手机银行 APP 客户端,客户还可以通过微信银行办理相关业务。

1. 微信银行功能

微信银行是将银行客户端移植到微信上。借助微信用户群,银行可以最大化推广其服务理念。客户通过点击微信银行菜单,可办理借记卡业务(账户余额、明细查询、投资理财、生活缴费、话费充值)、信用卡业务(我的额度、已出账单、未出账单、积分查询、灵活分期)、特色业务(微贷卡、最热优惠、网点查询、账户解绑、手机银行下载)等。

2. 微信银行的优势

(1) 轻松。只要关注微信银行,身边网点、近期优惠、说查就查,一切都在指尖实现。

(2) 方便。可以灵活绑定多张卡,提供多账户查询,在微信上即可查询余额、积分、账单、账务信息。

(3) 快捷。只须轻按手指即可办理包括充值缴费、信用卡还款等多项业务,跳转流畅、流程简单、办理快捷。

3. 银行 App 客户端和微信银行的区别

(1) 开发的基础不同。手机 APP 的开发是基于手机运用系统。而微信银行的开发是基于微信公众平台。

(2) 开发方向不同。手机 APP 的开发是纵向开发(或者叫深度开发、主要作用是以各种功能的使用为主。微信银行的开发是横向开发,可包含的种类面广,主要是以图文展示和查询类功能为主。

(3) 使用方式不同。手机 App 需要下载客户端才可以使用,占据一定的手机空间。而微信银行不需要下载,只需要扫一扫关注银行官方公众号即可浏览使用。

(4) 对银行的作用不同。手机 App 的作用主要是方便银行用户随时随地办理业务。而微信银行除了方便查询外,最主要的作用就是通过微信营销、更便于加深银行与用户之间的联系。

二、手机银行业务开通和登录

(一) 开通条件

(1) 客户拥有银行账户介质、有效身份证件及一个支持上网功能的手机。

(2) 客户为中国移动用户、中国联通用户或中国电信用户等,且手机号码开通了数据业务。

(二) 开通方式

(1) 互联网站开通。客户登录银行网站,阅读"服务协议"和风险提示,同意后如实填写个人基本信息、账户信息、设置手机银行登录密码,经系统验证通过后,成为手机银行客户。

(2) 手机开通。客户登录手机银行后,阅读"服务协议",同意后如实填写个人基本信息、账户信息、设置手机银行登录密码,经系统验证通过后,成为手机银行客户。

(3) 网上银行开通。网上银行客户登录网上银行,阅读"服务协议",选择网上银行账户,设置手机号码和手机银行登录密码,经系统验证通过后,成为手机银行客户。

客户申请成功后,可持本人有效身份证件、账户介质到网点或移动签约 POS 申请成为高级客户,享受高级服务。

(三) 登录方式

通过应用商店下载各商业银行的手机银行 App 之后,一般通过以下两种方式登陆手机银行:① 凭银行卡号(存折号)+网银登录密码登录。② 凭用户名(即自行设置的呢称)+网银登录密码登录。首次登录需要验证手机号,输入验证码之后,即可登录完成,可查看银行个人账户。

> **任务引例解析**
>
> 对于生活节奏快的现代人来说,手机银行的便捷性无疑是最重要的。工作这么忙,哪有时间在银行等一个小时办理业务,手机银行几分钟就完成了。手机银行几乎能办理所有柜台业务,而且一年365天,一天24小时,任何时间、任何地点都可以办理,只需要支付流量费就可以了。一次交易产生的流量也就只花费少许费用,完全可以承受。

三、手机银行基本业务

手机银行为客户提供查询服务、转账汇款、缴费支付、信用卡、投资理财、账户管理等基本服务。

(一) 查询服务

客户可以通过手机银行随时了解自己的账户信息,可以进行余额查询、明细查询、积分查询、日志查询、公积金查询、来账查询和快捷查询。

(二) 转账汇款

手机银行转账汇款功能涵盖所有传统的转账业务,如活期转活期、活期转定期、定期转活期、向企业转账、跨行转账等,同时还提供了快捷的转账方式,如手机到手机转账、约定账户转账,客户还可通过转账记录维护功能对转账历史记录进行管理。

(三) 缴费支付

手机银行为客户提供了掌中缴费功能,可以缴纳手机费、固话费、水电煤气费、学费、交通罚款、车船税和保险费等多种费用。

手机银行还为客户提供了掌中支付功能,客户在商户网站上选定商品下订单,选择手机银行进行支付。

(四) 信用卡查询

客户可以通过手机银行办理本人信用卡的余额查询、账单查询、积分查询和信用卡还款等业务。

(五) 投资理财

投资理财主要为客户提供外汇买卖、基金投资、手机股市等服务。

(六) 账户管理

客户可以通过账户管理功能自助管理账户,可以进行查询账户信息、增加账户、修改账户别名、进行账户口头挂失、删除账户和激活签约账户等操作。

【知识链接 8-2】

农业银行手机银行开通步骤

1. 在手机上打开中国农业银行 APP,然后点击左侧的我的账户,如图 8-6 所示。

图 8-6 农业银行手机银行开通步骤

2. 进入登录页面后,点击最下方的注册,如图 8-7 所示。
3. 在弹出的页面中,选择上方的有农行卡,立即注册选项。
4. 在跳转页面,阅读注册协议并且同意协议,如图 8-8 所示。
5. 然后填写银行卡信息和个人信息。
6. 最后一步就是发送短信验证码,进行验证。

图 8-7 注册

> 已阅读并同意 《网络金融个人客户服务协议》

图 8-8　同意协议

7. 开启农业银行手机银行之旅,如图 8-9 所示。

全部服务

查询　转账支付　投资　存款　贷款

转账支付
- 转账
- 农银快e付
- 一键绑卡
- 刷脸付
- 商户服务
- 跨境电汇

投资
- 理财产品
- 农银时时付
- 基金
- 快e宝
- 农银智投
- 账户贵金属
- 实物贵金属
- 存金通
- 债市宝
- 保险
- 银证转账
- 汇市宝双向
- 结售汇
- 证券开户
- 银期转账
- 私行时时付
- 财富体检

存款

图 8-9　开启手机之旅

思政课堂:金融服务数字化转型中创新与风控的辩证统一

电子银行业务管理办法

电子银行安全评估指引

项 目 小 结

电子银行业务处理内容结构如图 8-10 所示。

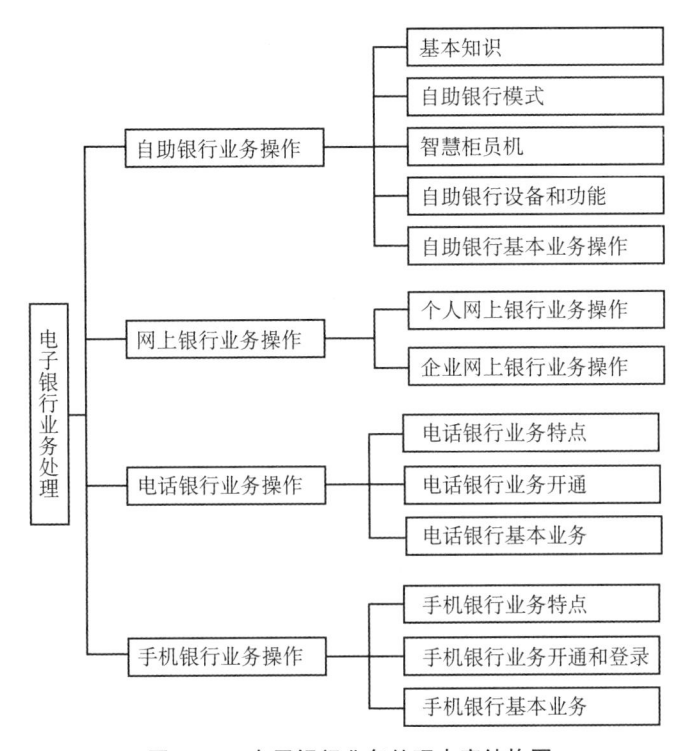

```
电子银行业务处理
├── 自助银行业务操作
│   ├── 基本知识
│   ├── 自助银行模式
│   ├── 智慧柜员机
│   ├── 自助银行设备和功能
│   └── 自助银行基本业务操作
├── 网上银行业务操作
│   ├── 个人网上银行业务操作
│   └── 企业网上银行业务操作
├── 电话银行业务操作
│   ├── 电话银行业务特点
│   ├── 电话银行业务开通
│   └── 电话银行基本业务
└── 手机银行业务操作
    ├── 手机银行业务特点
    ├── 手机银行业务开通和登录
    └── 手机银行基本业务
```

图 8-10　电子银行业务处理内容结构图

项目九　商业银行突发事件处理

【职业能力目标】

1. 熟悉银行营业期间安全管理制度和自卫武器使用管理制度。
2. 掌握银行抢劫案处理的基本原则和基本要领。
3. 熟悉金融诈骗案的防范、识别和应急处理的方法和程序。
4. 熟悉火灾事件的防范与应急处理及有关制度规定。
5. 掌握临柜客户服务的技巧。
6. 熟悉柜面服务中遇到假币、办理业务中客户缺少证件、电脑发生故障等情况，应对情绪和行为特殊客户等特殊情况的处理方法。

【典型工作任务】

1. 临柜抢劫事件的应急处理。
2. 临柜银行诈骗案的基本应急处理。
3. 银行营业期间发生火灾的应急处理。
4. 典型柜面服务突发事件的应急处理。

任务引例

成功处置突发抢劫案

3月7日上午9时40分，某银行支行所属营业厅发生一起持枪抢劫案，48岁的犯罪嫌疑人施某某持枪抢劫未遂，逃离现场后仅17分钟，即在3千米外的一交叉口附近，被接到报警的交巡警一举擒获。

据现场当事人和目击者介绍，案发时，该银行支行所属营业厅营业一切正常，有的客户在存款，有的客户在取款。9点40分，一位手拿口袋，上衣敞开，内穿红色羊毛衫的40多岁的黑衣壮汉，从大门迅速闯入，掏出手枪直逼大厅矮柜区，枪指当值柜员恶狠狠叫道:"打劫,快拿100万元来!"这时,大堂经理蔡某临危不惧,在迅速疏散营业厅客户的同时,一边镇静地告知来人:矮柜上是没有现金交易的,一边悄悄按动了报警装置……

同时,防弹玻璃后的两名临柜人员,见状也迅速采取相应措施:快速将柜面上的钱款和重要物品装入手边的尾箱,然后迅速在柜台后蹲下,并按动110报警按钮。1名后台人员则在蹲下后,立即用手机分别向110和开发区支行报告正在发生的持枪抢劫情况……

此时的银行营业厅内,警报器铃声大作。持枪犯罪嫌疑人眼巴巴地看着防弹玻璃柜台,却无从下手,遂扭头窜出营业厅,前后逗留时间约1分50秒。

大堂经理蔡某见歹徒窜出,当即紧跟着冲出大门,看到歹徒上了一辆黑色桑塔纳,向北边驶去,便立刻拦住一辆刚从支行办完业务离开的热心客户的小车跟了上去,将看到的车牌号苏F-XX×5抄写在手掌上,用手机将歹徒的车型、牌号和方向通知110,为公安民警准确掌握案情和堵截处置,提供了第一手详细资料。

9点57分,犯罪嫌疑人将车驶至某路段,停入停车带内,还未有新的动作,即被交巡警五大队的黄警官发现,经过短暂搏斗之后,犯罪嫌疑人终于被控制住,民警缴获其仿真54式钢珠手枪、匕首各一把。

任务一　银行抢劫事件应急处理

一、银行安全管理制度规范

(一) 商业银行营业期间安全管理制度

(1) 营业场内不得放置易燃、易爆、有毒、有害的物品。

(2) 必须坚持双人临柜,随手关锁营业场边后门,严禁无关人员进入营业室,营业员不准擅离工作岗位。

(3) 营业员必须按时到岗,营业前应检查自卫武器是否到位,报警器是否开启、正常。

(4) 营业期间收取大宗现金后,要及时入箱、入库保管,不得置于桌面上。营业人员临时离岗,须按要求对所保管的物品入箱加锁保管,并退出电脑操作系统。

(5) 做好大额取款人员的警示教育工作,对取款1万元以上的客户,都要进行安全提示。

(6) 营业期间营业人员不准接受他人分送的药物、饮料、香烟、食品、饭菜、茶水等物品,不准外人寄放用途不明的物品,以防不测。

(7) 遇上级有关部门需要进入营业室检查,或其他单位、个人需要进入营业室作业,应要求出示证件,由有关人员陪同方可进入,并及时进行登记。

(8) 营业期间进出边、后门,应注意观察有无可疑人员或异常情况,严防外人尾随进入营业室。

(9) 中午关门的营业网点,必须把所有现金、有价单证、重要空白凭证、印章、账册等全部入库保管,并有双人值班。营业结束,营业人员必须把所有现金、有价单证、重要空白凭证、印章、账册、传票、押数机、电脑盘片等全部入库保管,并切断营业室电源,关好门窗。

(二) 自卫武器使用管理制度

(1) 各单位配置的自卫武器是专为临柜、守库、押运时作防范之用,任何单位和个人无权调用、借用和移作他用,除执行押运任务之外,不准带出网点外。

(2) 严格对自卫武器的使用管理,要有专人负责,实行"谁使用、谁管理"的原则,落实责任,并办理领用、交接手续。

(3) 寄库的网点下班后,必须妥善保管好自卫武器,防止丢失、被盗。

(4) 临柜、守库、押运人员在遇到下列情况之一时,可以使用自卫武器:

① 遇到犯罪分子袭击,使用非自卫武器不能制止时。

② 国家和集体财产遭到暴力威胁,使用非自卫武器不能制止时。

③ 为保护国家和集体财产与犯罪分子搏斗时。

④ 依法协助公安机关抓捕或制服犯罪分子时。

(5) 在使用自卫武器制止犯罪行为时,应当以制服对方为限度,当对方的犯罪行为得到制止时,应当立即停止使用。

(6) 对非法和私自使用自卫武器,造成严重后果的,要给予从重处理,情节严重的,要依法追究刑事责任。

(7) 加强对自卫武器的管理。单位领导要经常对自卫武器的使用、管理情况进行检查,发现问题及时处理。

二、银行抢劫事件的特点及应急处理

(一) 银行抢劫事件的特点

(1) 罪犯在抢劫前,基本上都要进行踩点。

(2) 案犯多在午间休息,刚上班或快下班等人少时作案。

(3) 罪犯多使用偷来的或假牌照汽车,在抢劫时将发动着的汽车停放在作案现场附近,车内留有司机,开着车门以便从事抢劫后立即逃跑。

(4) 案犯作案时多戴墨镜或蒙面,使人难以辨认。

(5) 案犯进入银行后,首先设法破坏电话报警及自动报警系统,使职工无法向公安机关报警。

(6) 抢劫银行的案犯都带有凶器,有时还带有真枪,可能会杀害职工或捆绑职工,以便顺利作案。

(7) 抢劫银行几乎都是团伙作案,有预谋、有计划、有组织实施犯罪。

(二) 银行抢劫事件的处理流程

1. 基本原则

营业期间遇到抢劫事件时,应区别情况,沉着应对。如果危害员工生命安全的,应贯彻"先藏身,后报警,再反击"的原则。

2. 发生持枪抢劫情况

首先应选择位置迅速隐蔽,立即报警,力争外援,沉着机智,记住歹徒的体貌特征及交通工具,并保护好现场。

3. 发生持刀(械)抢劫情况

在及时报警的同时,出纳人员应及时护卫现金及印章,会计人员及时护卫好印章、密押等,保卫人员向出纳人员靠拢,其余人员控制住二道门。如歹徒闯入柜台内抢劫的,在报警的同时,全体人员应携带自卫武器或办公用具、消防器材等投入应急自卫,呼叫四邻和街上群众缉拿犯罪分子。

4. 犯罪分子逃跑

要坚守阵地,非专业保卫人员不要冒险追击,应及时向救援人员提供罪犯体貌特征和逃跑方向等信息,力争抓获犯罪分子。

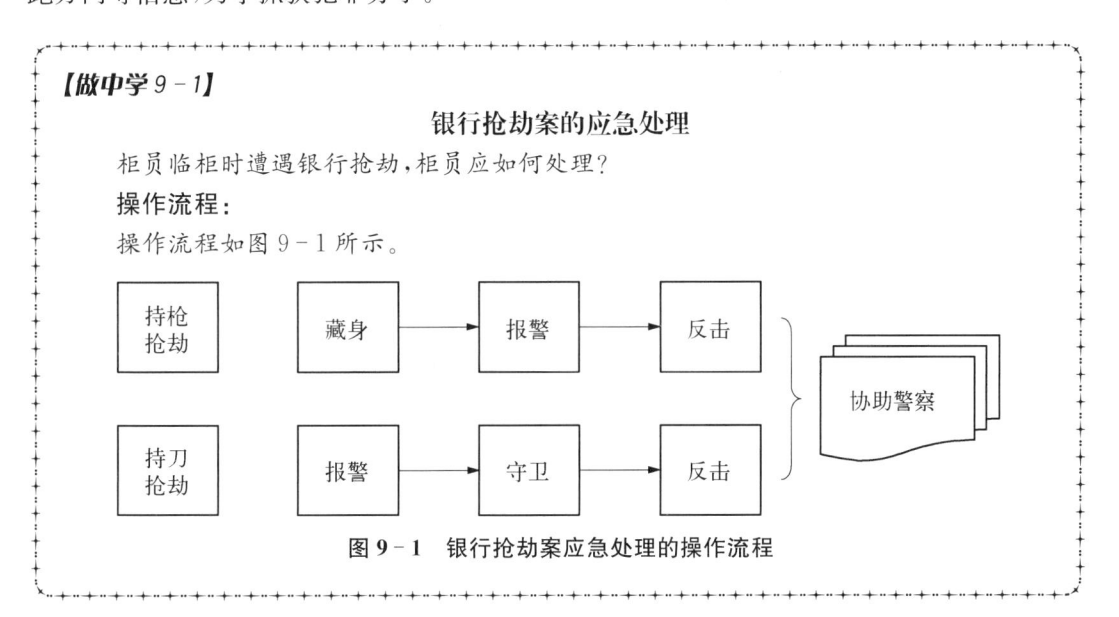

【做中学 9-1】

银行抢劫案的应急处理

柜员临柜时遭遇银行抢劫,柜员应如何处理?

操作流程:

操作流程如图 9-1 所示。

图 9-1 银行抢劫案应急处理的操作流程

任务引例解析

立足平时,防患于未然的软硬件投入,平常日子里不会显山露水,关键时刻却发挥了决定性作用。本案基本上是按照应急预案演练进行的实战操作。由于警民联防默契,银行营业厅技防设施到位,银行工作人员临危不惧,处置得当,110 联网报警系统运行正常,110 接到报警后警员在第一时间赶到现场,公安民警快速出击……一环环紧紧相扣,不仅使抢劫犯罪图谋归于失败,而且使犯罪嫌疑人案发仅 17 分钟后就被一举擒获。

【知识链接 9-1】

银行临柜员工处置突发事件小常识

临柜人员遇有抢劫等突发事件时,应临危不惧,处惊不变,在紧急时刻要保持高度的责任感和使命感,为达到既能保护自己,又能保护国家财产安全的目的,做到一判、二报、三反、四掩、五跟、六护。

一判:营业场所发生突发事件,在场人员要及时关注事态变化,迅速判明事件性质,做好反抢准备。

二报：确认已发生抢劫案件后，临柜员工要利用一切通信手段，采用各种方式，在第一时间内报警，并报告保卫部门。

三反：报警后，临柜人员在现场指挥员的指挥下，利用现有装备、器械，采取有力手段进行反击，力争制服抓获犯罪分子。如不能有效反击、制服犯罪分子，在场人员要利用柜台等一切可利用的场所隐蔽，或视情况采取多种形式与犯罪分子周旋，尽可能拖延时间等候外援。

四掩：如遇爆炸等暴力抢劫，现场指挥员应立即组织全体人员互相掩护，快速从安全通道撤离，撤离时尽可能地锁住金柜和柜台出入门，防止犯罪分子进入柜台内，保护现金安全。

五跟：当犯罪分子逃离现场时，在留人保护柜台内现金的同时，要派人出击跟踪，在保护自身安全的同时，记住犯罪分子的体貌特征，使用的交通工具种类、车牌号和出逃方向，配合公安机关抓堵罪犯。

六护：抢劫案件发生后，要严密保护发案现场，对犯罪分子遗留现场的物品、痕迹，不要移动和破坏，在公安、保卫人员到达之前，任何人不能进入发案现场。同时保留监控录像资料。

任务二　银行诈骗事件应急处理

一、银行诈骗事件的类型和特点

（一）银行诈骗事件的类型

近几年来，社会上的不法分子盯住银行结算中的漏洞，利用银行结算票据诈骗"隐蔽性强、金额大、得逞率高"的特点，大肆诈骗银行资金。在存款及支付结算领域，用假票据、假存单、假证明、假文件、假币等诈骗银行资金的案件层出不穷。

1. 假票据诈骗

假票据诈骗主要包括以下几种：一是伪造变造汇票委托书，二是假冒银行查询，三是调换真假银行汇票，四是伪造支票，五是伪造进账单。

2. 假存单诈骗

银行面临的假存单欺诈风险是指有不法分子利用伪造的存单办理取款、贷款等诈骗行为，这类诈骗行为会对银行造成资金损失和声誉风险。对于存单的真假，经办柜员接过存单后要仔细查看，尤其注意存单的大小、格式与行内现有存单是否相符，同时，也要在系统中查询有无此存单的记录。

3. 假存折诈骗

在信息化社会条件下，假存折诈骗情况虽不多见，但也不能忽视。操作中，柜员接到存折后，要比对存折账号与行内存折编号的方式是否一样，同时输入系统查看有无此账号。还要审核开户行的公章，必要时应及时上报当日坐班领导检查该存折，以便再次确认真假，一旦发现伪造现象，应立即向支行汇报并报警。

4. 假印鉴诈骗

假印鉴诈骗是指伪造银行公章、行长私章等印章，或编造银行资信证明书、固定资产贷款合同、借款借据、还款利息清单等文件资料后，加盖假印章的诈骗行为。假印鉴诈骗通常伴随着银行工作人员内外勾结，共同骗取银行财产或他人财产。社会上，一些刻字摊点、刻字商铺没有严格约束自己的经营行为，在没有取得公安机关赋予的公章刻制资格的情况下，随意接受公章刻制业务，互联网上也可以随意下载印章制作软件，这些现象扰乱了印章的监管和使用秩序，为诈骗事件提供了滋生的土壤。银行柜员应认真检查预留印鉴及印章，防止诈骗行为的发生。

5. 假币诈骗

近几年来，国内外不法分子相互勾结，制造贩卖假币十分猖獗，其制造手段由过去的手工描绘发展到机制胶印，电子分色制版印刷，刻版套印，多数假币非常逼真，欺骗性强，不易辨认。当前我国假币违法犯罪活动的特点主要为：假币大案时有发生；制假手段翻新，假币种类增多；假币犯罪活动危害面广，具有国际性。

6. 银行卡（包括借记卡、信用卡等）欺诈

银行卡诈骗主要有如下形式：

（1）骗取持卡人密码和账号。不法分子通过各种手段，如互联网、手机短信等方式，骗取持卡人的账号和密码，造成持卡人、发卡人的资金损失。主要手段有：① 开设假银行网站或假购物网站。② 利用计算机病毒进行诈骗。③ 利用短信群发器向不特定的社会群体发送虚假信息。④ 直接在ATM上安装微型摄像装置，或利用高倍望远镜在距ATM不远处窥视。⑤ 通过虚假电话银行，诱使客户输入个人信息，窃取客户的银行卡账号和密码。

（2）伪卡欺诈。伪卡欺诈也称克隆卡欺诈，是指不法分子利用偷窥、录像、测录磁卡信息、安装假刷卡设备等各种手段窃取卡号和密码，然后仿制出伪卡，再利用伪卡消费或取现。

（3）以办理银行信用卡为名实施诈骗。不法分子在媒体上刊登广告，宣称可以为个人、团体办理银行信用卡进行无抵押信用贷款或无息贷款，从而收取手续费用，诈骗成功后携款逃匿。

（4）在ATM上骗卡。不法分子在ATM上做手脚，设法使取款人的银行卡插入ATM后被"吞卡"，然后利用各种手段骗取密码。当客户离开后，犯罪嫌疑人迅速上前将被"吞"的银行卡从ATM中拉出，将资金盗取。

7. 网上银行诈骗

近年来，一些不法分子将目光盯向个人网上银行客户，窃取个人资料，欺诈客户资金。目前，网上银行客户被欺诈的主要原因包括：

（1）弱密码：部分客户设置的卡密码为弱密码，由于密码过于简单，没有真正起到保护的作用，容易被不法分子试出，并通过自助注册方式办理网上银行业务。

（2）密码泄露：部分客户网银密码设置不安全。例如，一些客户将自己网银密码设为与其他网站的用户密码相同的密码，而其他网站由于缺乏严密的安全控制机制，密码数据库容易被攻破或泄露并殃及网银密码。

（3）网络钓鱼：不法分子通过假网站、假电子商务支付页面等网络钓鱼形式，利用部分客户安全意识薄弱，骗取客户网银密码。

（4）木马套密：不法分子利用电子邮件群发木马病毒，客户在计算机中毒的情况下登录网上银行，其账号和网银密码大多会被不法分子获取。

（二）银行诈骗事件的特点

（1）白领犯罪与智能化犯罪。金融诈骗是一种新型犯罪，属于高智能化犯罪，诈骗分子

大多具有良好的专业技术背景。

(2) 诈骗方法名目繁多、手段高科技化。最初的金融诈骗只是在存折上、票据上做手脚,现在已经由手工作案,发展到计算机网络诈骗与传统诈骗方法并存。

(3) 内外勾结、共同犯罪。如果没有金融机构内部工作人员的狼狈为奸,合伙犯罪,有些金融诈骗活动是不可能实现的。

(4) 携款潜逃,偷渡出境。犯罪分子具有较强的反侦查性和善后的应对措施。有的犯罪分子在实施诈骗犯罪之前,就做好潜逃境外的计划和准备工作。稍有风吹草动,就立刻潜逃出境。

(5) 发案率高,损失巨大。金融诈骗的数额,经历了一个由小到大的快速增长过程。金融诈骗的高发性,既给国家造成了较大的经济损失,又破坏了市场经济秩序。

二、银行诈骗事件的识别

(一) 笔迹检验

笔迹是指通过书写活动形成的具有个人特点的文字符号的形象系统。它具体表现为书写的字迹及其组合系统,其本质是人的书写技能与习惯。笔迹检验的对象是各种书写文件的笔迹。它是通过对两部分笔迹进行比较鉴别,从而确定是否为同一人笔迹的一项专门技术。

(二) 伪造印章、印文的鉴别

印文是指印章的印迹,是文件真实性的凭证。印章是印文的造型物,按其属性分为公章、专用章与私章(名章)。按印文形式分为盖印印文、压凸印文(如钢印、铅封印)、印刷印文(用印模制版印刷),在实际案件中遇到的主要是盖印印文。

1. 伪造印章印文的方法

伪造印章印文的方法有两种:一种是伪造印章再盖印,另一种是直接伪造印文。同时,也可分为雕刻伪造印章、组合伪造印章、直接伪造印文和变造印章印文。

(1) 雕刻伪造印章。印章一般为雕刻而成,属凸版结构,用雕刻伪造印章盖印,类似凸版印刷,故在印迹特点上与真印章无区别。除十分拙劣的伪造品之外,一般必须通过与真章印文进行比较,方能鉴别真伪。

(2) 组合伪造印章。用铅字或用分别雕刻的单字拼组的"印章"盖印的印文,亦有凸版特征,但因其不是一个整体,常具有文字布局不均,字行不齐、字位不正等现象,字或线条的印迹有轻重、浓淡不同,字的形状大小与边框的大小、宽窄不协调。

(3) 直接伪造印文。通常采用誊写、油印、描绘、复写或静电复印,以及用真印文转印等方法。这种伪造印文不是盖印形成,且具有伪造方法本身的固有特征,仔细分辨便可区分真伪。

(4) 变造印章印文。利用真印章,采取局部剔除或局部遮盖后盖印,或利用文件上的印文,作局部擦刮挖补,改变原印文内容,以适应违法犯罪的需要。这种印文与真印文的内容不同,但未改部分的印文结构特征都相同,因变造手法不同,有文字布局不对称和局部涂改挖补痕迹等。

2. 印文鉴别方法

当可疑印文无明显的伪造特点,又与真印文在规格上无显著差别时,就需要收集真印章印文的样本,通过同一认定鉴别,才能确定可疑印文的真伪。

可疑印文与样本印文的比较鉴别,可采用如下方法:

(1) 测量比较法。用精密的刻度尺,直接测量印文的纵径和横径,方形印文可测边长与两对角线长,记录数据并比较异同。

(2) 重合比较法。如果可疑印文或样本印文纸张较薄时,可将相比较的印文互相重叠,在透光下观察两个印文是否能够重合。但因细节形态分辨不清,此法只能比较印文的形态、大小以及文字线条的大体轮廓与布局是否相同。

(3) 细节特征对照法。借助放大镜或投影比对仪,仔细观察对比两个印文上的每个文字线条,注意它们的长短、粗细、倾斜、转角折角度、线端形态、缺损断线以及笔画线条之间的高低、远近等位置关系是否相同,将对比观察发现的异同逐一标绘在印文照片上,以辨别其真假。

(三) 身份证真伪鉴别

1. 居民身份证识别范围

客户持存折开户、修改实名证件业务以及存取款(转账)交易金额在规定金额以上的,要求出示有效身份证件,有效身份证件为居民身份证的,须进行联网核查身份信息,并必须同时使用身份证鉴别仪器进行真伪识别。客户办理其他需要出示有效身份证件的业务,有效身份证件为居民身份证的,必须使用身份证鉴别仪器进行真伪识别,并可根据实际情况,适当选择进行身份信息联网核查。

2. 居民身份证识别的基本依据

(1) 居民身份证照片与持证人不一致的。

(2) 居民身份证规格、式样、标识、类别、编号与法定要求不符合的。

(3) 登记项目与实际情况不符的(不含住址项)。

(4) 签发机关的印鉴与签发机关的印章不符的。

(5) 一人持有两张以上内容不同的居民身份证的。

(6) 制作工艺明显粗糙或字迹不清难以辨认的。

3. 第二代身份证识别方法

第二代身份证是 IC 非接触式智能身份证,它集中了目前国内最新的防伪技术。第二代身份证的防伪主要由视读和机读两部分组成。视读,指用肉眼就可以辨别出身份证的真伪,机读则需要用机器来识别。

第二代身份证采用防伪膜和多项印刷防伪技术。防伪膜采用具有自主知识产权的定向光变色膜等技术,印刷防伪技术包括底纹精细、缩微、彩虹印刷、荧光印刷等。对于以上各项防伪措施,直接用肉眼或借助专用仪器即可观察到。具体防伪特征如下:

(1) 在性别项目的位置,查看定向光变色的长城图案,自然光条件下,垂直观察看不到图案。与法线(垂直于图案平面的直线)成较大夹角时:在正常位置观察,图案反射光颜色为橘红色;当图案绕法线顺时针或逆时针旋转 30°~50°时,图案反射光颜色为绿色;当旋转 70°~90°时,图案反射光颜色为紫色。

(2) 在相片下可观测到光变光存储的"中国 CHINA"字样,字符串周围有渐变花纹,外沿呈椭圆形。

(四) 识别假票据的基本方法

(1) 看形状、看格式。发货票等印制现成的票据,其样式和格式都是有标准的,真票据具有可以从装订成册的多联票中撕下的明显特点,而有的假票从外形看完整无损。

(2) 看字迹、看字体。这里所说的字迹,专指复写纸套写的痕迹。正常发票、收据等多联是以复写纸套写的,发票、收据背面应透出复写纸套写的痕迹,否则就值得怀疑。另外,复写纸套写的字迹颜色的深浅,也有助于识别假票。一般来说,在空白发票上自行以复写纸套写的字迹大多颜色较深,往往给人以不自然的感觉。

(3) 看编号、看日期。看编号和日期的自然顺序号是否相符。假发票中有一部分是用空白发票填写的,也有的是后补开的或者预先开的,因此往往两者不吻合。看日期,了解发案单位的经济活动、人事变动等情况,也有助于识别假票。另外,根据发票或收据的编号,可以查到其存根或记账联,以便于进一步核对。

(4) 看公章、看签名。看公章是否是事先盖好的,一般空白发票大多是先盖好公章的;看签名,不但要注意字体,也要注意其位置,以便比较;看经济业务内容是否符合实际。

在查阅后,要把有疑点的票据与有关会计资料对照核实,必要时应与票据签名和盖章的经手人、批准人、开票人、收款人等有可能知情的人当面核对,以分辨真假。

【做中学 9-2】

笔迹、印章和身份证鉴别

(1) 两人一组进行笔迹检验。

(2) 对照本人身份证,学习身份证鉴别的基本知识。

(3) 柜员接到支票后,将支票上的印章与印鉴卡上的印章进行比对。

三、银行诈骗事件的处理流程

(1) 发现诈骗,首先用暗语联系,迅速报告,拖延时间,稳住犯罪分子,做到人赃俱获,制服犯罪分子。

(2) 如犯罪分子未遂逃跑的,记住犯罪分子的体貌特征和交通工具,寻求支援,力争抓获犯罪分子。

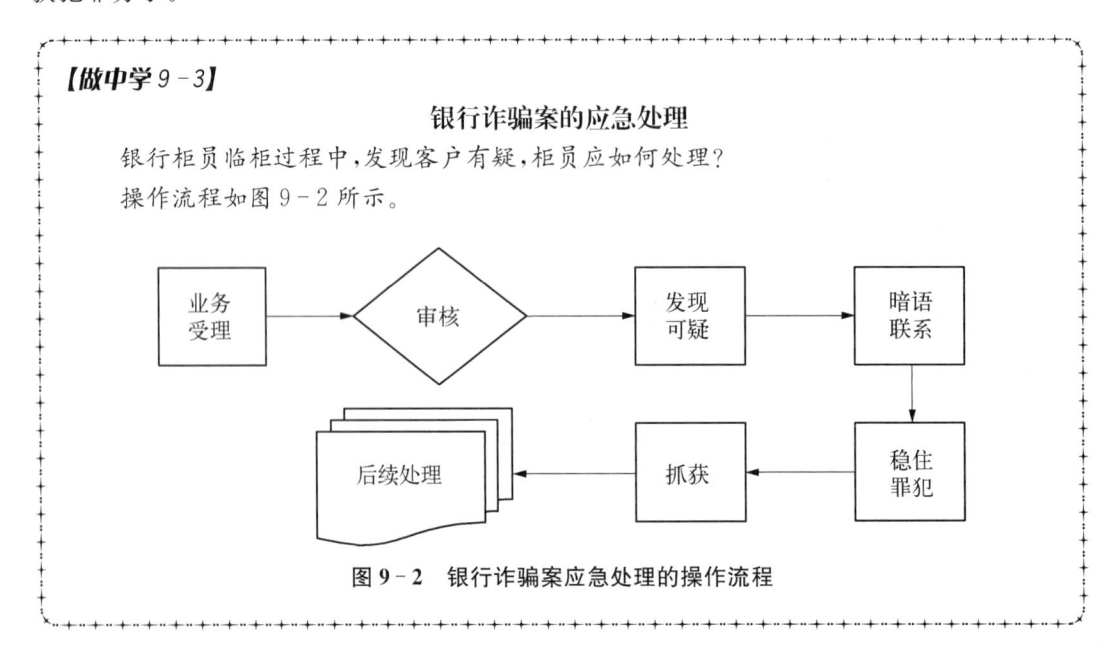

【做中学 9-3】

银行诈骗案的应急处理

银行柜员临柜过程中,发现客户有疑,柜员应如何处理?

操作流程如图 9-2 所示。

业务受理 → 审核 → 发现可疑 → 暗语联系 → 稳住罪犯 → 抓获 → 后续处理

图 9-2 银行诈骗案应急处理的操作流程

【案例】

案例一(银行反诈骗)　烟台农商银行成功堵截一起针对老年人的诈骗事件

2020年11月20日,烟台农商银行莱山区黄海路支行成功识破并堵截一起假借旅游项目诈骗老年人钱财的事件,使不法分子的诈骗行为终未得逞,帮助老年客户守住了"钱袋子"。

当日中午,一位老大爷在一名年轻女子陪同下来到烟台农商银行莱山区黄海路支行营业厅,申请开立银行卡并开通手机银行。客户已年近七旬,大堂经理警惕地询问老人开卡用途,及是否会操作手机银行,并告知公安部门近期开展的"断卡行动"相关信息。老人表示,开卡是为了打款给随同女子,开立手机银行是为了更快汇款。大堂经理详细询问汇款用途,随同女子表现出不耐烦。大堂经理初步判断有可能涉及金融诈骗,迅速将情况向运营主管汇报。

运营主管随即将老人邀请到一旁,详细询问汇款用途。老人表示,最近自己在一名老乡指引下报名参加了一项团体活动,只要汇款3万元,即可领取一张旅游卡,持此卡可在全国范围内各景点免费旅游、各酒店免费住宿,同时还可每月领取800元利息。运营主管当即判断这是一起诈骗事件,耐心地向其解释,但老人执意汇款。运营主管向老人要来其子女联系方式,告知相关情形,让子女劝导老人,同时向公安机关报案。见工作人员报警,随行女子叫来一名中年男性,二人态度恶劣,要求抓紧为老人办理汇款业务。针对此情形,该行工作人员不卑不亢,一面将老人带离诈骗人员以免继续被蛊惑,另一方面与诈骗人员周旋,确保厅堂秩序不被扰乱。见无法得逞,诈骗人员迅速离去。

随后,公安民警及老人子女赶到,确认是一起诈骗事件,对老人进行了耐心劝导,并对相关案件信息进行了详细登记。老人子女非常感谢该行工作人员,避免了可能造成的损失,对该行工作人员耐心负责、专业敬业的精神给予高度赞扬。

案例分析:当前各种电信网络新型违法犯罪诈骗、反洗钱欺诈形势严峻,不法分子利用投资、理财、旅游等名义骗取老年客户资金的手段层出不穷。烟台农商银行坚持以客户为中心的服务理念,积极组织员工学习诈骗案例,提高员工识别能力和事件处理能力,为客户提供用心、安全的金融服务。同时,持续加强防范电信网络诈骗宣传,不断提高公众安全防范意识。

资料来源:"烟台农商银行成功堵截一起针对老年人的诈骗事件",摘自胶东在线,2020年11月23日,http://news.iqilu.com/shandong/shandonggedi/20201123/4705525.shtml

案例二(银行反诈骗案例)　工行菏泽郓城支行堵截一起利用疫情线上授课诈骗

当前受疫情影响,学校无法开学,很多学校采用网络授课。这给不能到校学习的学生带来方便的同时,也给一些不法分子实施诈骗提供可乘之机。近日,工商银行郓城支行成功堵截一起利用疫情期间虚假销售学习资料实施诈骗事件。

2020年3月12日,一位中年客户来到工商银行郓城支行营业室,表示因疫情原因家里学生还未开学,接受学校线上授课,近期学校有人电话通知家长需要线上缴纳资料费350元,但由于该客户平时未使用过线上缴费,想要在银行通过汇款方式缴纳。该行客服经理引导客户至智能机办理汇款业务,指导过程中发现客户无法提供收款户名及账户,只是通过微信发送个收款二维码,经识别该二维码信息为私人收款码,客服经理立即提高警惕,怀疑可能为一起电信诈骗,建议客户联系学生老师核实无误后再缴费。经客户核实,学校并未通知过缴纳该笔费用,电话及微信也不是学校或学校工作人员的。学校老师立即将该情况上报校领导,并通知各位家长谨防诈骗。

案例分析:此类诈骗事件在交易工具的选择上多使用网上汇款、支付宝、微信转账等非柜面交易工具,且涉及数额不大,不易引起注意,客户容易上当受骗。消费者一定要擦亮眼睛,识破常见金融骗局,守住自己的"钱袋子"。遇到陌生电话、微信等要求缴费或转账行为的一定要提高警惕,先通过当面打电话核实或咨询身边的亲朋好友,求证无误后再进行转款,以防诈骗。切莫轻易相信他人通过微信、QQ、陌生电话等工具发来的转账指令。在购买防疫物资时,应通过正规渠道购买,不要轻信非正规渠道散布的"诱惑"信息,对于不能确定真伪的信息,务必联系相关单位或向多个亲友、同事核实确认。凡涉及银行卡转账汇款,要谨慎进行线上私人交易,在明确对方身份后方可进行后续操作。

任务三 银行火灾事件应急处理

一、火灾的定义及分类

火灾是指在时间或空间上失去控制的燃烧所造成的灾害。在各种灾害中,火灾是最经常、最普遍地威胁公众安全和社会发展的主要灾害之一。

火灾分为 A、B、C、D、E 五类:

A 类火灾:固体物质火灾。这种物质往往具有有机物性质,一般在燃烧时能产生灼热的余烬,如木材、棉、毛、麻、纸张等。

B 类火灾:液体火灾和可熔化的固体物质火灾,如汽油、煤油、原油、甲醇、乙醇、沥青、石蜡火灾等。

C 类火灾:气体火灾,如煤气、天然气、甲烷、乙烷、丙烷、氢气火灾等。

D 类火灾:金属火灾,如钾、钠、镁、钛、锆、锂、铝镁合金火灾等。

E 类火灾:带电物体燃烧的火灾。

【小思考 9-1】
叙述银行大厅消防设施的位置及基本标识。

二、银行火灾事件处理流程

(1)营业期间发生火灾,应及时切断电源,向 119 报警,柜员要全力保护和转移现金、账册、重要空白凭证等资料,其他人员应及时使用消防器材进行扑救,如有外来人员进入柜台进行扑救的,应安排人员加强现场警戒,防止趁火打劫。火情消除后,立即封锁现场,协助公安、消防、保险和上级主管部门勘察现场,查找原因,检查和整理可能遗漏在现场的物品,清点损失。

(2)营业场所周边发生火灾,应及时向 119 报警。如可能危及营业场所或情况比较紧急,按营业期间发生火灾情况处理。

(3)办公楼发生火灾,应及时切断电源并报警,利用消防栓和灭火器进行自救,同时做好工作人员的疏散和逃生工作,做好重要资料和设备的转移工作,确保人员安全和减少财产损失。

【做中学 9-4】

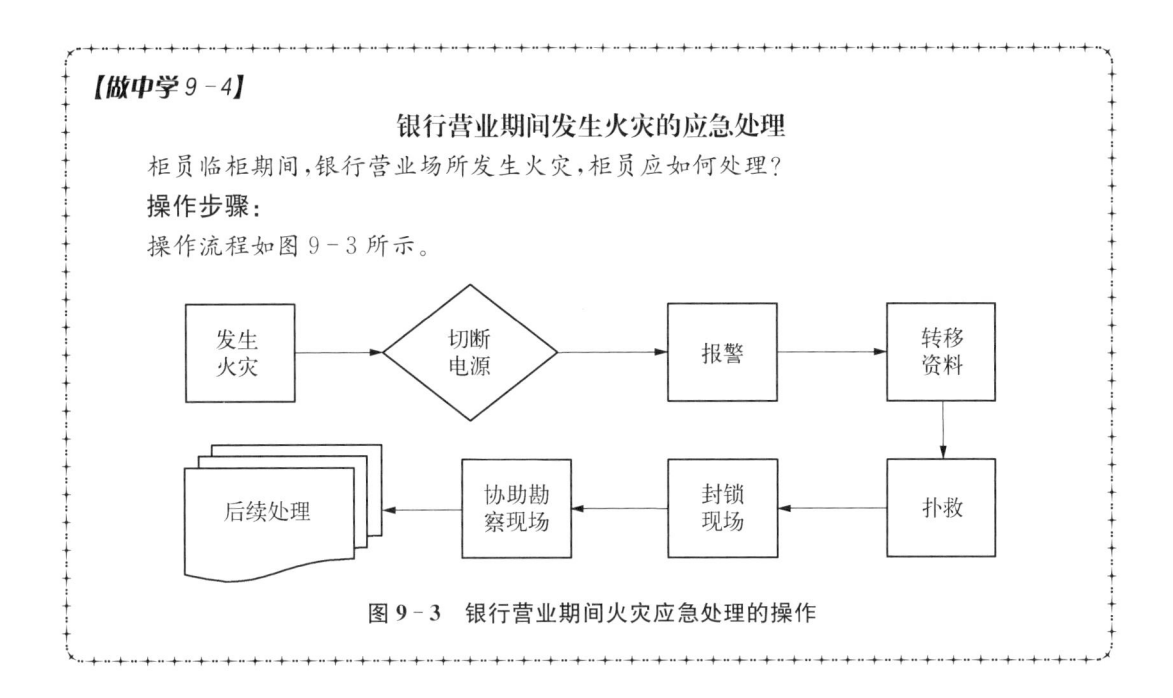

银行营业期间发生火灾的应急处理

柜员临柜期间,银行营业场所发生火灾,柜员应如何处理?

操作步骤:

操作流程如图 9-3 所示。

发生火灾 → 切断电源 → 报警 → 转移资料 → 扑救 → 封锁现场 → 协助勘察现场 → 后续处理

图 9-3 银行营业期间火灾应急处理的操作

三、银行火灾案例

【案例】

案例一 重庆一银行发生火灾的处理

2018 年 11 月 3 日,重庆涪陵兴华中路某银行支行发生火灾,大量浓烟从银行内冒出,银行工作人员将群众紧急疏散,并拨打 119 电话,当地消防员快速赶到现场,很快将火势扑灭。据目击者称,火灾发生在下午 5 点 30 分左右,浓烟从银行门面冒出来,不少过路的群众停下来围观议论纷纷。银行大门外的街道两侧已经拉起警戒线,不少群众在警戒线外围观,黑色的浓烟还在往上蹿,马路上已经停着消防车。据了解,事发后有 3 辆消防车赶到现场。火灾由电引发的,火势并不大,因有电线着火所以烟雾较大。消防员和银行工作人员很快将火扑灭。随后,该银行公告称,火灾是由银行内机房电池老化失火引发,火灾发生后,银行工作人员积极配合消防员将火扑灭,火灾中没有人员伤亡,也没有重大财产损失。预计次日就会恢复正常营业。

资料来源:重庆移动传媒

案例二 突发火灾!长沙市一银行大楼浓烟滚滚

2021 年 1 月 20 日 10 点左右,长沙市雨花区一高楼处出现浓烟滚滚,可见明火。长沙消防救援支队指挥中心接到报警,雨花区梓园路与人民中路 218 号光大银行楼上发生火灾,立刻调派 8 台消防车 44 人赶赴现场处置。10 点 10 分,救援力量到达现场,经过半个小时的灭火救援,火势已被控制。据悉,消防现场救援人员初步判断为空调外机引发起火。

资料来源:三湘都市报

案例分析:

随着电子产业发展越来越快,电气档次越来越高,用电负荷越来越大。银行普遍使用电脑、电传、计算机、打字机、复印机等电子设备,加上各种空调、电视监控等,用电负荷迅速增大。而且,一些老的银行存在电气设计和安装不符合要求、电线老化、乱拉乱接线路的情况,随时都有可能造成因短路引起电器火灾事故。此外,许多银行在装修上讲究豪华,不讲究装饰材料的防火效果,室内大量使用夹板、聚氨酯泡沫、墙布、地毯等可燃材料,留下了严重的火灾隐患。这些火灾隐患一旦引发火灾,对银行业来说造成的损失难以估量。

银行消防安全管理的"软件"与"硬件"的配备不符。近年来,随着银行业对消防安全的重视,消防建审制度的强化,消防监督力度的加大,银行对消防安全的投入也越来越大,以往消防器材和防火设施配备不足不完善的短板正在逐渐消失,新的银行网点的建立,都必须通过消防的审批,合格方可投入使用,杜绝了先天性的火灾隐患。但是,银行在实际工作中对消防安全的管理却远远落后于硬件的配备,主要表现在日常防火巡查不到位、员工不会使用消防器材和设施、员工消防知识缺乏等等,管理的短板会使硬件的配备失去应有的作用。

任务四　其他突发事件应急处理

一、客户服务原则与临柜服务基本技巧

(一) 银行客户服务基本原则

文本:"地震中的银行"

服务是指通过专业的方式、方法和手段而进行的劳动。服务的基本特征是:服务是一种无形的劳动,不生产有形产品,具有不可储藏性;实施过程和消费过程同时进行,服务的生产和消费具有不可分离性;服务能直接满足客户的某种需求,没有中间转换环节。因此,每一项服务工作、每一个服务过程都必须达到服务质量要求,才能让客户满意。

银行客户服务基本原则是"以客户为中心",商业银行贯彻以客户为中心的服务原则一般要体现在以下几个方面:

(1) 根据客户的需求开发服务产品、创新服务功能。
(2) 从满足客户需要出发,创新经营管理体制、完善业务管理制度、改造业务经办流程。
(3) 以让客户满足为宗旨建立商业银行的服务文化。

(二) 银行客户服务理念

1. "客户永远是对的"

"客户永远是对的"是一种服务要求,在事物逻辑上并不具有真理性。它的含义如下:

(1) 客户的正确批评是改进服务的动力,要虚心接受和认真解决。
(2) 客户的误解性批评多数是善意的,需要引起注意。
(3) 非原则问题与客户争辩最终将致客户离去,受损失的还是银行自己。

2. "永远不说'不'"

这句话的基本含义是:永远不要让客户感到失望。具体含义如下:

(1) 在为客户服务时,绝对不说"不知道、不清楚、不是我的职责"等正面回绝客户的语言。
(2) 要按"首问负责制"的要求,主动热情地帮助客户解决遇到的问题。
(3) 确实遇到自己不清楚或职责范围以外的问题,要为客户明确继续解决问题的

方向。

3. "100－1＝0"

这不是一道数学算式,而是服务行业通用的服务效应原理。它的基本含义如下：

优质服务必须坚持一贯,如果在100次服务中,仅有一次没让客户满意,客户往往记住的就是这一次,由此伤害客户也就失去了客户,服务效果就等于0。

4. "1＝353"

这是一个反映服务效应原理的经验公式。它的含义是有1名客户直接表示不满,可能会失去353个客户；真诚服务1名客户,可能会吸引来353名客户。

据美国学者调查,每发生1名直接投诉的客户,其实还有26名在沉默中不满的客户,这26名客户每人都有可能对另外10名亲朋好友造成消极影响,而这10名亲朋好友中约33%的人会再向另外20人传播这个坏消息,其结果就是：如果有1名客户直接表示不满,将会有353人受到影响,即：$1+26+26 \times 10+10 \times 33\% \times 20 = 353$（人）。

【小思考9-2】
"客户永远是对的",你怎么理解？当遇到故意刁难的客户,你该怎么办？

(三) 临柜客户服务基本技巧

临柜服务中经常会碰到一些问题,在处理这些问题时,灵活应对,讲究服务技巧,维护银行的信誉、形象。

(1) 首先要说"对不起",对客户的问题表示理解。这并不是表示我们都错了。如果是银行的问题,要向客户致以歉意。如果不是银行的问题,不要随便承认错误,不随便承诺。

(2) 要尊重客户,即使客户错了,也不要批评指责客户,更不要与客户争我对你错,着眼点是如何化解矛盾问题,有理让三分。

(3) 在处理问题时,措辞适当,语气平和,不要心急,即使客户发火吵闹,也要冷静,不要感情用事,要有受委屈的胸怀。

(4) 要注意倾听客户的意见,让他把话说完,让他感到我们是诚恳的。对客户提出的不合理的要求,应做好解说工作,不要随便许诺,以免被动。

(5) 碰到问题时,若员工业务忙或处理不好,应让基层网点负责人先处理,不要一有问题就上交领导,要有一个缓冲,以免造成被动局面。

(6) 如客户向新闻媒体反映问题,应及时与新闻媒体沟通,主动做好工作,防止曝光,造成对银行信誉的损害。

(四) 电话礼仪与客户沟通技巧

(1) 第一声很重要,且时刻记住：个人代表单位形象。

(2) 要有喜悦的心情。打电话时要保持良好的心情,这样即使对方看不见你,但是从欢快的语调中也会被你感染,给对方留下极佳的印象,由于面部表情会影响声音的变化,所以即使在电话中,也要抱着"对方看着我"的心态去应对。

(3) 端正的姿态与清晰明朗的声音。懒散的姿势对方也能够"听"得出来。即使看不见对方,也要当作对方就在眼前,尽可能注意自己的姿势。声音要温雅有礼,以恳切之话语表达。口与话筒间,应保持适当距离,适度控制音量,以免听不清楚,滋生误会,或因声音粗大,让人误解为盛气凌人。

(4) 迅速准确地接听。如果电话铃响了五声才拿起话筒,应该先向对方道歉。

(5) 认真清楚地记录。

(6) 有效电话沟通。首先应确认对方身份,了解对方来电的目的,如自己无法处理,也应认真记录下来,就可不误事而且赢得对方的好感。

对对方提出的问题应耐心倾听,让其能适度地畅所欲言,除非不得已,否则不要插嘴。其间可以通过提问来探究对方的需求与问题。注重倾听与理解、抱有同理心、建立亲和力是有效电话沟通的关键。

接到责难或批评性的电话时,应委婉解说,并向其表示歉意或谢意,不可与发话人争辩。

电话交谈事项,应注意正确性,将事项完整地交代清楚,以增加对方认同,不可敷衍了事。

如遇需要查询数据或另行联系查催的情况,应先估计可能耗用时间的长短,若查阅或查催时间较长,最好不让对方久候,应改用另行回话的方式,并尽早回话。以电话索取书表时,应立即录案把握时效,尽快地寄达。

(7) 注意挂电话前的礼貌。要结束电话交谈时,一般应当由打电话的一方提出,然后彼此客气地道别,应有明确的结束语,说一声"谢谢""再见",再轻轻挂上电话,不可只管自己讲完就挂断电话。

二、典型柜面服务突发事件处理

(一) 遇到假币的处理

在确定是假币的情况下,首先应告知客户:"对不起,这张是假币,按照国家有关规定应予以没收,请您配合。"并按假币没收规程处理。

如果客户不相信,要求递给他看,应告知客户:"对不起,我们有规定,假币不可以递出柜台,但我可以在柜台内告诉您假币的特征,以免您以后再上当。"然后用假币鉴别仪进行现场检验示范,并解释没收假币的依据。

如遇客户吵闹,应礼貌劝说。如果客户继续吵闹,可提交所主任(柜组长)或二线人员处理,避免营业场所的吵闹影响他人。

假币没收后应告知客户:如果对没收的货币真伪有异议的,可以在3天内向人民银行或人民银行授权的鉴定机构申请鉴定。

应注意以下问题:

(1) 自身形象要正,处理必须果断,态度不能暧昧,不能让客户存有通过吵闹就可索回的侥幸心理。

(2) 必须措辞得当,有礼有节,自始至终使用文明用语,如果能获取柜外其他客户的舆论支持更好。

(3) 假币不能出柜,以防止客户不肯交还,形成尴尬局面。

(二) 在办理业务中客户缺少证件的处理

客户如未带本人身份证,应讲清实名制要求,请客户带身份证来办理业务。

如客户带着非有效证件或超过有效期的证件来办理业务,临柜人员应主动向这位客户解释:"您提交的证件是非有效证件或已超过有效期,请您去换证或把户籍证明带来再办理此业务,您再来时若还要排队,我们可为您优先办理。"

如代理他人办理业务缺少双证时,应主动向代办人讲清业务规定,请他带齐证件,再来办理业务。

应注意以下问题:

(1) 不能用生硬的口气回答客户,要向客户讲清规章制度的要求,目的是保护客户的利益,确保客户的存款安全。

(2) 客户办理业务所需证件、资料要交代清楚,避免客户多次往返。

(三) 电脑发生故障的处理

柜员应在柜台上放置"机器故障,请稍等"的告示牌,柜员应站立服务,做好柜口解释说明工作。

尽快与机房取得联系,如果机房告知时间不长就可以排除故障,则告诉客户:"此时机器正出故障,时间不会太长,请谅解。"若电脑故障不能在短期内修复,应告诉客户:"对不起,我们电脑可能在短期内修复不了,如果您不急,可留下电话号码,等故障排除后再通知您,给您造成的不便,我们深表歉意。"

尽量让客户感到你也很着急,在紧张地打电话联系。在等待期间,还可趁机和储户聊聊新金融产品、股票等话题,以化解客户等待时的不满。

若是全辖电脑线路故障,应向客户说明:"电脑是联网的,其他网点也一样",以免客户因不明情况而跑冤枉路,再次引起客户的不满。

应注意以下问题:

(1) 不能只对顾客说:"机器故障,请稍等。"而后自己办理其他事情,也不能给客户乱许愿、乱表态,如"过半个小时再来"等。

(2) 做柜面解释工作,态度要诚恳和蔼,面带笑容,因不能为客户办理业务,更应注意自己的服务态度,以防发生服务投诉事件,影响银行形象。

(3) 在客户有急事而不能等,且符合办理应急取款处理的手续时,应主动给客户办理应急付款业务,不能因为怕麻烦而不给客户办理。

(四) 碰到情绪、行为特殊客户的处理

首先要有耐心,特别要注意语言文明,并通过耐心细致的讲解、真诚的语言、可亲的笑容感染客户,使客户感到理亏和难为情,同时也达到教育其他客户的目的。

对正在气头上、火气特别大的客户,要采取冷处理的方式:面对客户,脸带笑容,让客户把话说完,尽量平息客户的火气,然后再耐心解释。主任和值班主任也应主动前来劝解。

对个别客户的不理解、责怪甚至谩骂,要保持冷静的头脑,委曲求全,平和应对。说话之前先要考虑一下这句话该不该说,会不会伤害客户,会不会给客户抓住把柄。

应注意以下问题:

绝对不能说损害客户自尊心的话,也不说火上浇油的话,更不能同客户争吵。要向客户多讲"对不起""抱歉"等。

知识链接 9-2

银保监会发布《银行保险机构应对突发事件金融服务管理办法》

为深入贯彻落实习近平新时代中国特色社会主义思想和党的十九届四中全会精神，落实习近平总书记针对新冠肺炎疫情应对工作提出的"抓紧补短板、堵漏洞、强弱项"，银保监会制定了《银行保险机构应对突发事件金融服务管理办法》（下称《办法》），自印发之日起施行。

2020年7月16日至8月15日，银保监会就《办法》公开征求意见，相关政府部门、金融机构、行业自律组织、专家学者、社会公众给予了广泛关注。银保监会对反馈意见逐条进行认真研究，对合理科学的建议予以采纳吸收。

《办法》贯彻支持实体经济和维护金融体系稳健相结合、提供便利金融服务和有效防范风险相结合、坚持审慎监管底线和灵活应对突发情况相结合的基本理念，坚持框架性、包容性和原则性的导向，为监管部门和银行保险机构应对突发事件提供全面指引。《办法》共五章三十八条，主要内容包括：

一是明确突发事件定义、应对基本原则和组织管理制度安排。《办法》注重与《突发事件应对法》相衔接，明确规定仅适用于符合法律规定的自然灾害、事故灾难、公共卫生事件和社会安全事件，将法律授权县级以上人民政府及法定授权部门发布的有关决定、命令以及监管要求作为触发条件。明确了常态管理、及时处置、最小影响和社会责任等四条基本应对原则。明确了突发事件应对的组织管理制度，要求与业务连续性管理等制度有效结合，强调了职责分工、预案演练、协调配合、信息报告等基本要求。

二是既要求做好基本金融服务，又鼓励提供金融支持措施。规定银行保险机构应当在突发事件应对中保证金融服务的持续性，包括公告营业变更、采取多种服务形式、提供金融便民服务和应急处置金融服务、为受影响借款人提供灵活支持等内容。保险公司应当开发针对性的保险产品，增加业务供给，积极发挥保险的风险防范作用。同时，进一步倡导和支持银行保险机构积极履行社会责任，分别规定了银行机构和保险机构可以主动提供的具体金融支持措施，明确应重点支持的领域。

三是强调提供金融服务和金融支持的同时要守住风险底线。强调加强贷前审查和贷后管理，防范客户不正当获取、使用融资便利或优惠条件，防范多头授信、过度授信，防止挪用融资等行为。要求及时进行业务回溯和后评估，严格防范侵害客户合法权利的行为，加强舆情监测、管理和应对。

四是规定有针对性地调整监管方式和要求。要求保持监管工作连续性、有效性、灵活性，对银行保险机构突发事件应对机制、行动和效果加强指导和监督检查。规定监管部门可以调整市场准入、非现场监管、现场检查和现场调查等工作安排，以支持银行保险机构提供金融服务和金融支持。《办法》特别规定银保监会可以主动调整监管指标，可以临时性对银行保险机构豁免采取监管措施或实施行政处罚。强调银行保险机构不得借机进行分红、分配或提高"董监高"的薪酬待遇。

资料来源：银保监会网站

【做中学9-5】
柜面突发事件的应急处理

学生模拟客户、柜员角色，练习柜面遇到假币、办理业务中客户缺少证件、电脑发生故障、碰到情绪或行为特殊客户等柜面服务特殊情况时的应急处理。

文本：中国人民银行突发事件应急预案管理方法

项目小结

商业银行突发事件处理内容结构如图9-4所示。

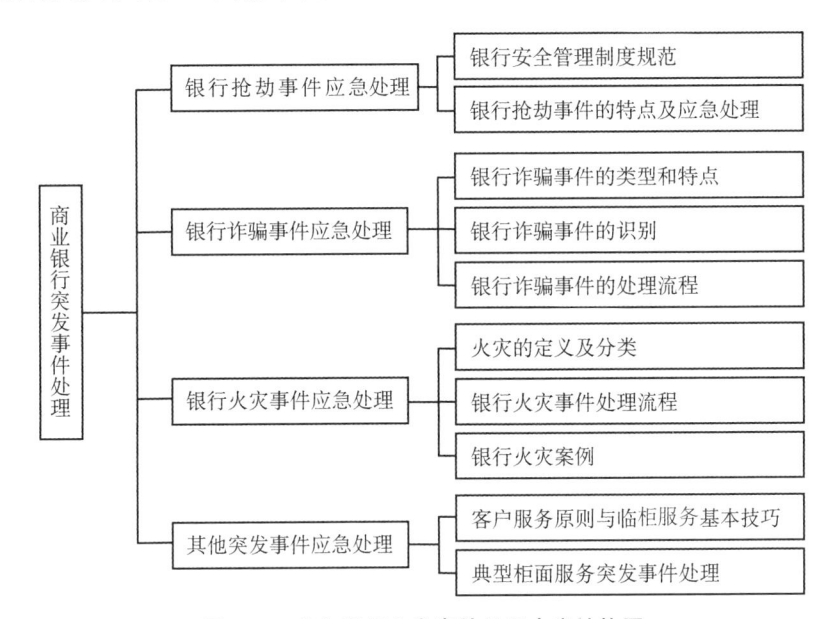

```
                          ┌── 银行安全管理制度规范
          ┌─ 银行抢劫事件应急处理 ─┤
          │                └── 银行抢劫事件的特点及应急处理
          │
          │                ┌── 银行诈骗事件的类型和特点
商        ├─ 银行诈骗事件应急处理 ─┼── 银行诈骗事件的识别
业        │                └── 银行诈骗事件的处理流程
银        │
行        │                ┌── 火灾的定义及分类
突        ├─ 银行火灾事件应急处理 ─┼── 银行火灾事件处理流程
发        │                └── 银行火灾案例
事        │
件        │                ┌── 客户服务原则与临柜服务基本技巧
处        └─ 其他突发事件应急处理 ─┤
理                         └── 典型柜面服务突发事件处理
```

图9-4 商业银行突发事件处理内容结构图

主要参考文献

[1] 中国人民银行.关于取消企业银行账户许可的通知银发[2019]41号.[2019-2-23]. http://pbc.gov.cn/tiaofasi/144941/3581332/3774254/index.html.

[2] 立金银行培训中心.商业银行客户经理对公信贷业务技能培训[M].2版.北京:中国金融出版社,2020.

[3] 雷玉华,余滢.银行柜员基本技能[M].3版.北京:人民邮电出版社,2021.

[4] 天津滨海农商银行滨银商学院.银行新员工90天成长手册[M].北京:中国金融出版社,2020.

[5] 卢明明.银行业从业入门必读书[M].北京:人民邮电出版社,2020.

[6] 中国银行业协会银行业专业人员职业资格考试办公室.银行业专业人员职业资格考试教材银行管理(初级)[M].北京:中国金融出版社,2021.

[7] 董瑞丽.商业银行综合柜台业务[M].4版.北京:中国金融出版社,2021.

[8] 武飞.商业银行柜台业务[M].3版.北京:中国人民大学出版社,2019.

[9] 古剑.做最好的银行柜员[M].北京:北京联合出版公司,2020.

[10] 雷玉华.行柜员基本技能(附微课视频)[M].3版.北京:人民邮电出版社,2020.

[11] 付晓岩.银行数字化转型[M].北京:机械工业出版社,2020.

郑重声明

高等教育出版社依法对本书享有专有出版权。任何未经许可的复制、销售行为均违反《中华人民共和国著作权法》，其行为人将承担相应的民事责任和行政责任；构成犯罪的，将被依法追究刑事责任。为了维护市场秩序，保护读者的合法权益，避免读者误用盗版书造成不良后果，我社将配合行政执法部门和司法机关对违法犯罪的单位和个人进行严厉打击。社会各界人士如发现上述侵权行为，希望及时举报，我社将奖励举报有功人员。

反盗版举报电话　（010）58581999　58582371
反盗版举报邮箱　dd@hep.com.cn
通信地址　北京市西城区德外大街4号　高等教育出版社知识产权与法律事务部
邮政编码　100120

教学资源服务指南

仅限教师索取

感谢您使用本书。为方便教学，我社为教师提供资源下载、样书申请等服务，如贵校已选用本书，您只要关注微信公众号"高职财经教学研究"，或加入下列教师交流QQ群即可免费获得相关服务。

"高职财经教学研究"公众号

最新目录
样书申请
资源下载
试卷下载
云书展

师资培训　教学服务　教材样章

资源下载：点击"**教学服务**"—"**资源下载**"，或直接在浏览器中输入网址（http://101.35.126.6/），注册登录后可搜索相应的资源并下载。（建议用电脑浏览器操作）
样书申请：点击"**教学服务**"—"**样书申请**"，填写相关信息即可申请样书。
试卷下载：点击"**教学服务**"—"**试卷下载**"，填写相关信息即可下载试卷。
样章下载：点击"**教材样章**"，即可下载在供教材的前言、目录和样章。
师资培训：点击"**师资培训**"，获取最新会议信息、直播回放和往期师资培训视频。

联系方式

财经基础课QQ群：374014299
联系电话：（021）56961310　　电子邮箱：3076198581@qq.com